数智化时代会计专业
—— 融合创新系列教材 ——

U0720187

RPA财务机器人开发与应用

基于UiBot

汪刚　金春华◎主编

吕晓敏　张思涵　柴明洋　田园◎副主编

人民邮电出版社

北京

图书在版编目（ＣＩＰ）数据

RPA财务机器人开发与应用：基于UiBot / 汪刚，金
春华主编. -- 北京：人民邮电出版社，2023.1
数智化时代会计专业融合创新系列教材
ISBN 978-7-115-60197-1

Ⅰ. ①R… Ⅱ. ①汪… ②金… Ⅲ. ①财务管理－专用
机器人－教材 Ⅳ. ①F275②TP242.3

中国版本图书馆CIP数据核字(2022)第188893号

内 容 提 要

本书作为 RPA 财务机器人应用课程的入门教材，主要介绍 RPA 的一般原理和财会应用场景下常用的自动化技术，旨在帮助读者掌握 RPA 财务机器人的分析、设计、开发与运行方法。

本书结构完整，内容按层次递进式设计，包括理论篇、基础案例篇和综合案例篇 3 部分。理论篇包括 RPA 基础知识、UiBot 简介、UiBot 基本应用；基础案例篇包括 Excel 自动化、Word 自动化、E-mail自动化、Web 自动化、App 自动化、OCR 智能识别自动化等核心技术的应用；综合案例篇包括网银付款机器人、客户档案录入机器人、会计报表编制机器人和个人往来催款机器人等财会场景下常见的技术应用。

本书内容丰富、难度适宜，并且提供配套的教学课件、微课、教学大纲、教案、习题答案、案例数据、线上线下混合教学平台等教学资源，适合作为应用型本科院校和高等职业院校财经类专业的教材，也可作为企业财务人员和管理人员学习 RPA 财务机器人应用的参考书。

◆ 主　编　汪　刚　金春华
　　副主编　吕晓敏　张思涵　柴明洋　田　园
　　责任编辑　崔　伟
　　责任印制　王　郁　彭志环
◆ 人民邮电出版社出版发行　　北京市丰台区成寿寺路 11 号
　　邮编　100164　电子邮件　315@ptpress.com.cn
　　网址　https://www.ptpress.com.cn
　　北京天宇星印刷厂印刷
◆ 开本：787×1092　1/16
　　印张：14　　　　　　　　　　2023 年 1 月第 1 版
　　字数：302 千字　　　　　　　2025 年 6 月北京第 7 次印刷

定价：49.80 元

读者服务热线：(010)81055256　印装质量热线：(010)81055316
反盗版热线：(010)81055315

前　言

近年来，我国很多企业的用人成本逐年攀升，人工作业的劳动力瓶颈较难突破，亟待通过数字化技术打破瓶颈，尤其是对于一些流程性强、重复性高的工作。在这种背景下，机器人流程自动化（Robotic Process Automation，RPA）技术的应用价值逐渐凸显。RPA 是一种通过软件按照指定规则与流程进行业务自动处理的技术，它可以实现对人工作业的辅助或替代。RPA 的应用价值包括：帮助组织有效降低运营成本、优化成本结构，实现降本增效；帮助组织有效提升现有 IT 产品与工具的使用效能；帮助组织有效开展数字化转型。

在我国，RPA 应用已进入快速发展阶段，正在由小范围、部分范围的应用，走向规模化探索与应用的实践。近 1～3 年，我国 RPA 市场将迎来新一轮增长。根据行业媒体 RPA 中国的市场调研，2022 年有大约 76.1% 的组织计划扩展 RPA 技术应用并逐渐加大技术投入，2023 年 RPA 技术应用将进入实践高峰期。

【为什么是 UiBot】

近年来，国外 RPA 厂商 UiPath、Blue Prism、Automation Anywhere 等先后进入中国市场，来也科技、弘玑、达观数据、艺赛旗等一批国内 RPA 厂商也纷纷崛起。2021 年，著名咨询公司高德纳（Gartner）发布的《RPA 魔力象限》对 RPA 行业的市场份额、供应商地位，以及未来发展趋势进行了详细解读。其中，有两家中国厂商入选《RPA 魔力象限》，分别是来也科技和弘玑。这是高德纳自 2019 年首次发布《RPA 魔力象限》以来，第一次有中国厂商入选。这充分说明，中国 RPA 厂商和市场正在迅速崛起，有能力与全球顶级厂商在 RPA 赛场上同场竞技。国产 RPA 产品在未来的市场中将更加受到客户青睐，具备全栈自主可控能力的 RPA 厂商将在市场竞争中更具优势。

UiBot 是来也科技提供的一款 RPA 产品，其设计器操作全程可视化，简单易学，适合计算机专业基础较弱的业务人员学习使用。来也科技除了提供 RPA 产品外，还提供了一整套包括智能文档处理（Intelligent Document Process，IDP）、对话式 AI 等功能的智能化平台。基于这一平台，UiBot 能够根据客户需要，构造各种不同类型的 RPA 机器人，实现业务流程的自动化，全面提升业务效率。

【本书面向对象】

本书作为 RPA 财务机器人应用课程的入门教材，主要面向应用型本科院校和高等职业学院的学生，以及对 RPA 财务机器人设计与开发感兴趣的企事业单位人员，旨在帮助读者了解 RPA 的一般原理，掌握 Excel 自动化、Word 自动化、E-mail 自动化、Web 自动化、App 自动化、OCR 智能识别自动化等核心技术的应用，重点掌握财会应用场景下 RPA 财务机器人的分析、设计、开发与运行方法。

【本书特色】

1. 结构完整，内容按层次递进式设计

本书包括理论篇、基础案例篇和综合案例篇 3 部分，每篇安排的内容如下所示。

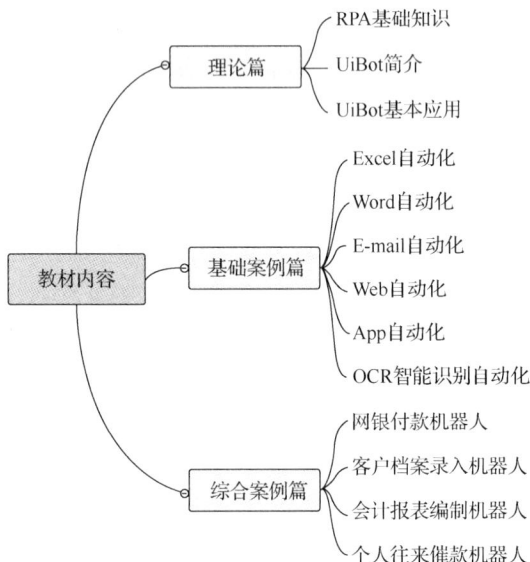

2. 采用目标、案例驱动的编写模式

本书的每一章都设计 5 个模块（见下表），方便读者自学，力争做到让读者"看得懂""学得会""做得出"。

模块	作用
学习目标	明确学习本章后应达到的具体目标
本章导图	本章知识框架的思维导图
引导案例	在每章开始设计一个引导案例。基础案例篇和综合案例篇的引导案例即本章要开发的 RPA 机器人案例原型
知识讲解	基础案例篇和综合案例篇的内容讲解包括流程分析、流程设计、流程开发、流程运行部分，基础案例篇的内容讲解还包括案例核心知识点、案例拓展知识点部分
本章习题	单选题、多选题、判断题 3 种题型的训练，可以帮助读者进一步消化、理解本章知识；思考题和实训题的训练，可以引导读者对本章案例进行优化，提升 RPA 设计思维能力和开发实践能力

注：本书引导案例中涉及的企业、个人信息均为虚拟信息，旨在方便教学。

【本书教学资源】

本书配备了8种教学资源（见下表），方便教师教学和学生学习。教师可扫描封底二维码或登录人邮教育社区（www.ryjiaoyu.com）下载。

序号	资源种类	形式	数量	使用对象
1	教学大纲	Word 文件	1 份	教师
2	教案	Word 文件	1 份	教师
3	习题答案	PDF 文件	1 份	教师
4	UiBot Creator 社区版安装程序	EXE 文件	1 份	教师、学生
5	教学课件	PPT 文件	13 份	教师、学生
6	微课	MP4 文件	若干	教师、学生
7	案例数据	Excel 文件、Word 文件、ERP 系统数据	若干	教师、学生
8	线上线下混合教学平台	学银在线（超星学习通）	2 个	教师、学生

注：需要在超星学习通平台开课的高校教师，可以发送邮件至 cuiwei@ptpress.com.cn 申请。

【致谢】

感谢来也科技刘敬帅经理、赖俊龙经理、张青经理、张毅经理的大力支持；感谢畅捷通信息技术股份有限公司提供网银付款模拟平台和 ERP 系统平台；感谢人民邮电出版社对本书出版的大力支持。

限于编者水平，书中难免存在不足，诚挚地希望广大读者给予批评指正。

编者

2022 年 8 月

目 录

理论篇

第1章

RPA 基础知识

学习目标

◇ 了解 RPA 的发展趋势和 RPA 厂商；

◇ 熟悉行业应用场景和业务应用场景；

◇ 熟悉 RPA 的实施过程与风险识别；

◇ 掌握 RPA 的定义、适用条件、应用价值、组成部分及相关技术；

◇ 掌握 RPA 财务机器人的定义及业务流程。

本章导图

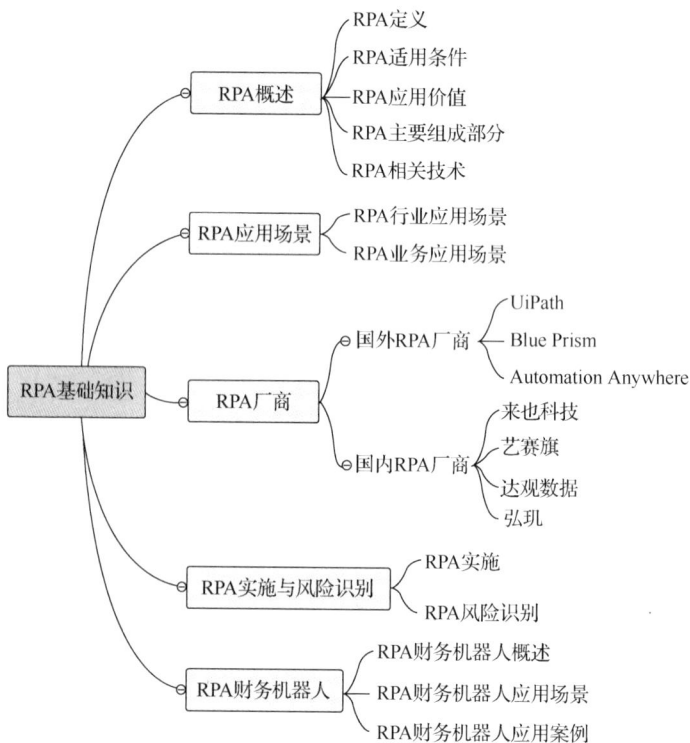

RPA 发展趋势

RPA（机器人流程自动化）这一概念由 Blue Prism 公司（国外三大 RPA 厂商之一）市场总监帕特·格瑞于 2012 年首次提出。

2019 年，美国咨询公司高德纳公布了影响企业未来发展的十大关键技术，其中 RPA 作为企业数字转型的重要工具，对增强企业的竞争优势具有至关重要的作用，受到各行业的一致好评并荣登榜首。

高德纳发布的 2021 年 CFO（Chief Financial Officer，财务总监）调查报告中指出：应用 RPA、数据分析是重中之重。安永关于《财富》中国 500 强企业的一个调查报告显示：78% 的受访企业已开启 RPA 进程，67% 的受访企业希望扩大 RPA 业务规模，97% 的受访企业正考虑实施更多智能技术。

2022 年 3 月，著名咨询调查机构弗雷斯特（Forrester）发布了 RPA 市场调查报告。报告显示，到 2025 年，全球 RPA 市场规模将达到 225 亿美元，其中，RPA 服务市场规模约为 160 亿美元，RPA 软件市场规模约为 65 亿美元。弗雷斯特表示，随着企业自动化需求趋于多元化及复杂化，未来企业的投资重点将从 RPA 转移至"RPA+AI"智能自动化解决方案。RPA 在各种 AI 技术的加持下，在执行端到端自动化业务及处理数据时，将变得更加灵活、可靠。

根据 RPA 中国预测，2024 年中国 RPA 市场规模将达到 81.8 亿元，金融、政务、制造等领域成为重要落地方向。RPA 厂商之间的竞争变得愈发激烈，除了卓越的产品性能外，敏捷实践与精益服务能力更是 RPA 厂商不可或缺的关键竞争力。

1.1 RPA 概述

RPA 这项自动化技术近年来被众多企业青睐，并得到越来越广泛的应用。那么到底什么是 RPA？它能为企业带来哪些价值？本节将围绕这些问题对 RPA 进行详细介绍。

微课 1-1

1.1.1 RPA 定义

下面是某公司会计小李某天上午的活动内容。

早上 9 点，小李来到工位，冲了一杯咖啡，打开计算机，开始上午的工作。快到年底了，公司很多业务人员的借款依然没有报销。小李需要提醒他们尽快完成个人借款业务的报销，以免影响年底结账。于是，小李登录企业的 ERP 系统，下载了所有有余额的个人借款记录，并按借款人姓名保存为 Excel 文件。然后，他又将个人借款余额表（Excel 文件）以邮件的形式发给相关业务人员，并提醒他们尽快完成报销。做完上述工作，小李想起昨天还有一个快递没取，于是下楼取了一个快递。

根据上述案例，将会计小李的活动内容进行整理，如表 1-1 所示。

表 1-1 　　　　　　　　　　　　　　　活动内容整理

活动类型	活动内容	特点	AI 技术替代
非 PC 端操作	（1）冲了一杯咖啡 （2）取了一个快递	✧　人、物 ✧　物理空间的变化	实体机器人（Robot）
PC 端操作	（1）登录 ERP 系统 （2）下载个人往来余额表 （3）创建 Excel 文件 （4）发送电子邮件	✧　PC 端 ✧　使用鼠标、键盘 ✧　软件操作 ●　Web 浏览器 ●　邮件系统 ●　Excel ●　信息系统（ERP、AIS、OA 等）	软件机器人（RPA）

从表 1-1 可以看出，涉及人和物的物理空间变化的活动内容，如冲咖啡、取快递等，如果由机器人完成，应当使用由机械设备构成的实体机器人。这种实体机器人在工作实践中应用较早，比如自动化生产车间的机械臂、公共场所的迎宾机器人等。而 RPA 本质上是一种能够按照特定指令完成工作的软件，因此又叫软件机器人。RPA 通过模拟键盘、鼠标等人工操作，打开各种应用程序、登录各类信息系统来实现办公操作的自动化。

目前，业界对 RPA 有不同的定义。

市场研究机构 IDC 认为：RPA 能够处理基于固定规则且重复执行的流程，在那些高度重复、单调且劳动量大的工作中，RPA 可以代替人工操作。

高德纳认为：RPA 整合了用户界面识别和工作流执行能力，它能够模仿人类操作计算机，利用模拟鼠标和键盘操作来驱动、执行应用系统。

麦肯锡认为：RPA 是一种可以在流程中模拟人类操作的软件，它能够快速、精准、不知疲倦地完成重复性工作，使人类投入更加需要脑力活动的工作中，如情感推理、判断或与客户沟通等。

德勤认为：RPA 是一款能够将手动工作自动化的软件机器人，它能够替代人类在用户界面完成高重复、标准化、规则明确、大批量的日常事务性工作。

综合以上定义，我们认为：RPA 是一种应用程序，它通过特定的、可模拟人类在计算机上进行操作的技术，能自动执行相应的流程任务，代替或辅助人类完成相关的计算机操作。

由此可以看出，RPA 具有如下特点。

1．是一种软件技术

RPA 实际上就是计算机中的程序代码，这段代码可以模拟完成人类在计算机上的操作，比如点击鼠标、敲击键盘、登录信息系统、打开网页等。在生成 RPA 代码的过程中，现在的厂商都提供可视化方式（通过拖曳方式即可生成 RPA 代码），这大大降低了 RPA 的开发难度，因此非常适合没有计算机专业背景的业务人员。

2. 基于 PC 端操作

现代人的日常办公大都需要使用计算机，且大部分工作内容都是在计算机上完成的。RPA 可以模拟人类完成 PC 端的各项操作。

3. 模拟用户操作与交互

在日常办公过程中，人们在计算机上的操作主要有点击鼠标、敲击键盘、登录信息系统、打开网页、登录邮箱并下载邮件、打开并操作各种应用程序等，对于这些操作，RPA 可以轻松实现。

4. 基于既定的业务规则来执行

RPA 模拟的是人的行为，而不是人的思维，它只能按照人们事先设计好的逻辑规则来执行。当逻辑规则变化时，RPA 就无法正常运行了，需要调试 RPA 程序以适应新的规则。因此，对于逻辑规则经常变化的流程，是不适合设计 RPA 的。

1.1.2　RPA 适用条件

虽然 RPA 可以模拟 PC 端的绝大部分操作，但并不是所有 PC 端的操作都有必要设计 RPA 来执行，只有那些规则标准化且重复执行的业务流程才有必要设计 RPA。

1. 业务流程标准化

RPA 适用于标准化的流程，即流程规则不变或很少发生变化。如果一个流程毫无规则，且随机变化，需要人为进行主观判断，则这样的流程是不适合使用 RPA 实现自动化的。由此可以看出，RPA 就是一段程序代码，每次都按设计好的流程规则来运行，不会随着流程规则的变化而自动调整。若流程规则发生变化，则原有的 RPA 将无法运行，需要根据新的流程规则修改、调试原有的 RPA，使之满足流程规则变化的需要；若流程规则变化较大，则需要重新开发 RPA。

2. 业务流程重复执行

RPA 适应的业务流程一定是高重复性的。试想，一个 RPA 开发后，只运行一次或运行频率极低，那么完全没有必要开发它。因为开发过程中会耗费人力成本和时间成本，对于那些只运行一次或运行频率极低的业务流程，直接人工运行业务流程要比开发 RPA 后再运行的代价更低。那如何判断一个标准化业务流程是否具有高重复性呢？比如，一个标准化业务流程，每天都要运行，而且每天要运行很多次，这就是一个高重复性的标准化业务流程。或者一个标准化业务流程只是每月执行一次，重复性没有前者高，但是每次执行时的业务步骤比较多，这样的流程也是适合开发 RPA 的。对于一个组织而言，标准化业务流程是否具有高重复性、是否适合开发 RPA，需要在开发 RPA 的成本和人工直接运行业务流程的成本中进行权衡。

1.1.3　RPA 应用价值

RPA 有时也被形象地称为数字员工（Digital Labor）或数字化劳动力。它通过操作用户 PC

端的图形界面，模拟人类在计算机上的操作行为，可以代替人类完成 PC 端的重复性标准化工作。RPA 机器人以其几乎永不中断的持续工作能力，对于大量单一、重复、烦琐的工作内容有着巨大的能力优势，能显著地提升完成这类工作的准确度和效率。

1. 52×7×24 工作，提升企业运营效率，节约成本

通过 RPA 技术实现自动化，可以由机器人自动处理重复性高且标准化的业务流程，从而大幅度提升工作效率，有效节约人力成本。以人类每周工作 5 天、每天工作 8 小时来计算，人类每周的工作时长为 40 小时，RPA 机器人则可以不间断地连续工作，不用考虑休息时间。按理想情况即每周 7 天、每天 24 小时计算，RPA 机器人每周工作时长为 168 小时，是人类工作时长的 4.2 倍。由此可见，RPA 机器人的工作效率远比人类的工作效率高。

从成本的角度来看，由 RPA 机器人替代人类工作，可以大大缩减人工的需求量，从而大大降低人工成本。虽然企业开发 RPA 机器人会产生一部分开发费用，但和长期累计的人工成本相比，是微不足道的。美国银行证券（BofA Securities）全球研究中心的一项调查发现，随着印度对 RPA 的广泛应用，到 2022 年，印度将有 300 万个职位被 RPA 机器人替代，预计节省超 1000 亿美元的人力成本。

2. 模拟人工操作，提高业务处理的准确性，降低人工操作风险

人工操作虽然应变能力很强，但是注意力集中时间短，往往在持续工作 1～2 个小时之后，工作效率就会因为疲倦而下降，再加上工作责任心、工作经验、心情变化等因素的影响，很容易引起操作失误，比如出现处理步骤缺失或颠倒的情况。这些操作失误会带来人工操作风险，从而降低业务处理的准确性。而 RPA 按照既定的设计步骤来严格执行，不受工作责任心、工作经验等主/客观因素影响，不会因为工作时间延长而出现疲劳和准确性降低等情况，从而大大降低了操作风险。RPA 的流程处理基于结构化数据，无论其运行多少次、运行多长时间，理论上都可以达到 100%的准确率。两名员工完成相同的工作流程得到的结果会有偏差，但是复制后的两个机器人运行同一个流程，会得到相同的结果。

在我国，一些大型企业部署的 RPA 应用数量高达上百个，可以将错误率降至 0.1%，操作效率相当于人工的 5～15 倍。

3. 按规则执行流程，提升流程的合规性和安全性

在设计 RPA 时，可以将一些必要的合规操作要求，统一加载到机器人程序中，以预防违规风险的发生。

企业的监管或合规部门可以设计检查、监管类的 RPA，替代监管人员执行检查工作，提升监管效率。人工操作企业的敏感业务数据时，数据有可能被篡改和泄露。RPA 机器人进行数据处理，能最大限度地减少员工与敏感业务数据的接触，从而降低欺诈和违规发生的可能性。此外，一些企业会限制员工登录外网进行操作，以防企业内部信息泄露或计算机感染病毒，RPA 只按既定规则访问外网，不会执行流程以外的操作步骤，因此不用担心信息被泄露或计算机感染病毒。

4. 实现各系统间的无缝链接，提高灵活性和敏捷性

在日常办公中，我们经常会在多个异构系统间进行数据操作。有时需要登录企业内部的各种信息系统（如 ERP 系统、AIS 系统、CRM 系统、OA 系统、邮件系统、Office 办公软件等）进行数据处理或在各系统间传递数据；有时也需要登录外部信息系统（如发票验真系统、网银付款系统、发票认证系统、国库支付系统等）进行操作。若要实现数据在这些内、外部系统间的自动流转，就需要改造和打通这些系统。现实情况是：①如果这些系统允许被打通，通常是开发各种接口来实现，这种处理模式开发成本高、周期长、见效慢，升级改造的风险也较大；②有些外部系统是不开放接口的，只能将数据在不同系统间进行人工传递。

RPA 可以像人类一样通过操作应用系统的用户界面来执行任务，可以实现多个系统间数据的无缝链接。RPA 不需要在系统间开发接口，也不需要更改应用系统的底层代码，这种非侵入式的集成方式也叫表层集成，它不需要改造原有系统，所以对原有系统不会带来影响和风险。开发 RPA 的人员往往是熟悉流程的业务人员，而非 IT 人员。他们经过培训后，可以快速开发出能在多个异构系统间进行操作的 RPA 机器人。这种灵活、敏捷的特性，能让 RPA 项目快速实施和落地。

1.1.4　RPA 主要组成部分

RPA 是一款实现自动化功能的软件，通常包括 3 个主要的组成部分：设计器、运行器和控制器，如图 1-1 所示。对于 RPA 的 3 个组成部分，不同厂商的叫法不同。

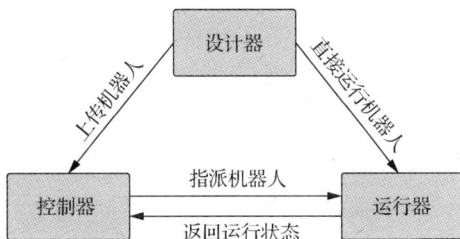

图 1-1　RPA 主要组成部分

1. 设计器

设计器也叫编辑器，是 RPA 的生产工具，用于机器人脚本设计、开发、调试和部署。通过此工具，开发者可对机器人执行的一系列指令和决策逻辑进行编程。这种编程工具通常可提供对可视化控件的拖曳和编辑功能。利用可视化编辑器创建 RPA 流程和命令，开发者无须编写代码，这对于不具备 IT 背景的业务人员来说非常方便学习和使用。有些 RPA 产品可同时提供可视化编程界面和代码编程界面，方便开发者无缝切换。

2. 运行器

运行器也叫执行器，是 RPA 的运行工具，用来运行已经开发好的 RPA 机器人，也可以用来查阅 RPA 的运行结果。开发者首先需要在设计器中完成 RPA 开发调试，并生成可以运行的机器人文件。对于 RPA 使用数量不多的用户来说，可以直接将开发好的机器人文件导入运行器中，人工控制其执行；当用户使用的 RPA 数量较多时，则通常将开发好的 RPA 机器人先上传到控制器中，然后由控制器来指派机器人到运行器，管理和监控机器人的运行状态。

按不同的运行方式，机器人可分为有人值守机器人、无人值守机器人和人机交互机器人 3 类。

（1）有人值守机器人是指通过人输入指令来控制执行，并监督、处理执行的过程和结果。

（2）无人值守机器人是指自主启动并执行，全程无须人工参与。此类机器人在运行时，通常按照指定规则触发（如定时执行或者当条件成立时执行），然后以 RPA 设计流程连续完成全部工作。无人值守机器人常用于后台办公场景，如数据采集等操作。

（3）人机交互机器人是指在运行过程中需要人和机器人互相配合才能完成整个流程。很多复杂的流程，只靠 RPA 机器人是很难完成的。例如：需要输入比较复杂的验证码，在 RPA 暂时不能自动识别的情况下，就需要人工输入验证码；在银企对账时，需要人工插入 U 盾。

3. 控制器

控制器也叫管理器，是 RPA 的管理工具，主要用于 RPA 的部署与管理。它可以将开发好的 RPA 机器人下发到运行器中，可以实现自动控制机器人开始/停止运行、为机器人制作日程表、维护和发布代码、重新部署机器人的不同任务、管理许可证等。对于运行结束的 RPA 机器人，控制器可以用来查阅运行结果。另外，控制器还可提供用户管理、流程管理、机器人运行视图等其他功能。

1.1.5 RPA 相关技术

本节将从基础技术和 AI 技术两个方面对 RPA 的相关技术进行介绍。

1. 基础技术

RPA 为了模拟人类在 PC 端的操作，提供了模拟鼠标和键盘操作、抓取屏幕信息、Office 自动化、Windows 自动化、工作流技术等相关技术。

（1）模拟鼠标和键盘操作。人类在 PC 端最常见的操作就是鼠标和键盘操作，比如单击、双击、右击、拖曳等鼠标操作，或者键盘输入、快捷键操作、组合键操作等键盘操作，对于这些人类在 PC 端的常见操作，RPA 都能轻松自如地进行模拟。

（2）抓取屏幕信息。抓屏技术是指通过终端或显示器来直接抓取界面中的数据，而无须访问底层数据库或者接口。RPA 自身提供了强大的抓取功能，可以抓取屏幕上的任何信息，包括各种网页数据和各种应用程序中的数据。根据信息抓取技术的不同实现方式，抓屏技术可分为依据对象句柄元素抓取、依据网页标签抓取、依据图像抓取、利用 OCR 抓取、依据坐标抓取等。

（3）Office 自动化。在日常办公环境下，Excel 和 Word 这两个 Office 办公软件的使用率最高。Office 办公软件通常会对外提供可用的 API（Application Program Interface，应用程序接口）函数，RPA 可以通过 API 函数实现 Office 系列软件的自动化处理，比如打开和关闭 Excel 工作簿、向单元格写入数据、从单元格读取数据、打开和关闭 Word 文档、光标定位、复制文档、粘贴文档等。

（4）Windows 自动化。在 Windows 环境下对文件和文件夹的操作也是日常办公中经常用到的。RPA 通过 Windows 的 API 即可实现文件和文件夹的创建、重命名、复制等一系列操作，也可以实现 Windows 窗口最大化、最小化等自动化操作。

（5）工作流技术。RPA 通常提供专门的工作流程设计工具，来帮助用户以可视化的方式定义工作流，支持用户以拖曳控件的方式快速组装业务流程并能自动执行业务流程。工作流程设计工具通常来自 RPA 的设计器。一般情况下，任何一款 RPA 产品都包含如下工作流技术：流程触发、流程嵌套、错误处理等。

2. AI 技术

通过与 AI 技术相结合，RPA 以智能化方式解决了重复性劳动的问题，也实现了更多业务场景数据的打通。很多 RPA 厂商自带 AI 能力平台，或使用第三方 AI 能力平台（如百度 AI 平台）。与 RPA 结合最为紧密的 AI 技术是 OCR 技术和 NLP 技术。

（1）OCR 技术。OCR（Optical Character Recognition，光学字符识别）是通过扫描等光学输入方式将各种票据、报刊、图书、文稿及其他印刷品中的文字转化为图像信息，再利用文字识别技术将图像信息转化为可以使用的数字化信息的计算机输入技术。OCR 技术可将纸质材料、电子票据、PDF 文件、图片文件等转化为数字化信息，供 RPA 机器人自动处理。OCR 技术在 RPA 中的常见应用有：合同识别与信息提取、发票识别、证件识别等。

（2）NLP 技术。NLP（Natural Language Processing，自然语言处理）是研究如何让计算机理解并生成人类自然语言的一种技术。NLP 主要有两项关键技术，分别为自然语言理解和自然语言生成。自然语言理解的主要目标是帮助机器更好地理解人类语言，其核心技术为语义分析，而自然语言生成的主要目标是帮助机器生成人类能够理解的语言。NLP 除了可以配合 RPA 使用外，还可以配合 OCR 使用，以提高文字识别率。NLP 技术在 RPA 中的常见应用有：客户信用评价、员工招聘、文档自动分类、券商智能审核等。

📖**知识拓展**

客户信用评价机器人可以自动登录国家企业信用信息公示系统、第三方企业信息查询系统、公司网站等多个系统，下载企业营业执照、财务报告等文件，利用 NLP+OCR 技术，提取企业的法人信息、工商信息、关联方信息、企业规模信息、注册资本、关键财务指标等。NLP 技术能够快速实现对各类报告信息的解析和抽取，并对相关信息进行智能审核。客户信用评价机器人可以将经过 NLP 技术处理的各类信息，按照企业预定的规则，自动填写到文档中并生成客户信用评价表，进而确定企业的信用等级和信用额度。

1.2 RPA 应用场景

随着 RPA 技术的不断发展和更新迭代,其应用场景不断增加。本节将对 RPA 的行业应用场景和业务应用场景分别进行介绍。

1.2.1 RPA 行业应用场景

目前,RPA 在很多行业得到了广泛的应用。IBM 关于大中华区的调查显示,银行业和保险业自动化流程市场份额最高,占到 RPA 市场总量的一半以上。另外,在制造业、电信业、零售业、公共服务业也有较多的自动化应用。RPA 的常见行业应用场景如图 1-2 所示。

图 1-2　RPA 的常见行业应用场景

图片来源:来也科技

1. 银行业

随着数字经济的高速发展,商业银行不仅面临同业的竞争压力,而且有很多互联网或金融科技企业也给银行的发展带来巨大的挑战。银行内部信息系统日趋复杂,业务处理的自动化及智能化需求日益旺盛,采用传统经营模式和业务处理模式已经难以跟上时代的发展,因此,探索科技赋能金融、实现数字化转型对银行业具有重要价值。在这种大背景下,运用 RPA+AI 代替员工完成低附加值且重复的任务，不仅能够提升整体的效率，而且能为员工减负，提升人才价值，不断优化银行内部的业务流程，加速银行数智化升级，打造数字化银行。

RPA+AI 在银行业的常见应用场景如下。

（1）对公开户：利用人机交互机器人，柜员只需要扫描证件，其他操作如系统查询、录入身份信息、报备等都由机器人自动完成。

（2）反洗钱监控和报送：无人值守机器人自动登录反洗钱系统，根据特定条件查询可疑交易数据，导出数据并汇总，然后自动报送。

（3）贷款资质审核：利用 AI 技术自动提取扫描件的贷款资质数据，形成结构化的电子数据，并根据机器人预设的规则自动进行审核。

（4）企业账户年检：机器人自动提取人民银行账户系统、公示系统、行内系统的数据进行比对，并且可以共享数据、支持比对规则的配置。

（5）报销业务审核：机器人自动比对报销单中的影像内容和系统输入的内容，并根据报销政策审核报销内容的合规性和完整性，返回审批意见，对于审批通过的，实现自动记账、记录复核和付款。

2．保险业

保险公司由于行业监管的变化、客户行为的变化、分销渠道的变化、可用性和数据使用情况的变化，涉及来自各种数据源的手工输入、维护规则、多个异构系统的数据检索等大量人工处理操作。另外，保险公司需要大量的解释、记录、交换和分析等文书工作与客户进行沟通交流。以上挑战导致保险业的工作效率欠佳。使用 RPA+AI 在整个保险组织中连接客户主数据，贯通承保、理赔、保全的各个业务领域，可以提供无缝的客户体验。

RPA+AI 在保险业的常见应用场景如下。

（1）车险、交强险录单：机器人自动读取邮件，下载录单文件，进入核心系统自动录单，把录单结果信息通过邮件发送给相关人员。

（2）财险产品备案登记：登录保险协会网站，新增产品，从 Excel 表读取需要备案的财险信息，并上传审批产品需要的文件。

（3）车险自动出单：登录微信，定时收取用户证件信息，通过 AI 提取证件信息并将其写入 Excel 文件，把 Excel 数据录入系统中生成保单。

（4）立案信息录入：读取赔付清单，找到对应的单据，录入并提交立案信息。

3．制造业

制造业作为我国的支柱产业，一直保持着较好的发展态势。然而，随着人口老龄化的加剧、人工费用的增长，传统制造业依靠人力发展的道路已经越走越窄。虽然某些企业正将其生产部门的人力资源逐步转变为工业机器人，以提高产量和生产率，但企业各类管理部门的日常办公和运营仍需要大量的人工操作。为了克服这些痛点，制造业企业正在进行数字化转型，以简化和优化复杂的后台运营（包括供应商通信、库存管理、采购、支付处理及报告生成等），提高核心业务流程的运行效率，保证高质量输出。

RPA+AI 在制造业的常见应用场景如下。

（1）第三方平台订单信息同步：由于第三方平台未提供接口，工作人员需要将订单信息手动搬运到内部订单管理系统，而 RPA 机器人可定期读取第三方平台订单信息，并代替人工同步多个不同平台的订单信息。

（2）订单识别与录入：来自不同线下渠道的纸质订单表格多种多样，企业可以使用 AI 能力平台的自定义模板识别，结合 OCR 技术在识别纸质单据的同时抽取关键字段信息内容，再转交给 RPA 机器人自动录入系统中。

（3）物流费用结算：企业每月需要人工对同一收货地址对应的物流费用进行合并结算，但由于收货地址由客户填写，格式不统一，工作效率较低。使用 RPA+AI 技术，工作人员可以结合标准地址功能对全部地址进行标准结构化转换，然后再进行统一合并，实现替换。

（4）合同比对：大量客户合同，需要人工核对，确认是否被修改，以防产生法律风险和经济损失。RPA 结合 AI 能力平台，几分钟即可完成上百页的合同比对，能帮助企业实现智能审核流程，提高效率，降低企业风险。

4. 零售业

零售企业发展至今有着海量的数据，所有的信息处理、决策、执行都围绕着数据中心展开。因此，RPA+AI 自动化解决方案，可以帮助零售企业对大量人工重复业务实现自动化，并且根据企业发展的需求将过程中的数据连接形成有效数据资产，为企业提供及时且有效的决策支持。

RPA+AI 在零售业的常见应用场景如下。

（1）价格监控：对京东、淘宝等平台中的旗舰店进行商品销售价格查询和监控，如果发现商品低于设定好的底价，那么将记录在运行台账中，并通过短信等方式及时通知业务人员。

（2）电商自动审单发货：无人值守机器人自动登录电商平台，查看订单来源，根据物品种类、型号等信息进行分类汇总，完成订单信息匹配和提交。

（3）物流发货信息自动打印：订单平台收到订单信息后，根据发货地址及物流公司的不同，进行大量发货信息的填写与打印。而机器人可以根据设定好的规则，自动在订单平台与物流平台之间进行信息填写和校对，完成物流发货信息自动打印。

（4）电商平台数据核对：机器人自动提取各电商平台的数据，按照规定进行事先数据处理，自动登录内部 ERP 系统进行数据填写，并将填写完成的数据及核对报表发送给业务人员进行审核。

1.2.2 RPA 业务应用场景

RPA 的业务应用场景非常广泛，几乎涵盖企业的各个职能部门，如财务部门、人力资源部门、采购部门、销售部门、内审部门等。RPA 的常见业务应用场景如图 1-3 所示。

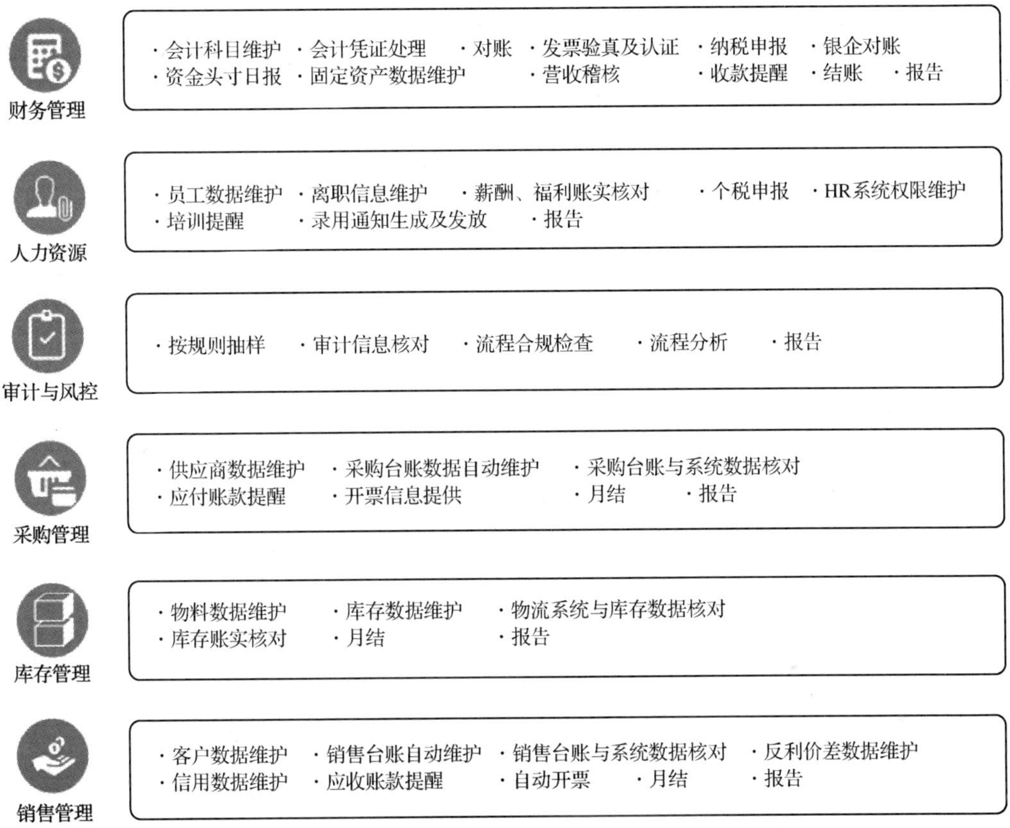

财务管理
·会计科目维护 ·会计凭证处理 ·对账 ·发票验真及认证 ·纳税申报 ·银企对账
·资金头寸日报 ·固定资产数据维护 ·营收稽核 ·收款提醒 ·结账 ·报告

人力资源
·员工数据维护 ·离职信息维护 ·薪酬、福利账实核对 ·个税申报 ·HR系统权限维护
·培训提醒 ·录用通知生成及发放 ·报告

审计与风控
·按规则抽样 ·审计信息核对 ·流程合规检查 ·流程分析 ·报告

采购管理
·供应商数据维护 ·采购台账数据自动维护 ·采购台账与系统数据核对
·应付账款提醒 ·开票信息提供 ·月结 ·报告

库存管理
·物料数据维护 ·库存数据维护 ·物流系统与库存数据核对
·库存账实核对 ·月结 ·报告

销售管理
·客户数据维护 ·销售台账自动维护 ·销售台账与系统数据核对 ·反利价差数据维护
·信用数据维护 ·应收账款提醒 ·自动开票 ·月结 ·报告

图 1–3 RPA 的常见业务应用场景

图片来源：来也科技

1. 财务部门应用场景

财务部门往往是企业开展信息化应用最早的部门。很多企业早就应用了 ERP 系统（如 SAP、Oracle、用友、金蝶等产品），财务部门人员在日常办公中还会经常使用 Excel 来处理各种报表。企业领导对于财务数据通常要求具有实时性，要能第一时间反映经营情况，因此财务人员不但要收集和整理财务数据，还要获得其他部门的业务数据（如产品、供应商、客户等信息），这就需要他们操作 ERP 系统、电子表格系统、邮件系统等，完成数据的处理与传递。同时，节约成本成为财务部门考核的一项重要指标。因此，财务部门基于成本考虑不会雇佣大量的员工，而现有员工的工作量非常大，容易出错，完不成任务时经常加班，这是大多数企业财务部门的现状。财务部门的很多工作内容标准化程度高，具有高重复性，是非常适合开展 RPA 应用的部门。RPA 能够大大减少上述问题的发生并最大限度地降低影响。

RPA 在财务部门的主要应用场景包括：会计科目维护、会计凭证处理、对账、发票验真及认证、纳税申报、银企对账、营收稽核等。

2. 人力资源部门应用场景

由于企业内部的精细化管理需要，各部门需要提高服务意识，人力资源部门需加强对员工的个性化服务，其工作内容也越来越依赖于信息化手段。RPA 能更好地实现数据采集、信息比对、信息传送和系统操作等，加之其他智能化手段辅助判断和决策，RPA 已成为企业人力资源部门数字化转型的重要方向。

RPA 在人力资源部门的主要应用场景包括：员工数据维护、离职信息维护、薪酬福利核对、个税申报、培训提醒、录用通知生成及发放等。

1.3 RPA 厂商

目前，全球能够独立提供 RPA 软件的厂商有几十家。近几年，国外的 RPA "三巨头" UiPath、Blue Prism、Automation Anywhere 在国际上居于领先地位，而国内的 RPA 厂商，如来也科技、艺赛旗、达观数据、弘玑、阿里云等也呈现出迅猛的发展势头。

微课 1-3

1.3.1 国外 RPA 厂商

1. UiPath

UiPath 是一家 RPA 解决方案供应商，2005 年成立于罗马尼亚，后在美国纽约设立公司总部，现在英国、美国、罗马尼亚、印度、新加坡和日本等地设有办事处。UiPath 是全球发展势头强劲的 RPA 公司，致力于开发 RPA 平台，将 RPA 作为数字化劳动力运作。

UiPath 的 RPA 产品主要由 3 部分构成。

（1）编辑工具：UiPath Studio 是 UiPath RPA 平台的编辑工具，利用它的图形化界面，用户可以方便地设计出各种自动化的流程。

（2）机器人：UiPath Robot 的运行方式有 3 种，分别是有人值守机器人、无人值守机器人和混合型机器人，可以满足多种应用需求。

（3）控制台：UiPath Orchestrator 是用来集中调度、管理和监控所有机器人的控制台，通过该控制台，用户可以掌握机器人的全球部署和工作情况，确保合规性和安全性。

2. Blue Prism

Blue Prism 成立于 2001 年，是全球第一家上市的 RPA 公司。在中国市场，Blue Prism 于 2019 年开始广泛进行业务实践。

Blue Prism 的 RPA 产品系列主要由 4 部分构成。

（1）设计器：主要用来设计 RPA 业务工作流程，整个设计流程以可视化界面操作，可以创建、分析、修改和扩展自动化业务。

（2）控制台：提供了一个集中式管理控制台，用于控制、监控、执行和调度数字劳动力的自动化流程，同时也是资源管理的整体枢纽。

（3）数字劳动力（Digital Worker）：用于执行自动化任务。

（4）AI 功能组件：具有文档分析、文字识别、机器学习等能力。

Blue Prism 可以面向大型企业提供完整、可靠、合规、稳定的整体解决方案，重点定位在金融、零售、通信、公共事业、物流、制造、自动化等行业。

3．Automation Anywhere

Automation Anywhere（简称 AA）成立于 2003，总部位于美国加利福尼亚州圣何塞市，是一家 RPA 软件开发商。AA 使用 NLP 与非结构化数据认知等技术，搭建自动化的商业流程处理系统，在全球范围内为企业客户节省人力劳动。

AA 的旗舰自动化方案包括 IQ Bot、Bot Insight、Bot Store。它们的功能特点包括职能化技术、任务调度、重复功能、多变量调试、交互脚本、任务链等，可帮助数十万手动管理业务流程的职场人员从烦琐的工作中解脱出来。

1.3.2　国内 RPA 厂商

1．来也科技

来也科技（北京）有限公司成立于 2015 年，致力于打造受用户信赖的智能机器人产品，成为具有全球影响力的人工智能公司；为客户提供变革性的智能自动化解决方案，提升组织生产力和办公效率，释放员工潜力，助力政企实现智能时代的人机协同。

来也科技的 RPA 产品系列包括开发工具 UiBot Creator、工作平台 UiBot Worker、管理中心 UiBot Commander 和 AI 能力平台 UiBot Mage。其产品特点包括：支持 C、Lua、Python、.Net 扩展插件及第三方 SDK（Software Development Kit，软件开发工具包）接入；支持 Windows、Linux、macOS X 等系统；内置 OCR、NLP 等多种适合 RPA 机器人的 AI 能力；提供预训练的模型，用户无须具备 AI 经验，开箱即用；提供机器人商店；开发者社区比较活跃。

近年来，来也科技已服务 200 多家 500 强企业，200 余个政府部门及上千家中小企业，覆盖电力、银行、保险、通信、零售等行业。

2．艺赛旗

上海艺赛旗软件股份有限公司成立于 2011 年，是一家专业从事智能软件研发及技术服务的高新技术企业。艺赛旗的 RPA 产品可帮助企业解决业务流程自动化难题，提供智能化、数字化服务，降本增效。

艺赛旗的 RPA 产品系列包括设计器、控制台、机器人 3 部分。其产品特点有：提供对所有机器人执行任务的实时监控功能，支持单独运行 Python 脚本，支持机器人流程之间相互调用，可通过 REST 接口在外部控制机器人，多个任务机器人可以同时工作，等等。

艺赛旗聚焦企业级市场，重点聚焦行业为金融、能源、电力、制造等。

3. 达观数据

达观数据成立于 2015 年，专注于文本智能处理技术。达观数据利用先进的 NLP、OCR、RPA、知识图谱等技术，为大型企业和政府机构提供办公流程自动化、文档智能审阅、文字识别、企业级垂直搜索、智能推荐等智能办公机器人产品，让计算机协助人工完成业务流程自动化，大幅度提高企业运营效率与智能化水平。

达观数据的 RPA 产品系列包括开发平台、控制中心和机器人 3 部分。其特点有：融合选进的 NLP 和 OCR 技术，应用范围广泛；支持交互式执行，满足各种类型的流程处理需求；系统开发灵活，满足不同用户的个性化需求；任务调度执行灵活，任务管理更便捷；等等。

达观数据为银行、保险、证券、政务、物流、地产、制造等行业的近百家企业提供了流程自动化服务。

4. 弘玑

上海弘玑信息技术有限公司成立于 2015 年，是中国领先的 RPA 软件和解决方案供应商。公司自主研发的融合 AI、NLP 等先进技术的 Cyclone RPA 超自动化解决方案能够帮助客户自动完成特定业务流程，实现跨行业、跨组织的数字化转型目标。

弘玑的 RPA 产品系列主要包括设计器、中控、执行器 3 部分。其产品特点包括：自定义流程模板，允许用户按照指定的规则编写外部脚本，机器人可解锁系统并运行脚本以确保企业信息安全，支持包括 Windows、Linux、Android 在内的操作系统，提供不写代码、图像式流程自动化设计器，等等。

弘玑的市场定位目前主要在金融、政府、零售、医疗、科技等领域。

1.4 RPA 实施与风险识别

微课 1-4

1.4.1 RPA 实施

当企事业单位想要通过 RPA 实现业务场景自动化时，通常需要成立 RPA 实施项目组来开展此项工作。项目组应由 RPA 供应商顾问团队和单位内部人员构成。单位内部人员应包括 RPA 项目单位负责人和各个业务部门的 RPA 运维人员。

项目组实施 RPA 项目的一般步骤如图 1-4 所示。

| 评估与策略咨询 | ⇨ | 分析与方案设计 | ⇨ | PoC（概念验证） | ⇨ | 开发与部署 | ⇨ | 上线与运营 | ⇨ | 维护与支持 | ⇨ | 自动化培训 |

图 1-4　实施 RPA 项目的一般步骤

1. 评估与策略咨询

RPA 供应商顾问团队与单位一线业务人员充分沟通，根据实际业务需求，明确适用于 RPA 的需求场景，优先进行自动化方案设计，同时配合单位协调 RPA 引进和启动所需的准备工作。

2. 分析与方案设计

项目组针对选定的需求场景，进行调研和分析，梳理出工作流程，制定具体的自动化实施方案。对于此项工作内容，项目组的单位内部人员应充分参与其中。

3. PoC（Proof of Concept，概念验证）

PoC 是指针对选定的需求场景，创建试验性质的基本流程。单位负责人和相关工作人员，通过亲眼见证 RPA 机器人如何模拟人类行为，提前估算 RPA 应用后的收益、效果、投入产出比。

4. 开发与部署

由 RPA 供应商顾问团队按照已制定的自动化实施方案，为选定的需求场景进行 RPA 机器人的开发、调试和部署。项目组的单位内部人员也应积极参与开发，以提升 RPA 性能，便于将来为组织内部简单的业务流程自行开发 RPA。

5. 上线与运营

RPA 机器人开始运行，单位开始关注和追踪机器人的工作效果，使 RPA 机器人充分发挥作用。RPA 机器人的运行，可由单位内部业务人员操作。单位内部业务人员可根据自身需求变化，制定和编排运行任务。

6. 维护与支持

项目组应及时调整 RPA 机器人在运行中出现的问题，并针对业务场景的变化，进行相应的升级。同时，单位也可以继续挖掘更多自动化需求场景，扩大 RPA 机器人的部署范围。

7. 自动化培训

RPA 供应商顾问团队对单位内部的自动化核心小组进行培训，帮助单位自上而下了解自动化技术，建立自动化观念。同时，可以提供面向一线业务人员的 RPA 培训，帮助员工正确认知 RPA，掌握日常工作所需的 RPA 技能。培训对象可以是 IT 人员和业务人员。

1.4.2　RPA 风险识别

RPA 机器人在开发、实施、应用过程中会带来各种风险。对于运行 RPA 机器人的用户来说，应重点关注应用风险。RPA 机器人的应用风险主要包括以下几个方面。

1. 信息安全风险

信息安全风险是用户在运行 RPA 机器人过程中最为突出的风险，主要是指机器人在运行过程中导致敏感信息泄露的可能性。比如：机器人在模拟人工操作流程时，操作流程会直接在计算机屏幕上展示出来，因此重要信息很容易通过屏幕展示而泄露，从而给企业带来损失。信息安全风险同样也会出现在 RPA 的开发过程中。另外，RPA 机器人在运行过程中创建的文件在本地保存或经网络传输时，若没有必要的保护，也会带来信息泄露的风险。

2. 运行中断风险

运行中断风险是指由于某些风险因素导致机器人无法正常执行流程或无法输出正确结果等导致运行中断的可能性。常见的运行中断风险有：RPA 运行的桌面环境与 RPA 开发和测试环境不一致，比如显示器分辨率、浏览器版本等不一致导致 RPA 运行中断；或是指定的文件夹位置发生变化或不存在，造成 RPA 机器人运行中断。另外，在 RPA 开发过程中，开发人员需要考虑人工操作时可能出现的各种情况，若未考虑到的一些特殊情况发生，有可能造成 RPA 运行中断。运行中断会导致运行结果与需要的结果不一致，若不能及时发现，则会给后续应用和决策带来较大风险。因此，一定要有相关措施监控机器人的运行状态。

3. 流程变动风险

RPA 的运行流程并非完全模拟人工流程，开发人员通常会利用 RPA 工具的特点和优势，对现有流程做出一定的调整，以适应 RPA 集中化、批量化工作的特点。该段流程的变化不仅会引起上、下游流程的变化，而且会使原有流程的内部控制措施失效，因此企业需要重新评估 RPA 流程的内控风险。

4. 监管合规风险

使用 RPA 机器人有时会改变企业原有的业务流程和操作环境，造成某些情况下不符合监管规定。比如：应用架构不符合监管要求；未对 RPA 机器人执行的情况做全程监控，导致运行异常、无法溯源；缺少对 RPA 机器人的复核机制；未能及时向监管机构报送数据或报送的数据不准确；等等。

5. 管理权限风险

RPA 机器人是企业的虚拟员工，企业必须设立相应岗位、相应人员对其进行监管。要防止 RPA 机器人未经授权的修改或新增操作，防止管理员恶意篡改 RPA 机器人配置数据等。

6. 过度依赖风险

RPA 应用环境比较成熟时，企业经营过程中可能运行着大量的 RPA 机器人，原岗位大量人员必然会转岗或离职，部分保留 RPA 机器人管理岗位人员即可。若企业对 RPA 机器人过度依赖，在 RPA 机器人需要更新、维护或暂停运行的情况下，很难及时找到替代员工，则会影响企业的正常运营。

1.5　RPA 财务机器人

RPA 财务机器人，也叫财务 RPA，是 RPA 技术在财会领域的具体应用。

微课 1-5

1.5.1　RPA 财务机器人概述

RPA 财务机器人可以针对财会工作的业务内容和流程特点，将财会工作场景中标准化、重复性高的工作流程自动化，提高财会工作的效率和质量，降低财务风险，增强会计业务处理的合规性，推动财会工作数字化转型。

1.5.2　RPA 财务机器人应用场景

很多企业都在业财一体化的 ERP 系统中完成财务信息的处理，比如基础档案设置、总账管理、报表管理、工资管理、固定资产管理、采购与付款管理、销售与收款管理等。这些处理中标准化、重复性高的流程较多，适合设计 RPA 财务机器人。

1. 基础档案设置

ERP 系统在实施过程中，有很多基础档案需要录入，包括部门档案、人员档案、客商档案、会计科目、固定资产原始卡片等，当档案的数据量较多（比如有些企业的固定资产原始卡片有上万张）时，设计 RPA 财务机器人将大大提高工作效率和输入准确性。

基础档案设置机器人的业务流程如图 1-5 所示。

图 1-5　基础档案设置机器人的业务流程

2. 总账管理

总账管理子系统的功能一般包括填制凭证、凭证审核、凭证记账、期末自动转账与期末结账。其中，填制凭证、期末自动转账与期末结账都是可以设计 RPA 财务机器人的。

填制凭证机器人的业务流程如图 1-6 所示。

图 1-6　填制凭证机器人的业务流程

期末自动转账与期末结账机器人的业务流程如图 1-7 所示。

图 1-7　期末自动转账与期末结账机器人的业务流程

3. 报表管理

报表管理子系统包括自定义报表和通过模板编制报表两个流程。自定义报表主要是指编制企业内部使用的各种管理会计报表。通过模板编制报表主要是指编制企业对外报送的资产负债表、利润表和现金流量表等标准报表。通过模板编制报表比较适合设计 RPA 财务机器人。

通过模板编制会计报表机器人的业务流程如图 1-8 所示。

图 1-8　通过模板编制会计报表机器人的业务流程

4. 工资管理

工资管理子系统的功能包括工资类别设置、工资项目设置、计算公式设置、人员档案设置、工资转账关系定义、工资基础数据录入、工资计算及生成工资费用分配凭证等。其中，工资类别设置、工资项目设置、计算公式设置、人员档案设置、工资转账关系定义、工资基础数据录入都是工资基础档案录入的内容，其机器人的业务流程与基础档案设置机器人的类似。

工资计算及生成工资费用分配凭证机器人的业务流程如图 1-9 所示。

图 1-9　工资计算及生成工资费用分配凭证机器人的业务流程

5. 固定资产管理

固定资产管理子系统的功能包括资产类别设置、部门设置、增减方式设置、折旧方法设置、资产增加与减少、资产变动、计提折旧等。其中，资产类别设置、部门设置、增减方式设置、折旧方法设置都是固定资产基础档案录入的内容，其机器人的业务流程与基础档案设置机器人的类似。

计提折旧机器人的业务流程如图 1-10 所示。

图 1-10　计提折旧机器人的业务流程

6．采购与付款管理

采购与付款操作涉及采购管理子系统（简称"采购系统"）、库存管理子系统（简称"库存系统"）、存货核算子系统（简称"存货系统"）、应付款管理子系统（简称"应付系统"）。普通采购业务涉及采购发票、采购入库单、付款单 3 张核心单据，3 张单据经过必要的流程处理，分别生成 3 张记账凭证。

采购发票处理机器人的业务流程如图 1-11 所示。

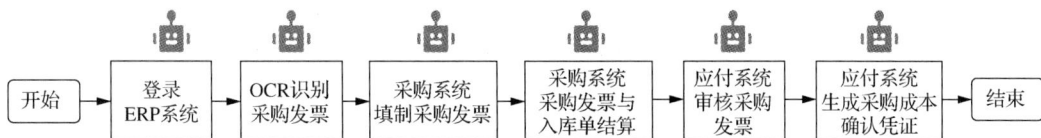

开始 → 登录 ERP系统 → OCR识别采购发票 → 采购系统填制采购发票 → 采购系统采购发票与入库单结算 → 应付系统审核采购发票 → 应付系统生成采购成本确认凭证 → 结束

图 1-11　采购发票处理机器人的业务流程

采购入库单处理机器人的业务流程如图 1-12 所示。

开始 → 登录 ERP系统 → 库存系统填制采购入库单 → 库存系统审核采购入库单 → 存货系统采购入库单记账 → 存货系统生成采购入库凭证 → 结束

图 1-12　采购入库单处理机器人的业务流程

付款单处理机器人的业务流程如图 1-13 所示。

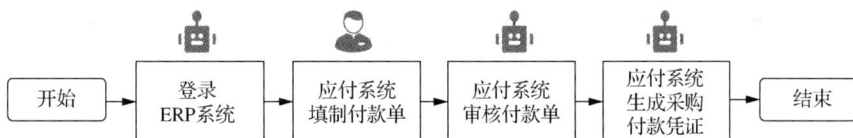

开始 → 登录 ERP系统 → 应付系统填制付款单 → 应付系统审核付款单 → 应付系统生成采购付款凭证 → 结束

图 1-13　付款单处理机器人的业务流程

7．销售与收款管理

销售与收款操作涉及销售管理子系统（简称"销售系统"）、库存系统、存货系统、应收款管理子系统（简称"应收系统"）。普通销售业务涉及销售发票、销售出库单、收款单 3 张核心单据，这 3 张单据经过必要的流程处理，分别生成 3 张记账凭证。

销售发票处理机器人的业务流程如图 1-14 所示。

开始 → 登录 ERP系统 → OCR识别销售发票 → 销售系统填制销售发票 → 应收系统审核销售发票 → 应收系统生成收入确认凭证 → 结束

图 1-14　销售发票处理机器人的业务流程

销售出库单处理机器人的业务流程如图 1-15 所示。

图 1-15 销售出库单处理机器人的业务流程

收款单处理机器人的业务流程如图 1-16 所示。

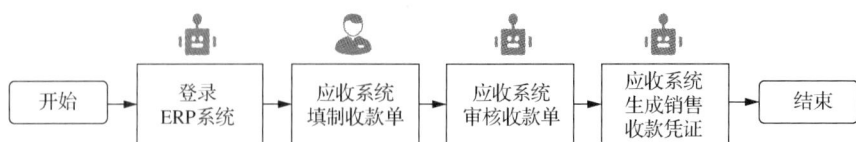

图 1-16 收款单处理机器人的业务流程

1.5.3 RPA 财务机器人应用案例

某生物医疗有限公司的主营业务是生物医疗低温存储设备的研发、生产和销售。随着数字化与自动化转型的呼声越来越高，公司业务量的增加与业务线的增多，以及新技术的发展和各行业"业财税一体化"的快速融合，传统的财务核算体系难以满足和适应数字化发展的需求。

公司搭建了银行账户余额查询、余额导入资金系统、异常情况邮件自动通知等场景的 RPA 财务机器人，助力以智能预算、智能核算、智能税务、智能共享为主流的财务核算体系建设，加速公司数字化与智能自动化转型。

公司原人工流程的三大挑战如下。

（1）U 盾及密码保管耗时耗力。银行账户余额查询是公司出纳每天都需要进行的日常工作之一，如果该负责人临时请假，则需将银行 U 盾、密码交接给其他人。为了保证信息安全，待交接返回后，负责人需要将所有 U 盾密码全部更改一遍，耗时耗力。

（2）工作量大、重复性高。公司通常会在多个银行开立多个账户，而每个银行均有各自的 U 盾或者密码器，以及不同的登录网址，每次查询所耗时间与银行账户数量成正比。银行账户数量越多，所耗时间越多，且工作内容也是高度重复的。

（3）手动汇总难免出错。查询账户余额结束后，财务人员需要通过 Excel 表格手动汇总所有账户情况，而手动录入难免出现错误，难以保证100%的准确率。

部署 RPA 财务机器人后，带来如下优势。

（1）银行账户余额查询效率提升。在原人工流程中，财务人员需要将待查询账户的银行 U 盾插入计算机，登入待查询账户所在银行的指定网页，查询余额并手动录入 Excel 表格，拔出 U 盾。随后换取其他待查询账户的银行 U 盾及网址，重复上述步骤直至所有账户余额查询完成，并将录好的汇总表格上传至资金系统。

在部署了 RPA 财务机器人后，机器人会在设好的指定时间自动开始运行，从密码盒（Key Box）中调取存储的账户密码，不需要反复插拔 U 盾，即可完成各网银系统的登录及余额查询，并最终汇总输出余额表格。

（2）余额自动导入资金系统并具备异常提醒功能。在自动将余额汇总到 Excel 表格后，RPA 财务机器人还将自动登录资金系统，将表格自动上传。如果流程中出现任何异常，导致余额信息没有导入资金系统，RPA 财务机器人会自动发送邮件通知相关人员。

目前，该银行账户余额查询与余额导入资金系统经过在公司浦发银行账户试验性部署后，已快速复制应用到光大银行、民生银行、中国建设银行、中国银行等的账户上，其余银行的账户也在按计划部署中。若企业有 100 个账户需要查询，人工操作需近 120 分钟，而 RPA 财务机器人仅需 5 分钟即可完成，效率提升约 96%，每年可节省近 900 小时，同时正确率高达 100%。

RPA 财务机器人作为财税领域落地最早、适用性最广、应用最为成熟的人机交互产品，已经广泛应用到费用报销、采购付款、订单收款、账务核算、报表出具、资金对账、税务申报等领域，正在逐步成为财务部门智能自动化转型不可或缺的重要工具。

本章习题

一、单选题

1. （　　）也叫执行器，是 RPA 的运行工具，用来运行已经开发好的 RPA 机器人，也可以用来查阅 RPA 运行结果。

    A. 设计器　　　　　B. 管理器　　　　　C. 控制器　　　　　D. 运行器

2. 目前，与 RPA 结合最为紧密的 AI 技术是（　　）。

    A. OCR 和机器学习　　　　　　　　B. OCR 和 NLP

    C. NLP 和机器学习　　　　　　　　D. ERP 和 MIS

3. 在 RPA 实施过程中，针对选定的需求场景，创建试验性质的基本流程，属于（　　）步骤。

    A. PoC 验证　　　　　　　　　　　B. 开发与部署

    C. 分析与方案设计　　　　　　　　D. 上线与运营

4. （　　）指机器人运行过程中导致敏感信息泄露的可能性。

    A. 运行中断风险　　B. 监管合规风险　　C. 流程变动风险　　D. 信息安全风险

5. 下列（　　）不属于 RPA 的基础技术。

    A. 模拟鼠标和键盘操作　　　　　　B. 抓取屏幕信息

    C. NLP　　　　　　　　　　　　　D. Office 自动化

二、多选题

1. 下列属于 RPA 特点的有（　　）。

    A. 是一种软件技术　　　　　　　　B. 是基于 PC 端的操作

    C. 可以模拟用户操作与交互　　　　D. 能够基于既定的业务规则来执行

2. RPA 的适用条件包括（　　　）。

　　A. 业务流程标准化　　　　　　　　　B. 业务流程经常变化

　　C. 业务流程重复执行　　　　　　　　D. 业务流程只执行一次

3. RPA 的应用价值包括（　　　）。

　　A. 提升企业运营效率、节约成本　　　B. 提高业务处理的准确性

　　C. 提升流程的合规性和安全性　　　　D. 提高灵活性和敏捷性

4. RPA 产品是一款实现自动化功能的软件，通常包括（　　　）等组成部分。

　　A. 设计器　　　　　B. 运行器　　　　C. 控制器　　　　　D. 转换器

5. 按不同的运行方式，机器人可以分为（　　　）。

　　A. 有人值守机器人　　　　　　　　　B. 无人值守机器人

　　C. 人机共同值守机器人　　　　　　　D. 人机交互机器人

三、判断题

1. RPA 实际上是一种硬件技术。（　　　）

2. 设计器也叫编辑器，是 RPA 的生产工具，用于机器人脚本设计、开发、调试和部署。（　　　）

3. 人机交互机器人，是指通过人输入指令来控制执行，并监督处理执行的过程和结果。（　　　）

4. OCR 技术可将纸质材料、电子票据、PDF 文件、图片文件等转化为数字化的信息，供 RPA 机器人自动处理。（　　　）

5. UiPath 是国内 RPA 厂商。（　　　）

四、实训题

登录国内外主流 RPA 厂商的网站，整理电力、银行、保险、零售、物流、制造、地产、医疗等行业的 RPA 应用案例。

要求：制作 PPT，分享各行业 RPA 的应用场景及应用价值。

第 2 章

UiBot 简介

学习目标

✧ 了解 UiBot 的发展历程和特点；

✧ 熟悉 UiBot 的产品组成；

✧ 熟悉 UiBot Creator 的界面构成；

✧ 掌握 UiBot 流程设计的过程。

本章导图

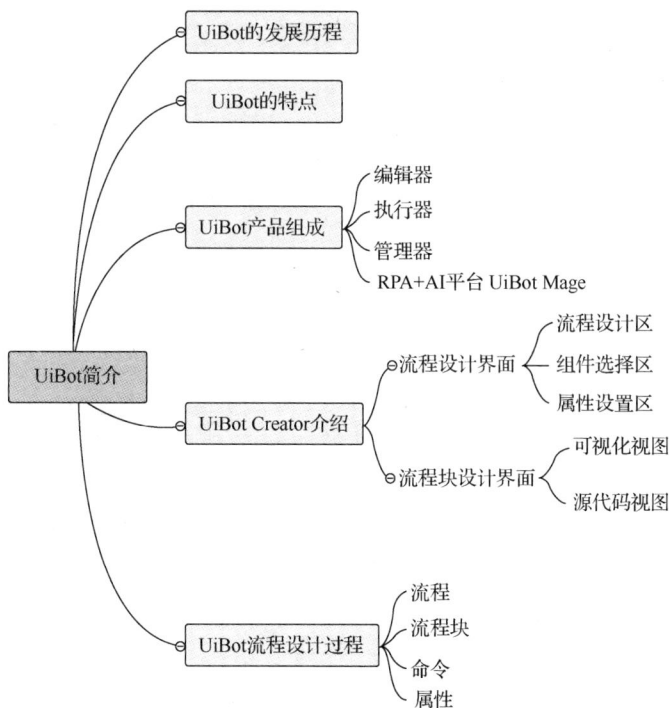

来也科技入选高德纳《RPA 魔力象限》

2021 年 7 月 26 日，高德纳发布年度报告《RPA 魔力象限》（*Magic Quadrant for Robotic Process Automation*），如图 2-1 所示。来也科技代表中国 RPA 厂商首次入选《RPA 魔力象限》，与 UiPath、Automation Anywhere、Blue Prism 等老牌厂商共同被重点推荐。

图 2-1　2021 年高德纳《RPA 魔力象限》

图片来源：高德纳公司（2021 年 7 月）

高德纳在报告中对来也科技的评价如下。

● 创新：不同于行业竞品选择通过合作伙伴补齐能力，来也科技从头开发了端到端的自动化平台，平台包括 RPA、IDP、对话式 AI、流程挖掘等专注于端到端自动化的功能。

● 市场理解：来也科技的产品路线图，反映了中国 RPA 市场的方向，包括云原生部署、增强的计算机视觉、IDP 能力和机器人商店。

● 合作伙伴和开发者生态：来也科技拥有 500 多个合作伙伴，超过 400 000 名开发者，并且正在多所大学扩大其培训和影响力。

2.1　UiBot 的发展历程

微课 2-1

来也科技是中国乃至全球的 RPA+AI 行业领导者，能为客户提供变革性的智能自动化解决方案，帮助客户提升组织生产力和办公效率，释放员工潜力，助力政企实现智能时代的人机协同。

来也科技的 RPA+AI 软件机器人已成功应用于银行、保险、电信、电力、制造、零售、政府、物流、地产、教育和医疗等领域，助力政企在财税、人力资源、法务、客服和营销等场景实现智能化转型。来也科技现拥有 RPA 平台"来也 UiBot"、智能对话机器人平台"吾来"、全球首个专为 RPA 机器人打造的 AI 力平台"UiBot Mage"三大核心产品。

> **知识拓展**
>
> 我们通常所说的 UiBot，是指来也科技出品的 RPA 软件机器人开发管理平台，它起源于一个叫作"按键精灵"的软件。
>
> 过去，一些游戏开发者为了让玩家在游戏中停留尽可能多的时间，故意把简单的流程重复无数遍，令玩家苦不堪言。于是，针对游戏领域的"软件机器人"应运而生，其中非常有名的是 2001 年问世的"按键精灵"。"按键精灵"最早在装有 Windows 系统的计算机上运行，针对 Windows 客户端游戏进行自动化操作；2009 年出现了"网页版按键精灵"，针对网页游戏进行自动化操作；2013 年又出现了"手机版按键精灵"，针对 Android 手机上的游戏进行自动化操作。
>
> "按键精灵"的成功绝不在于技术上的优势，而是其"简单易用"的设计理念。"按键精灵"本身不是一个软件机器人，而是软件机器人的制造工具。这套工具非常容易上手，不是 IT 专家的游戏玩家也能轻松掌握。在这一点上，"按键精灵"做得很成功，目前已经有几万名游戏玩家能够熟练地用"按键精灵"创建自己的"软件机器人"，并分享给更多的人使用，而这些玩家大多数并不精通 IT 技术。
>
> 从某种意义上讲，2001 年出品的"按键精灵"完全可以看作国内 RPA 的先驱。实际上，当 2017 年 RPA 的概念在国内开始生根发芽的时候，很多介绍 RPA 的文章都会用"按键精灵"来举例。虽然"按键精灵"本身是针对游戏设计的，和财务等领域的"软件机器人"有所不同，但它因为名气大、容易理解，用来阐述 RPA 的概念再合适不过了。
>
> "按键精灵"的创作团队在认真分析了 RPA 的具体需求之后，对"按键精灵"进行了一次几乎推倒重来的大革新，既保留了团队十几年以来的积累，又积极满足了 RPA 的需求，打造出了一款强大、易用、快捷的 RPA 平台，这就是 UiBot。UiBot 针对企业用户做了很多优

化，支持 SAP 自动化操作、能以流程图方式展现、支持分布式的控制中心等，这些都是"按键精灵"不具备的功能。

2.2 UiBot 的特点

企业选择 RPA 平台，除了要关注产品的功能、性能，也要观察平台的开发者和服务商规模是否足够强大，能否满足众多企业客户的自动化扩展、维护的需求。此外，要观察平台背后的企业是否具备相关技术积累和长期的企业服务背景，这些往往决定了一个 RPA 平台是否有能力将人工智能和数字化技术相结合，不断帮助企业把自动化拓展到更多业务场景。

UiBot 具有如下特点。

1. 强大开放

RPA 平台的强大，体现在能为机器人的开发提供多种支持，以满足各种场景和环境下的自动化需求。RPA 平台还需要支持并且有能力吸引到大规模的开发者，根据开发者在应用中的不断反馈，使平台快速迭代，保持领先水平。

得益于来也科技在 AI 领域的技术积累，UiBot 平台自带 AI 能力平台 UiBot Mage，能为机器人提供执行流程自动化所需的 NLP、OCR 等各种 AI 能力。成熟的对话机器人产品，可根据业务需求灵活定制。同时，UiBot 可为开发者提供 400 多个功能组件，全面覆盖了日常办公场景的开发需求。来也科技拥有国内最大规模的 RPA 开发社区，有能力持续产出服务于个性化、多样化场景的机器人，满足日益增长的自动化需求。

2. 易学易用

RPA 机器人需要赢得一线使用者的认可，被持续使用，这样才能使企业获得物有所值的自动化升级；RPA 机器人还需要能够快速被开发、被感知、被应用，这样才能满足企业飞速发展的业务需求。

来也科技在低代码和无代码的流程设计方面具有近二十年的丰富经验，无须 IT 专业人员的介入，企业业务人员经过简单培训，就能够以"搭积木"的方式，轻松使用 UiBot。

3. 可扩展、易维护

伴随企业业务发展和外部环境的变化，自动化场景也会随时发生变化。只有可扩展、易维护的机器人，才能持续稳定运行，以免出现判断错误，对企业造成损失。

使用 UiBot，对于简单的场景变化，无须供应商介入，业务人员只需少量调整，即可随需应变。另外，UiBot 提供了 C、Java、Python、.Net 等多种编程语言的扩展接口，业务人员可以随时添加自己的功能模块。

4. 跨软件、跨系统

办公场景往往涉及多个系统、设备和软件，RPA 平台可充当这些系统、设备、软件之间的联结体。

　　UiBot 支持多种平台及不同办公软件，并且针对中国用户常用的软件开发了相关组件，全面满足流程自动化中的跨平台需求。

5. 安全稳定

　　一方面，RPA 是新一代的企业级软件，通过引入数字劳动力（或者说数字化员工），可以避免人工出错，体现更安全的运营理念。另一方面，需要对机器人的安全、稳定进行检验——如果机器人出现数据外泄，或者在操作核心流程时做出错误判断，会给企业带来致命影响。

　　来也 UiBot 是中国企业自主研发的 RPA 平台，开发伊始就采用领先的安全理念，获得多项国家安全认证。来也 UiBot 独家开发的安全管理硬件——来也 UiBot 密码盒，以专用硬件的方式存储密码信息，实现数字与物理双重加密，使用时只需将来也 UiBot 密码盒插入计算机 USB 接口即可。

2.3　UiBot 产品组成

微课 2-3

　　UiBot 产品主要包括 Creator、Worker、Commander 三大模块，它们各司其职，为机器人的生产、执行、分配提供了良好的载体，如图 2-2 所示。

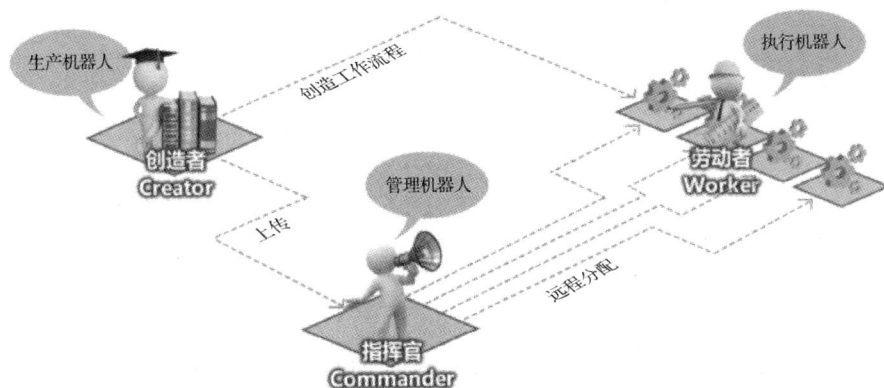

图 2-2　UiBot 产品组成

- Creator：创造者即编辑器，用于搭建机器人或建立机器人的配置。
- Worker：劳动者即执行器，供用户运营已有 RPA 流程或查阅运行结果。
- Commander：指挥官即管理器，用于多个机器人的部署与管理。

2.3.1　编辑器

　　当确认了业务流程规则，决定将业务人员的操作过程通过 RPA 实现时，需要通过编辑器进行流程的开发、编写。UiBot 的编辑器分社区版、企业版两个版本，社区版用于生态社区学习和产品试用,企业版用于正式流程的开发及部署。社区版与企业版的相同点与不同点如表 2-1 所示。

表 2-1　　　　　　　　　UiBot 编辑器社区版与企业版的相同点与不同点

比较项目	社区版	企业版
相同点	从开发角度来看,功能是相同的,工程师可以通过两个版本的编辑器进行流程开发、调试和运行	
不同点	开发的 RPA 流程,只能在社区版编辑器内运行,无法部署到执行器上	开发的 RPA 流程,可以在企业版的编辑器上运行,亦可将流程部署到执行器上运行,或上传到管理器进行流程统一管理

> **说明**
>
> 　　编辑器可以用来编写多个流程,不受编写流程次数的限制,但同一时间只能执行多个流程中的一个,无法指定流程的运行顺序。执行器上可以同时部署多个流程,并进行排序,按时间触发执行。只有企业版的编辑器拥有部署流程到执行器上的功能。

2.3.2　执行器

　　执行器就是我们所说的"数字化员工",实际部署在业务生产环境中。UiBot 的执行器共有 4 个版本:人机交互型-绑定机器、人机交互型-绑定用户、无人值守型-绑定机器、无人值守型-绑定用户。

1.　人机交互型-绑定机器

　　这种执行器的授权码和 PC 端硬件绑定,因此执行器无法在变更 PC 端硬件后继续使用。该版执行器不强制要求与管理器联动使用,执行的流程需要手动添加部署。

2.　人机交互型-绑定用户

　　这种执行器的授权码不和 PC 端硬件绑定,可在客户环境内部署多个执行器,需使用账号、密码登录。账号通过管理器进行注册,总数量不受限制。但该管理器下管理的执行器,同时登录账号的最大数量受限制。例如:客户购买 30 个在线并发量,当第 31 个账号登录执行器时会提示超出数量。该版执行器需与管理器联动使用,且执行的流程需要手动添加部署。

3.　无人值守型-绑定机器

　　这种执行器的授权码和 PC 端硬件绑定,执行器无法在变更 PC 端硬件后继续使用。该版执行器需与管理器联动使用,执行的流程通过编辑器上传到管理器,管理器进行流程下发、排期、统一管理。

4.　无人值守型-绑定用户

　　这种执行器的授权码不和 PC 端硬件绑定,可在客户环境内部署多个执行器,总数量不受限制。该版执行器统一由管理器进行管理,同时在线并发量受限制,执行的流程通过编辑器上传到管理器,管理器进行流程下发、排期、统一管理。

2.3.3　管理器

UiBot 管理器可用于管控执行器及企业版的编辑器。UiBot 管理器支持对执行器的统一管理，对执行器流程与任务的创建和配置，对执行器工作状态、任务运行情况的实时监控，对编辑器信息的查看和配置，对数据参数及环境的配置管理，对组织架构层级、角色权限与用户账号的自定义管理，以及系统设置等。

管理器用来对已部署的所有执行器进行集中管理，其部署方式分为公网环境部署和私有化部署两种。管理器的部署对硬件及环境都有一定的要求。

- 软件要求：CentOS 7.0 及以上兼容系统、Nginx.NET Core、MySQL 5.6 及以上。
- 硬件要求：CPU 为 Intel Xeon E5 及以上，内存为 16GB 及以上，硬盘空间为 500GB 及以上。
- 网络要求：支持多节点部署，各节点网络物理联通，对外提供服务时需打开 80 端口及指定使用端口，HTTPS 服务需打开 443 端口。

2.3.4　RPA+AI 平台 UiBot Mage

来也科技的 RPA+AI 平台产品——UiBot Mage，是专为 RPA 机器人打造的 AI 能力平台。UiBot Mage 与 UiBot 家族原有的 Creator（创造者）、Worker（劳动者）、Commander（指挥官）三大模块"集结"，可以为 RPA 机器人提供强大的 AI 能力。

UiBot Mage 可以为 RPA 机器人提供 3 类 AI 能力，即文字识别、文本理解和人机对话，从而为用户带来更大程度的自动化。作为专为 RPA 机器人提供 AI 能力的平台产品，UiBot Mage 还具有四大特点：第一，内置 3 类适合 RPA 机器人的 AI 能力，适用于财务报销、合同处理、银行开户等多种业务场景；第二，提供预训练的模型，无须训练，开箱即用，让没有 AI 经验的人也可以快速用起来；第三，与 UiBot Creator 无缝衔接，通过拖曳操作即可让机器人具备 AI 能力；第四，所有 AI 能力均可私有部署，满足企业对于数据安全和隐私保护的要求。

2.4　UiBot Creator 介绍

微课 2-4

> 💡 **说明**
>
> 本书配套教学资源中提供 UiBot Creator 5.3 社区版的安装程序，读者可以直接安装使用。此外，来也科技官方网站也提供了 UiBot Creator 社区版的安装程序，版本不定期更新。

UiBot Creator 社区版的安装方法较为简单，这里不赘述。下面通过新建一个叫作"练习"的流程，来介绍 UiBot Creator 的各个界面。

步骤 01 在桌面上双击 UiBot Creator 社区版图标，打开 UiBot Creator 主界面，如图 2-3
所示。

图 2-3 UiBot Creator 社区版主界面

步骤 02 单击"新建"按钮，在打开的"新建"对话框中默认选择"流程"，在右侧"名
称"文本框里输入流程名"练习"，并设置文件保存位置，如图 2-4 所示。

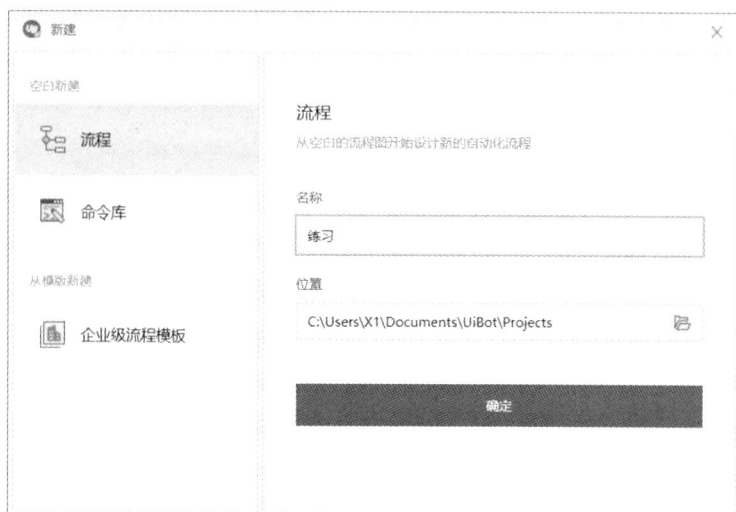

图 2-4 输入流程名

步骤 03 单击"确定"按钮，进入流程设计界面，如图 2-5 所示。

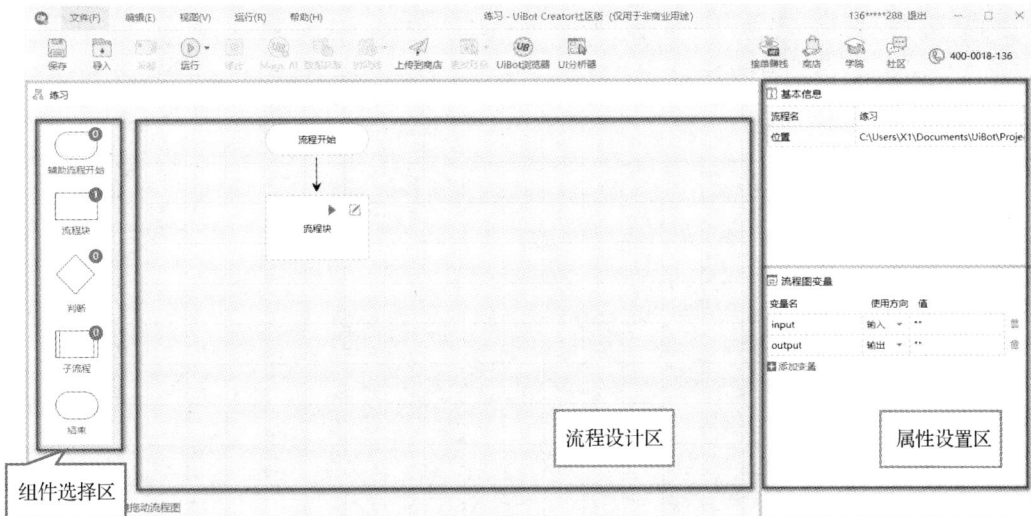

图 2-5　流程设计界面

📖**知识拓展**

流程设计界面主要包括流程设计区、组件选择区和属性设置区 3 部分。

① 流程设计区：用来描述每一个 RPA 的执行流程。新建的流程中会自动生成"流程开始"和"流程块"组件。

② 组件选择区：通过选择相应的组件来设计 RPA 的流程。

● "辅助流程开始"组件和"子流程"组件：在设计复杂的 RPA 流程时才会用到，初学者可暂不考虑。

● "流程块"组件：它是流程的核心部分，每个流程块可完成一组相关联的操作。流程块由相应的命令组成。单击流程块右上角的 ✐ 按钮，可进入流程块设计界面；单击流程块右上角的 ▶ 按钮，可单独执行此流程块。

● "判断"组件：该组件有两个分支（"真"或"假"）。系统会根据"判断"组件中填写的表达式，执行不同的分支。

● "结束"组件：该组件表示流程执行到此即结束运行。

③ 属性设置区：可设置每一个流程块的相应属性。

步骤 04 单击流程块右上角的 ✐ 按钮，进入流程块设计界面。流程块设计界面有可视化视图（见图 2-6）和源代码视图（见图 2-7）两种模式，它们实现的功能一样，可以自由切换。

可视化视图包括 3 个区，分别是命令选择区、命令组装区和属性设置区，如图 2-6 所示。

图 2-6　流程块设计界面–可视化视图

① 命令选择区：一条命令完成一个具体的操作。在此选择相应的命令，可拖曳到命令组装区。

② 命令组装区：根据业务需求，将相应的命令组装到一起，实现一个流程块的功能。可视化视图下看到的命令，像自然语言一样，更易理解。

③ 属性设置区：可视化视图下的每条命令，需要设置相应的属性，才能正确执行。

源代码视图下共有 2 个区，分别是命令选择区和命令组装区，如图 2-7 所示。

① 命令选择区：功能同可视化视图中的命令选择区。

② 命令组装区：源代码视图的命令显示方式是计算机语言命令。在源代码视图中使用的编程语言，是 UiBot 自行研发的 BotScript 语言。对于非软件开发人员来说，可以暂不关注。

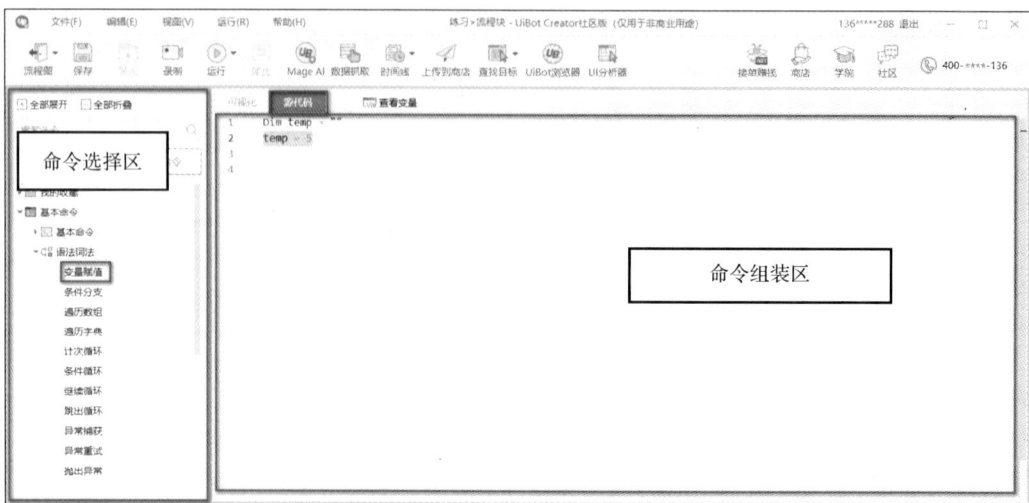

图 2-7　流程块设计界面–源代码视图

可以看出，在可视化视图中，所有命令的顺序、包含关系都以方块堆叠的形式展现，且适当隐藏了其中的部分细节，比较容易理解，如图 2-8（"搜索商品"流程块）所示。可视化视图体现出 RPA 平台 UiBot 的"简单"这一重要特点。

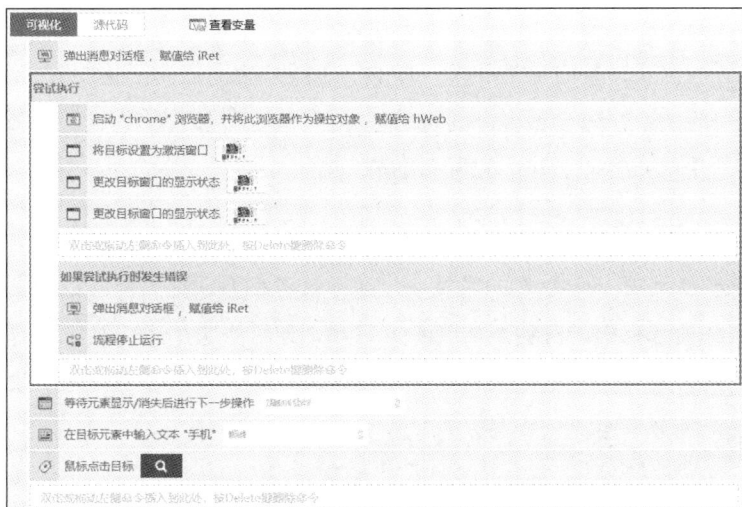

图 2-8　可视化视图下命令的堆叠形式

💡 说明

　　UiBot 的设计者们在可视化视图的表现方式、详略程度、美观程度方面都有过认真的思考和交流，让可视化视图达到了相对比较均衡的状态。即使是没有任何编程经验的新手，看到可视化视图，也可以大致掌握其中的逻辑。

与可视化视图类似，源代码视图实际上也展现了当前流程块中所包含的命令，以及每条命令的属性。但源代码视图没有以方块形式把每条命令标识出来，也没有用属性设置区把每个属性整齐罗列出来，而是全部以程序代码的形式来展现，如图 2-9（"搜索商品"流程块）所示。

图 2-9　源代码视图

💡**说明**

　　UiBot 对源代码视图进行了许多优化。如果用户对 UiBot 已经比较熟悉了，那么切换到源代码视图下，可以非常快捷地选择所需的命令，然后编写代码和进行属性设置。

　　可视化视图和源代码视图描述的都是同一个流程块，可以自由切换。它们实际上是同一事物的两种不同的展现方式，其内涵是一模一样的。可视化视图以图形化的方式，突出了各条命令，以及它们之间的关系，适合展现流程块的整体逻辑；源代码视图以程序代码的方式，突出了流程块的本质，并充分展现了其中的所有细节。

‼️**提示**

　　使用源代码视图还有一个好处，即当在论坛上或者在 QQ 群里向其他人求助的时候，切换到源代码视图，对源代码进行简单的复制、粘贴，即可以文本形式展现流程块，对方也可以直接阅读源代码；或者用户把源代码的文本粘贴到自己的 UiBot 中，并切换到可视化视图下查看，这样交流的效率会大大提高。

📖**知识拓展**

　　在源代码视图下，UiBot 使用的是一种自创的编程语言 BotScript（以下简称 UB 语言）来描述流程块。因为 UiBot 的主要受众是那些非计算机专业出身但足够熟悉业务流程的非技术人员，所以 UB 语言被设计得尽可能接近自然语言。对于理解基本英文单词的人来说，即使没有学习过，也能大致读懂 UB 语言的代码。

　　UB 语言吸取了很多其他编程语言的优点，我们从中可以看到 BASIC 语言、Python 语言、JavaScript 语言的一些特点。UB 语言开发者博取众家之长，吸取容易理解且常用的部分，删去复杂、不常用的部分，使得 UB 语言尽可能简单、易学、易用。

　　初级用户可只关注可视化视图，中高级用户可关注源代码视图所用的 UB 语言。

2.5　UiBot 流程设计过程

💡**说明**

　　UiBot Creator 有社区版可以免费使用，因此本书重点讲解 UiBot Creator 的功能。若没有特殊说明，后面章节提到的 UiBot 就是指 UiBot Creator。

微课 2-5

　　UiBot 流程设计过程中涉及 4 个基本概念：流程、流程块、命令、属性。这 4 个概念贯穿本书，在后文中会反复使用。这 4 个概念之间的关系是：一个流程包含多个流程块，一个流程块包含多条命令，一条命令包含多个属性。

1. 流程

　　所谓流程，是指要用 UiBot 来完成的一个任务。一个任务对应一个流程。虽然可以用 UiBot

陆续建立多个流程，但同一时刻，只能编写和运行一个流程。将来在使用 UiBot Worker 和 UiBot Commander 的时候，也是以流程为基本单元的。

> !!!提示
>
> UiBot 内置了一些经典流程的范例。初学者可以打开并试着运行这些流程范例，进行仿照学习，当然也可以自己新建一个流程。

UiBot 的流程是以流程图方式展现的，每个流程图中必须有一个且只能有一个"流程开始"组件。顾名思义，流程从"流程开始"组件开始运行，并且沿着箭头的指向，依次运行到后续的各个组件。

（1）每个流程图中，可以有一个或多个"结束"组件，流程一旦运行到"结束"组件，自然就会停止运行。当然也可以没有"结束"组件，当流程运行到某个流程块，而这个流程块没有箭头指向其他流程块时，流程也会停止运行。

（2）每个流程图中，可以有一个或多个"判断"组件，当然也可以没有"判断"组件。在流程运行的过程中，"判断"组件将根据一定的条件，使后面的运行路径产生分叉。条件为真的时候，沿着"是"箭头运行后续组件；否则，沿着"否"箭头运行后续组件。如果是 UiBot 新手，可能暂时还用不到"判断"组件。

（3）每个流程图中必须有一个或多个"流程块"组件。

2. 流程块

一个任务可以分为多个步骤来完成。一个任务就是一个流程，其中的每个步骤，在 UiBot 中用一个流程块来描述。

UiBot 并没有规定一个流程块到底要详细到什么程度。流程块可以很"粗"，甚至一个流程里可以只有一个流程块，在这种情况下，流程和流程块实际上已经可以看作同一个概念了；流程块也可以很"细"，把一个流程拆分成很多流程块。那么究竟拆分成多少个合适呢？有两个建议：一是把相对比较独立的流程逻辑放在一个流程块里；二是流程块的数量不宜太多，一个流程中最好不要超过 20 个流程块。

为什么这样建议呢？因为 UiBot 中流程图的设计初衷，是让设计 RPA 流程的业务专家和使用 RPA 的一般工作人员能够更好地沟通。双方在设计初期就确定大致步骤，划分流程块，然后业务专家负责填写每个流程块中的细节，而一般工作人员就无须关注这些细节了。显然，在这个阶段，如果流程块的数量过多，沟通起来自然也会更加困难。

每个流程块上还有一个 ▶ 按钮，单击该按钮，即可运行当前的流程块。这个功能方便我们在开发 RPA 流程时，单独测试每个流程块。每个流程块右上角还有一个 🖉 按钮，单击该按钮，可以查看和编写这个流程块里的具体内容。

3. 命令

命令也叫语句，在一个流程块当中，用于告知 UiBot 每一步具体该做什么动作，以及如何去做。UiBot 会遵循给出的一条条命令，忠实地执行。

UiBot 能执行的几乎所有命令，都分门别类地列在左侧的命令选择区，包括模拟鼠标和键盘操作、对窗口和浏览器进行操作等多个类别，每个类别包含的具体命令还可以进一步展开查看。

在命令组装区，可以对命令进行排列组合，形成流程块的具体内容。可以从左侧的命令选择区，双击或者直接拖曳命令，把命令添加到命令组装区；也可以在命令组装区拖曳命令，调整它们的先后顺序或者包含关系。

4. 属性

命令是指要求 UiBot 做的一个具体动作，但只有命令还不够，还需要给这个命令加上一些细节，也就是属性。命令和属性组合在一起，UiBot 才知道具体如何做这个动作。

在编写流程块的时候，只需要在命令组装区单击某条命令，将其设置为高亮状态，右侧的属性设置区即可显示当前命令的属性，属性包含"必选"和"可选"两大类。一般来说，UiBot 会自动设置每一个属性的默认值。"必选"属性通常要根据实际情况进行修改。对于"可选"属性，一般保持默认值就好，在有特殊需求的时候才需要修改。

下面通过一个例子来展示 RPA 流程设计过程中流程、流程块、命令及属性之间的关系。

例如，向屏幕输出"你好，UiBot!"信息，其流程设计如表 2-2 所示。

表 2-2 流程设计

项目	具体设计
流程	
流程块	
命令	

续表

项目	具体设计
属性	

输出到	iRet
消息内容	"你好, UiBot! "
对话框标题	"UiBot"
按钮样式	只显示确定按钮
图标样式	显示消息图标
超时时间	0

本章习题

一、单选题

1. 来也科技专为 RPA 机器人打造的 AI 能力平台是（　　　）。

    A. UiBot Creator　　B. UiBot Worker　　C. UiBot Commander　　D. UiBot Mage

2. 流程设计界面组件选择区的核心组件是（　　　）。

    A. "辅助流程开始"组件　　　　　　　　B. "流程块"组件

    C. "结束"组件　　　　　　　　　　　　D. "判断"组件

3. 流程块设计界面有（　　　）。

    A. 可视化视图和源代码视图　　　　　　B. 可视化视图和流程图视图

    C. 流程图视图和源代码视图　　　　　　D. 流程图视图和流程块视图

4. UiBot 的流程是以（　　　）方式展现的。

    A. 流程图　　　　B. 流程块　　　　C. 命令　　　　D. 组件

5. 每个流程中必须有一个且只能有一个（　　　）组件。

    A. 判断　　　　B. 流程结束　　　　C. 流程块　　　　D. 流程开始

二、多选题

1. UiBot 的优势有（　　　）。

    A. 强大开放　　　　　　　　　　　　　B. 易学易用

    C. 可扩展、易维护　　　　　　　　　　D. 跨软件、跨系统

2. UiBot 产品主要包含（　　　）。

    A. 编辑器　　　　B. 控制器　　　　C. 管理器　　　　D. 执行器

3. UiBot 的执行器有（　　　）等版本。

    A. 人机交互型-绑定机器　　　　　　　B. 人机交互型-绑定用户

    C. 无人值守型-绑定机器　　　　　　　D. 无人值守型-绑定用户

4. 流程设计界面主要包括（　　　）。

    A. 流程设计区　　　B. 组件选择区　　　C. 属性设置区　　　D. 命令组装区

5. 流程块设计界面的可视化视图包括（　　　　）。

　　A. 命令选择区　　　　B. 组件选择区　　　　C. 属性设置区　　　　D. 命令组装区

三、判断题

1. UiBot 编辑器也叫 UiBot Creator。（　　　　）

2. UiBot 执行器分为社区版和企业版。（　　　　）

3. UiBot Commander 可用于管控 UiBot Worker 及企业版的 UiBot Creator。（　　　　）

4. 流程块设计界面的源代码视图包括 3 个区，即命令选择区、命令组装区和属性设置区。
（　　　　）

5. 源代码视图的命令显示方式是计算机语言。在源代码视图中使用的编程语言，是 UiBot
自行研发的 BotScript 语言（UB 语言）。（　　　　）

四、实训题

设计一个机器人流程，熟悉 UiBot 机器人开发中的流程、流程块、命令和属性 4 个基本
概念。

要求：（1）设计 2 个流程块。

　　　　（2）"流程块 1"在屏幕上输出"欢迎大家学习 UiBot！"。

　　　　（3）"流程块 2"打开来也科技网站，网址是 https://www.uibot.com.cn/。

第 3 章

UiBot 基本应用

学习目标

- ✧ 了解办公自动化场景及命令;
- ✧ 熟悉常量与变量的用法;
- ✧ 熟悉各种数据类型的特点;
- ✧ 掌握各种数据类型的用法;
- ✧ 掌握选择结构、循环结构常用控制语句的用法。

本章导图

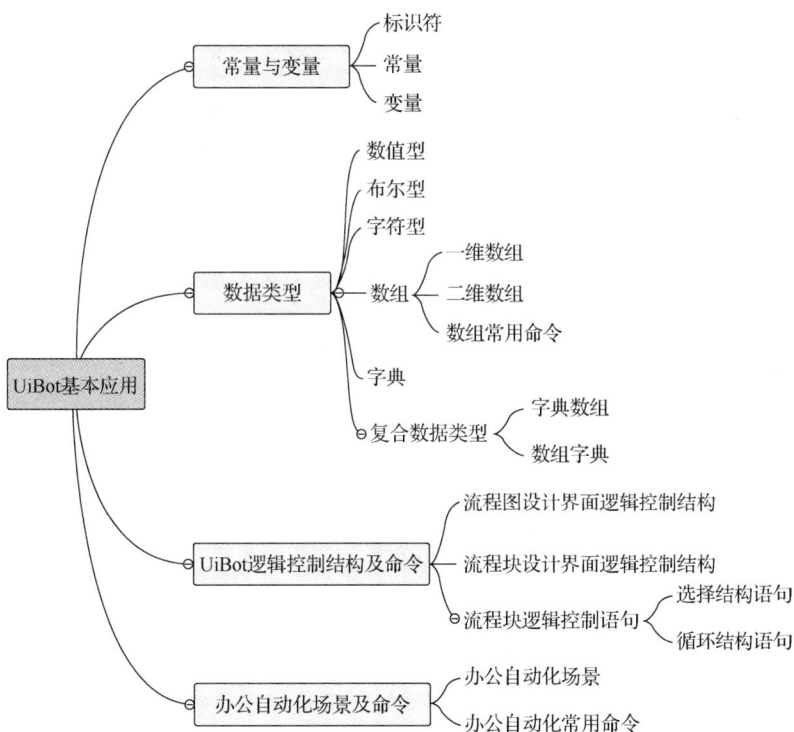

引导案例

紫金矿业集团股份有限公司（以下简称紫金矿业）是一家以金、铜等金属矿产资源勘查和开发及工程技术应用研究为主的大型跨国矿业集团，在全国 14 个省（区）和海外 13 个国家拥有重要矿业投资项目，位居 2021 年《财富》世界 500 强第 486 位、2021 年《财富》中国 500 强第 67 位。

随着公司规模逐步扩大，紫金矿业于 2016 年成立了财务共享中心。财务共享中心成立之初纳入业务范围的只有 12 家企业，而现在除去海外企业，纳入财务共享中心业务范围的企业已经超过 130 家。营收和业务量的迅速增长给企业的人力资源管理带来了很大压力，无论是增加员工数量还是个人工作量，都不利于公司在激烈的竞争中降低成本、提高效率，长期烦琐、固定的工作也限制了员工工作效率和准确率的提升，削弱了其创造力。同时，有越来越多的业务系统需要与中心对接，如 SAP、合同系统、资金系统等。一方面，多系统底层之间没有打通，形成数据孤岛，消耗了人力资源；另一方面，需要对接的业务系统往往迭代迅速，通过接口连接不同系统会带来高额成本。

为了解决这些难题，紫金矿业选择与来也科技合作，对财务共享中心的日常工作部署 RPA+AI 软件机器人。一期运行 9 个流程后效果显著，每月可节约超过 700 小时的工作时间。后续进一步完成二期合作——追加 8 个流程，其中的典型流程有 OA 邮件自动催办、普票验真等。

紫金矿业坚持以创新尤其是科技创新为核心竞争力，引入了来也科技的 RPA+AI 技术后，财务共享中心实现了工作效率和质量的提升，释放了员工的活力，助力公司在激烈的竞争中进一步降本增效，实现更快发展。

知识讲解

3.1 常量与变量

在流程图和流程块的开发设计中，都需要使用常量或变量存储数据。

微课 3-1

3.1.1 标识符

标识符是用来对变量、常量、函数、数组等命名的有效字符序列。

标识符命名规则如下：

- 支持中英文字符、数字、下画线，如"姓名""temp0""a_score"等；
- 非数字开头，不区分字母大小写；
- 标识符的名称直观、有意义；

● 不能是 UiBot 关键字（在代码中，关键字通常以蓝色显示，比较容易分辨，如 if、break、do 等）。

3.1.2　常量

常量是指运算过程中不能改变的量，在流程块开发中的使用机会不多。定义了常量之后，必须对其赋值。

常量的定义方式为"Const 常量名=常量值"，举例如下。

```
Const name="wang"
```

常量取值的类型包括数值型、字符型、布尔型、数组、字典等。常量值只在所属流程块内有效。

3.1.3　变量

变量是指运算过程中可以被改变的量，在 RPA 开发中经常会用到变量。变量取值的类型与常量类似，包括数值型、字符型、布尔型、数组、字典、null（空类型）等。UiBot 中，变量取值的类型并不是固定不变的，而是动态变化的，比如，先将变量赋值为数值型数据，根据需要，后面可以将其赋值为字符型数据。

1. 变量分类

变量分为流程图变量和流程块变量两类。流程图变量又叫全局变量，在所有流程块中均有效。当某个变量需要在多个流程块中使用时，就需要定义为流程图变量。流程块变量，又叫局部变量，只在所属流程块中有效。不同流程块中的变量可以同名，互不影响。

2. 变量定义方式

（1）源代码视图。在流程块设计界面的源代码视图下定义变量比较简单，定义方式如下。

```
Dim 变量名 = 变量值
Dim 变量名
Dim 变量名 = 变量值 , 变量名1 = 变量值1
```

举例：在源代码视图下定义变量的方法如图 3-1 所示。

```
1      Dim temp = ""
2      Dim a=5
3      Dim b
```

图 3-1　在源代码视图下定义变量

图 3-1 中定义了 3 个变量，分别是变量 temp，其初值为空字符；变量 a，其初值为整数 5；变量 b，没有初值。

在 RPA 实际开发中，变量将与实际工作场景中的相关内容对应起来。变量可以表示一个打开的工作簿、某个单元格中的数据、某一行数据，或者某个区域中的数据；也可以表示某个网页，或者邮件中的附件，等等。

（2）可视化视图。在可视化视图下定义变量有两种方式：第一种方式，在流程图或流程块中先定义变量，然后在命令中使用这个变量；第二种方式，在流程块设计界面下使用某个命令的过程中自动生成变量名并将其定义。在可视化视图下，定义流程图变量只能采用第一种方式，定义流程块变量则两种方式都可以。下面进行详细介绍。

① 在流程图设计界面，定义流程图变量 array，初值为空数组，如图 3-2 所示。该变量在所有流程块中均可使用。系统默认的流程图变量为 input 和 output。

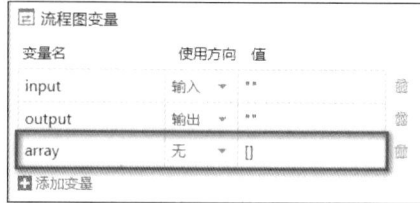

图 3-2　定义流程图变量

在流程块设计界面，定义流程块变量 t，其初值为 5，如图 3-3 所示。t 变量只能在所属流程块中使用，不能在其他流程块中使用。

图 3-3　定义流程块变量

② 在流程块设计界面，添加变量赋值命令，让变量 temp 的值为 10，如图 3-4 所示。此时系统会自动生成变量 temp 的定义，且其初值为空字符，如图 3-5 所示。

图 3-4　将变量 temp 赋值为 10

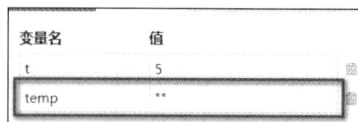

图 3-5　变量 temp 的初值为空字符

3.2　数据类型

在 UiBot 中，数据类型包括数值型、布尔型、字符型、数组、字典和复合数据类型。

3.2.1　数值型

数值型数据包括整型数据和浮点型数据。整型数据由正整数、0、负整数构成，可以十进制或十六进制方式表示，其中十六进制方式需加前缀&H 或 &h，如 2、0、-5、&H8B。浮点型，也叫小数型，表示带有小数点的数字，可以用常规方式或科学记数法表示，如 0.01、1e-2。

数值型数据的运算符如表 3-1 所示。

表 3-1　　　　　　　　　　　　　数值型数据的运算符

运算符	中文名称	含义	举例
+	加号	两个数相加	Dim a=1,b=2 a + b = 3
-	减号	两个数相减	Dim a=1,b=2 b - a = 1
*	乘号	两个数相乘	Dim a=1,b=2 a * b = 2
/	除号	两个数相除	Dim a=1,b=2 b / a = 2
mod	取余号	返回除法运算的余数	Dim a=1,b=2 b mod a = 0
^	求幂号	返回幂值	Dim a=1,b=2 a ^ b = 1

3.2.2　布尔型

布尔型又称逻辑型，主要用于逻辑判断。布尔型数据的值为 true（真）或 false（假），可以进行 and、or、not 运算。

3.2.3　字符型

字符型又称作字符串型，其值由任意字符组成，用单引号（'）、双引号（"）、三引号（'''）成对表示。例如，'来也 UiBot'和"张三"都属于字符型数据。

字符串中可以用\t 代表制表符，\n 代表换行符，\"代表双引号，\\代表反斜线本身。字符中间可以直接换行，无须增加其他任何符号，且换行符也作为字符串的一部分。前后 3 个单引号（'''）表示的字符串也称作长字符串。在长字符串中，可以直接输入换行符、单引号和双引号，无须用\n、\t 或者\"。

> **注意**
>
> 字符型数据在 RPA 开发中经常用到，一定要熟练掌握。

1．常用运算符

字符串的常用运算符是连接符"&"，用于将两个字符串进行连接。例如，"来也"&"UiBot"的结果就是"来也 UiBot"。也可用变量的方式表示两个字符串的连接，如图 3-6 所示。

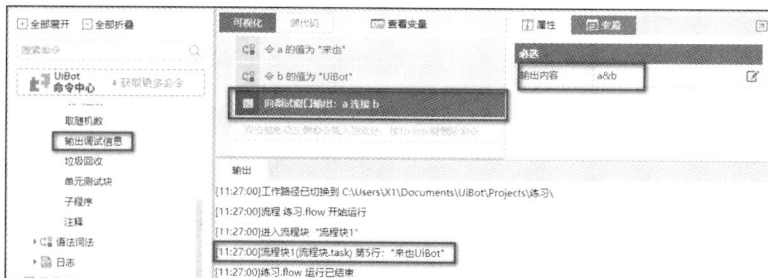

图 3-6　字符串连接

2. 常用操作命令

字符串的操作命令叫作语句,也叫作预制件,如图 3-7 所示。字符串的常用操作命令包括替换字符串、查找字符串、获取左侧字符串、获取右侧字符串、获取字符串长度、抽取指定长度字符、分割字符串等。

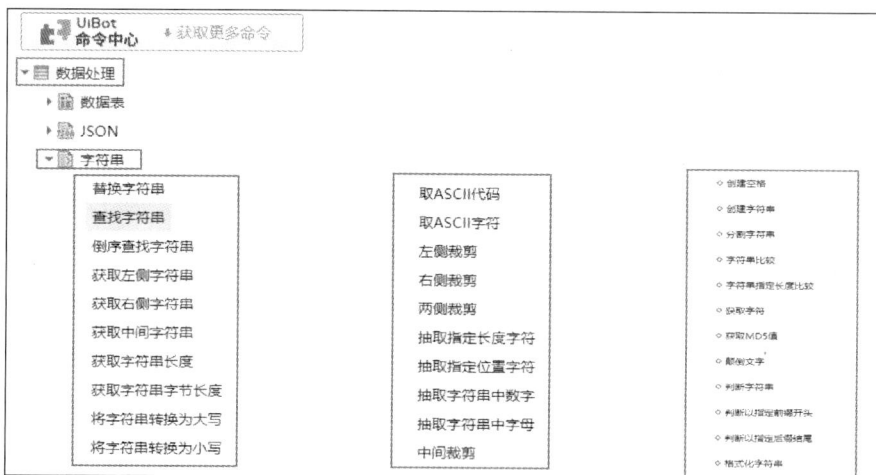

图 3-7　字符串操作命令

(1)替换字符串。替换字符串是对字符串执行查找和替换操作,返回替换后的完整字符串。

【例 3-1】 在字符串"John,Steven,Tom,Ford"中查找字符串"Tom",并将其替换为字符串"Jack",操作过程如图 3-8 所示。根据运行结果可以看出,输出的字符串 sRet 是被替换后的新字符串,而 name_list 显示的是原字符串。

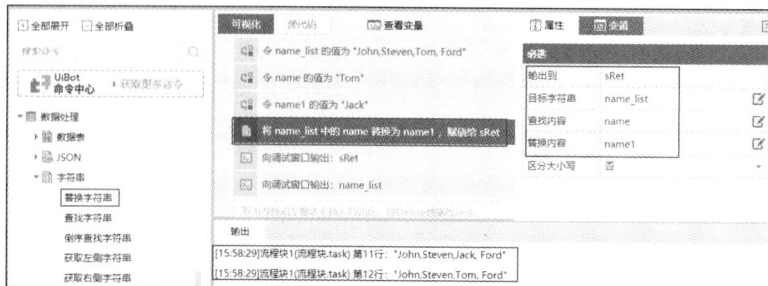

图 3-8　替换字符串

（2）查找字符串。查找字符串是在字符串内查找指定的字符或字符串，并返回查找到的字符或字符串的位置；如果没有找到，则返回 0。

【例 3-2】 在字符串"John,Steven,Tom,Ford"中查找字符串"Tom"的位置，操作过程如图 3-9 所示。根据运行结果可以看出，字符串"Tom"在被查找字符串中的位置是 13。

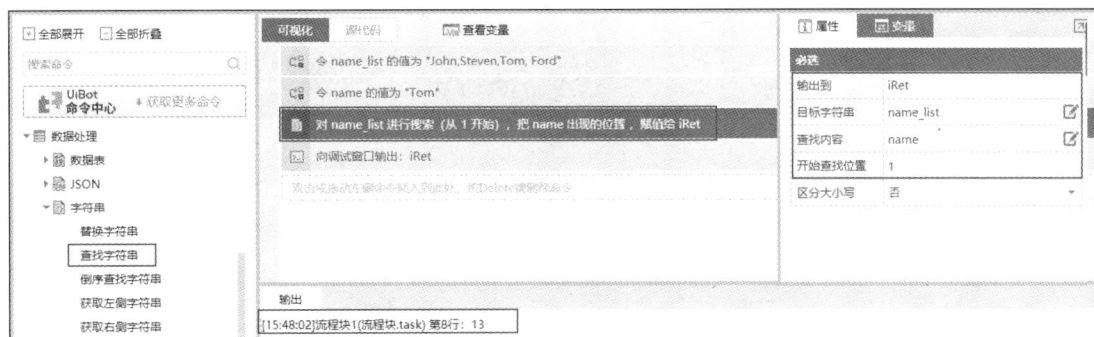

图 3-9 查找字符串

（3）抽取字符串。抽取字符串主要分为以下 4 种类型。

- 抽取指定长度字符：从字符串中抽取从指定位置开始的指定数目的字符，位置从 1 开始。
- 抽取指定位置字符：从字符串中抽取从指定位置开始到指定位置结束的字符，位置从 1 开始。
- 抽取字符串中数字：抽取目标字符串中的所有数字。
- 抽取字符串中字母：抽取目标字符串中的所有英文字母。

【例 3-3】 在字符串"John,Steven,Tom, Ford"中抽取从位置 6 开始、长度也为 6 的字符串，操作过程如图 3-10 所示。根据运行结果可以看出，抽取的字符串"Steven"被放入变量 name 中。

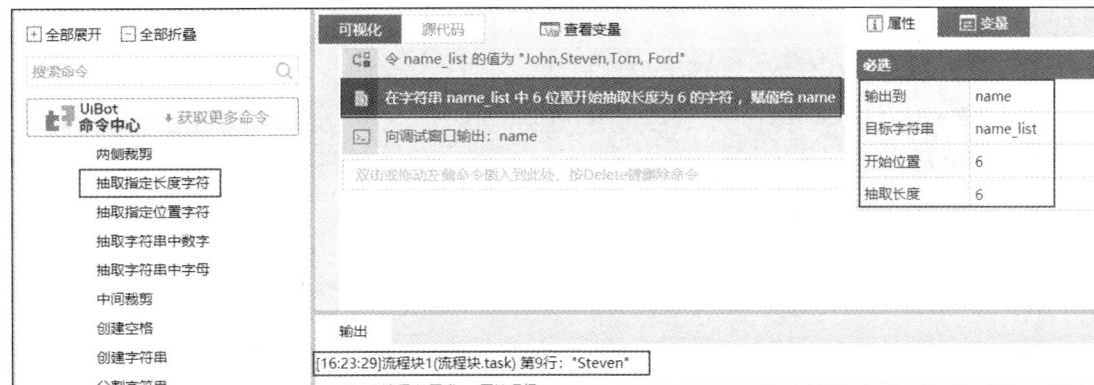

图 3-10 抽取指定长度字符

（4）分割字符串。分割字符串是使用字符串中的特定分隔符将字符串分割为数组。数组的相关内容将在 3.2.4 节介绍。

【例 3-4】 以逗号为分隔符，将字符串"John,Steven,Tom, Ford"分割成数组，并放入数组变量 array_name 中，操作过程如图 3-11 所示。

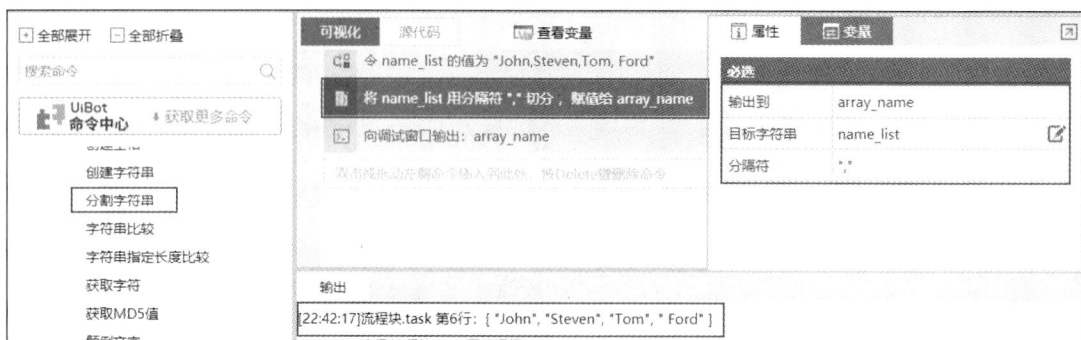

图 3-11　分割字符串

字符串操作还有其他许多命令，如"字符串比较""获取字符""判断以指定前缀开头""判断以指定后缀结尾"等。这些命令多数用于对获取到的字符串进行判断、拆分、替换等操作，用户可以在 UiBot 中进行实操练习。

> ✏️**注意**
>
> 字符串操作在 RPA 开发中经常用到，用户需多加练习，熟练掌握。

3.2.4　数组

数组是 RPA 开发中十分常用的数据类型。将多个同类型或者不同类型的数据存放到一个变量中，则该变量称为数组，或有序元素序列。数组中每一个数据称为数组元素，每个元素的序号称为元素下标，元素下标从 0 开始。

微课 3-2-2

1. 一维数组

具有一个下标的数组称为一维数组。

定义方式： Dim 数组名 = [元素 1,元素 2,元素 3,…]。

元素获取方式： 数组名[下标]。

在一维数组中，数组名[0]=元素 1，数组名[1]=元素 2。

【例 3-5】 先定义一个空数组 array，然后为其赋值如下数组元素，则 array[0] ="wang"，array[2]= 69。

```
Dim array=[]
array=["wang",78,69,92]
```

例 3-5 中一维数组的定义如图 3-12 所示，操作过程如图 3-13 所示。

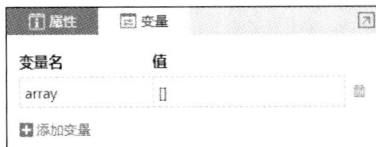

图 3-12　定义一维数组

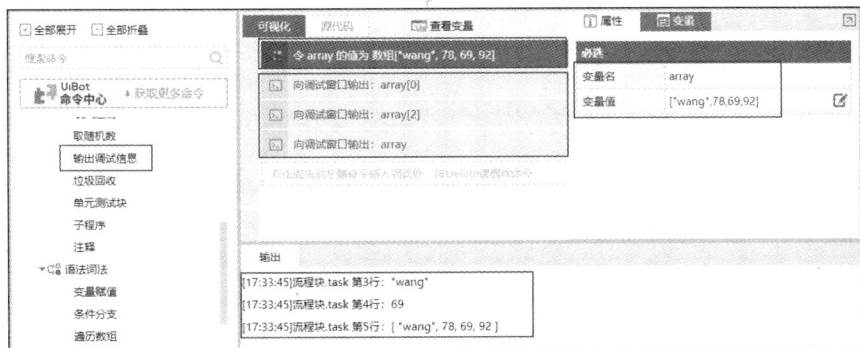

图 3-13　输出一维数组

2. 二维数组

若数组的元素仍是一个一维数组，则此数组为二维数组。实际上，二维数组的使用相当灵活，在二维数组中，可以全部元素是一维数组，也可以部分元素是一维数组。

定义方式： 与一维数组一样。

元素获取方式： 数组名 [下标 1]　[下标 2]。

二维数组的下标取值均从 0 开始。在二维数组中，也可使用单下标来表示数组元素。

【例 3-6】 定义一个二维数组 array=[["wang",78,69,92],["liu",83,91,75]]，此数组中的每个元素都是一个一维数组。数组元素的取值如下。

```
array[0][0]="wang"
array[1][2]=91
array[1]=["liu",83,91,75]
```

例 3-6 的操作过程如图 3-14 所示。

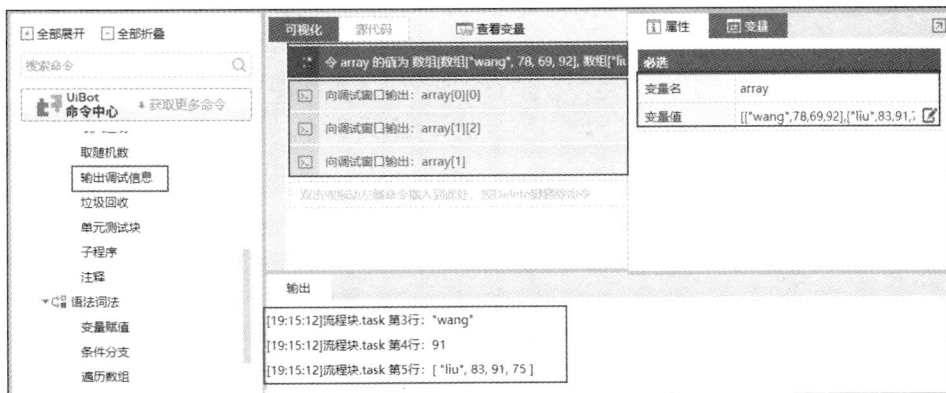

图 3-14　输出二维数组（1）

【例 3-7】 定义一个二维数组 array=[["wang",78,69,92],89,false]，此数组中只有一个元素是一维数组，其他元素为不同类型的数据。数组元素的取值如下。

```
array[0][1]=78
array[0]=["wang",78,69,92]
array[2]=false
```

例 3-7 的操作过程如图 3-15 所示。

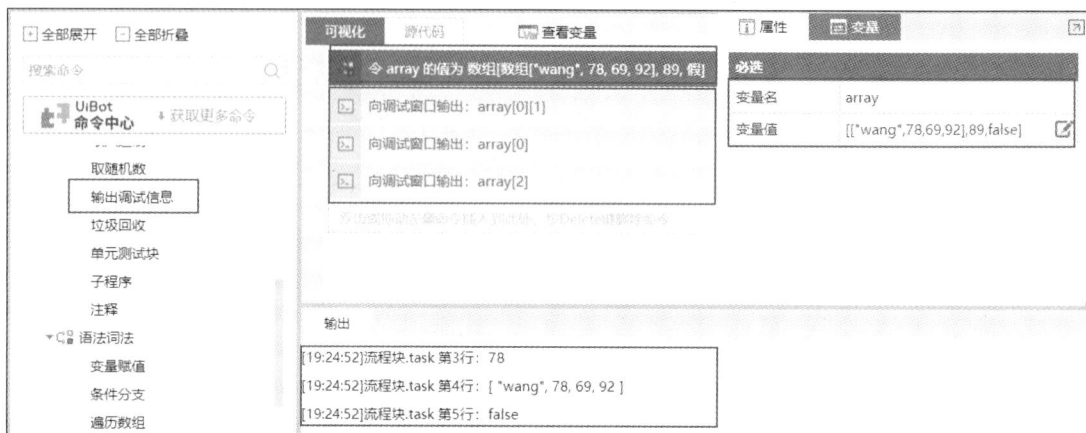

图 3-15　输出二维数组（2）

3. 数组常用命令

（1）遍历数组。

命令功能: 逐个获取数组内所有元素的值。该命令常用于循环判断数组内数据是否符合要求的标准，与浏览器、Excel、数据库配合，进行数据处理。

命令位置: 基本命令—语法词法—遍历数组。

【例 3-8】定义一个一维数组 array=["wang","zhang","liu","zhao"]，用变量 arr 遍历数组 array，输出每次遍历的结果，操作过程如图 3-16 所示。

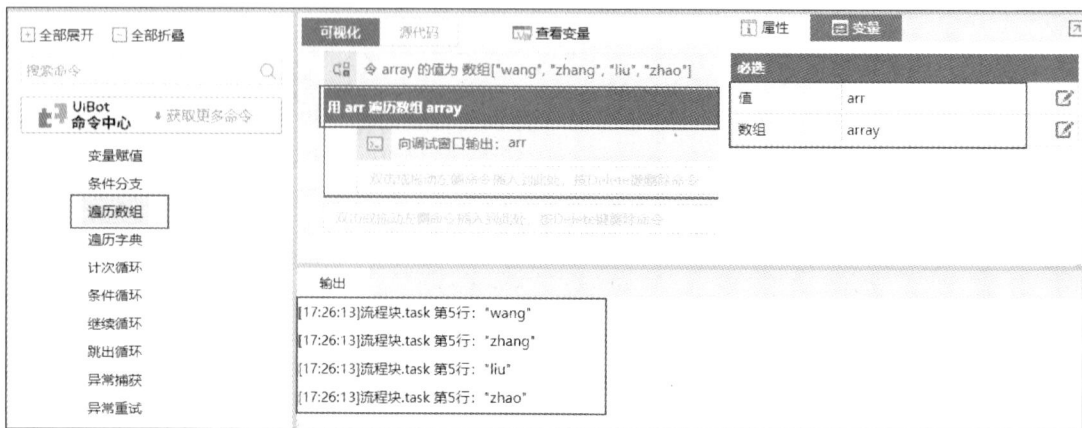

图 3-16　遍历一维数组

【例 3-9】 定义一个二维数组 array=[["wang",78,69,92],["liu",83,91,75],["zhang",67,95,82]]，用变量 arr 遍历数组 array，每次遍历后，得到的是二维数组中的一维数组。输出每次遍历的结果，操作过程如图 3-17 所示。

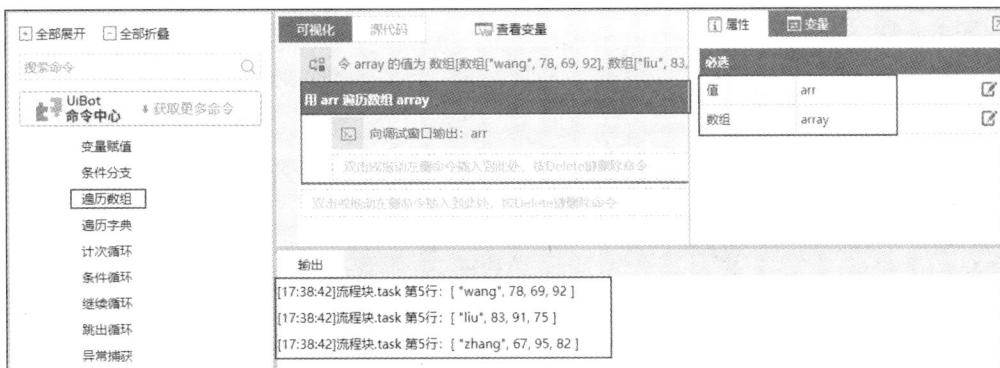

图 3-17　遍历二维数组（1）

在例 3-9 中，既然每次遍历后，arr 得到的是一维数组，那么也可以输出 arr 数组的每个元素值。比如，只输出第一个元素 arr[0] 和最后一个元素 arr[3] 的值，操作过程如图 3-18 所示。

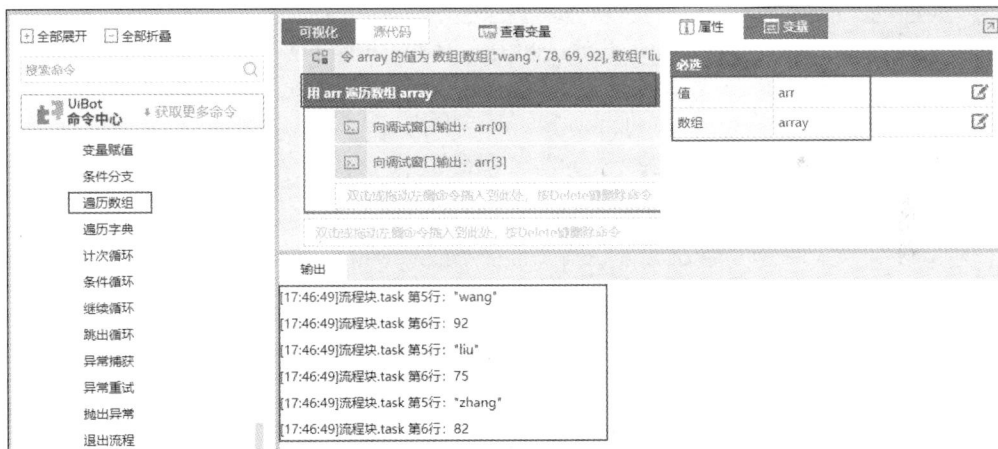

图 3-18　遍历二维数组（2）

遍历二维数组的应用非常重要。在 RPA 开发中，经常将 Excel 表中的数据读取出来放入二维数组中，然后遍历二维数组并进行相应的处理。

（2）过滤数组数据。

命令功能： 将数组内符合设置规则的元素删除或只保留符合设置规则的元素，返回数组。
命令位置： 数据处理—数组—过滤数组数据。

【例 3-10】 定义一个一维数组 array=["wang","zhang","liu","zhao"]，过滤字符串"liu"。若属性"保留过滤文字"选择"是"，生成的新数组为["liu"]，操作过程如图 3-19 所示；若属性"保留过滤文字"选择"否"，生成的新数组为["wang","zhang","zhao"]，操作过程如图 3-20 所示。

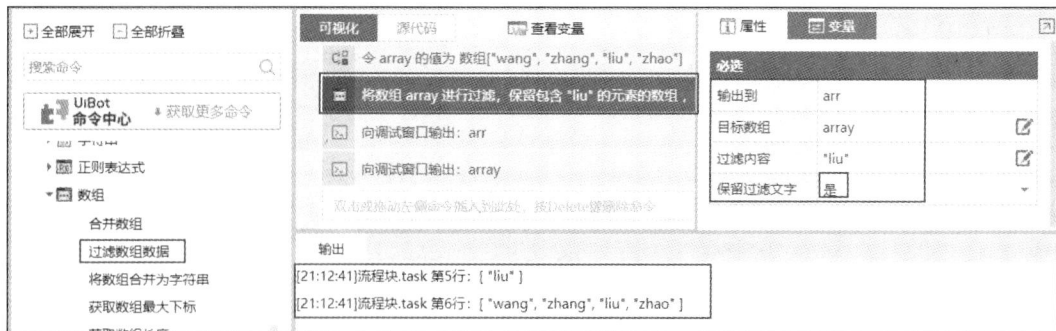

图 3-19　过滤数组数据—保留过滤文字

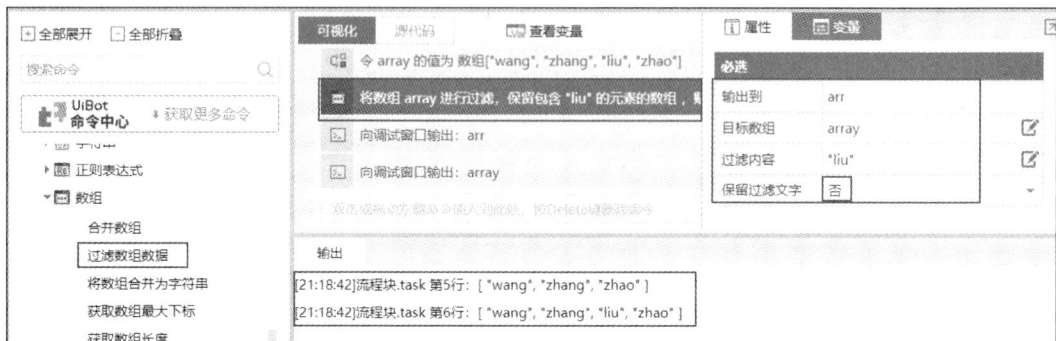

图 3-20　过滤数组数据—不保留过滤文字

（3）截取数组。

命令功能：截取数组从指定位置开始到指定位置结束的元素，返回数组。

命令位置：数据处理—数组—截取数组。

【**例 3-11**】　定义一个一维数组 array=["wang","zhang","liu","zhao"]，截取下标为 1～2 的数组元素，操作过程如图 3-21 所示。

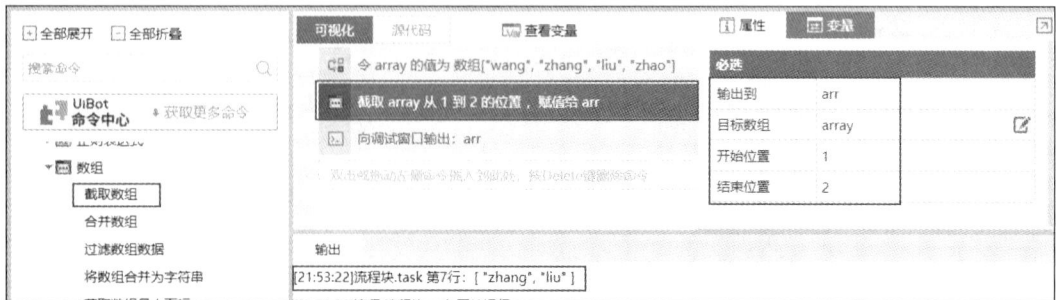

图 3-21　截取数组

（4）在数组尾部添加元素。

命令功能：在数组尾部添加元素并返回数组。此命令常用于将信息系统中读取的数据构造成一条记录追加到二维数组末尾。通过设计循环，我们可以得到一个由多条记录构成的二维数组。

命令位置：数据处理—数组—在数组尾部添加元素。

【例 3-12】 将从信息系统中获取的"姓名""性别""年龄"数据，形成一条一维数组记录，追加到二维数组 array 中，操作过程如图 3-22 所示。循环操作，就可以在数组中追加多条类似的记录。

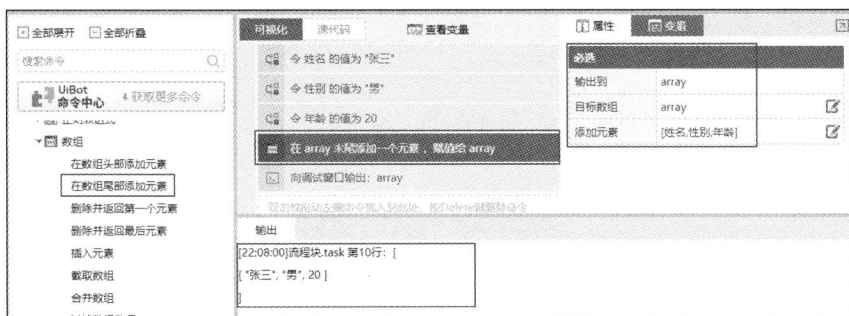

图 3-22　在数组尾部添加元素

在数组头部添加元素的操作与在数组尾部添加元素类似，此处不赘述。

（5）其他操作命令。

① 删除并返回第一个元素：删除并返回数组的第一个元素。

② 删除并返回最后元素：删除并返回数组的最后一个元素。

③ 插入元素：在数组指定位置添加一个元素。

④ 合并数组：合并两个数组。

⑤ 将数组合并成字符串：将数组拼接成字符串，使用指定的分隔符分隔数组元素。

⑥ 获取数组最大下标：获取数值最大下标的值，其结果加 1 就是获取数组长度的结果。

⑦ 获取数组长度：通常用于判断数组元素的个数。此结果用于计次循环中，可逐一访问每个数组元素。

注意

数组经常会与浏览器、Excel、数据抓取等相关命令配合使用。用户需要熟知"获取数组最大下标""遍历数组""截取数组"等命令。

3.2.5　字典

将多个同类型或者不同类型的数据按不同的变量名存放到一个容器里，该容器称为字典。字典里的每一个数据对应的变量名称为"键名"，数据称为"键值"。键名必须为字符型数值，且键名必须是唯一的，键值则无限制。

微课 3-2-3

1. 定义字典

定义方式：Dim 字典名 = {键名 1:键值 1,键名 2:键值 2,键名 3:键值 3}。

元素获取方式：字典名[键名 1]= 键值 1 ，字典名[键名 2]= 键值 2。

【例 3-13】 先定义一个空字典 dic，然后为其赋如下键名、键值，则 dic["姓名"]="张三"，dic["性别"]= "男"，dic["年龄"]= 35。

```
Dim dic={}
dic={"姓名":"张三", "性别":"男","年龄":35}
```

例 3-13 中，字典定义如图 3-23 所示，操作过程如图 3-24 所示。

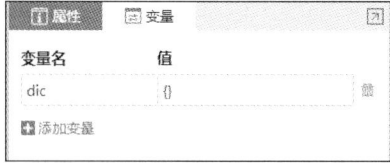

图 3-23 字典定义

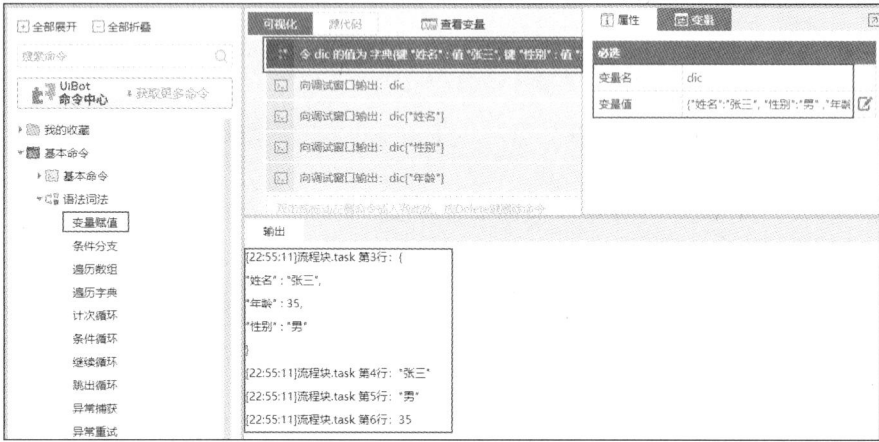

图 3-24 输出字典

2. 遍历字典

遍历字典是最常见的字典操作。

命令功能： 无序获取字典内所有键名和对应的键值。

命令位置： 基本命令—语法词法—遍历字典。

【例 3-14】 对于字典 dic={"姓名":"张三", "性别":"男","年龄":35}，使用遍历字典的方式，输出每一个键值对，操作过程如图 3-25 所示。

图 3-25 遍历字典

3.2.6　复合数据类型

复合数据类型是指数组和字典的混合类型。

1. 字典数组

数组的每个元素都可以是一个字典，字典可以含有不同数量的键值对，这样的数组称为字典数组。可以将字典元素的键名、键值成对输出，也可以先用数组元素下标来定位要获取的字典，然后通过字典中的键名获取对应的键值。

> **元素获取方式**：数组名[元素下标][字典键名]。

【例 3-15】 定义字典数组 array=[{"张三":45},{"李四":28},{"王五":36}]，分别输出字典数组元素的键值对和字典数组元素的键值，操作过程如图 3-26 所示。

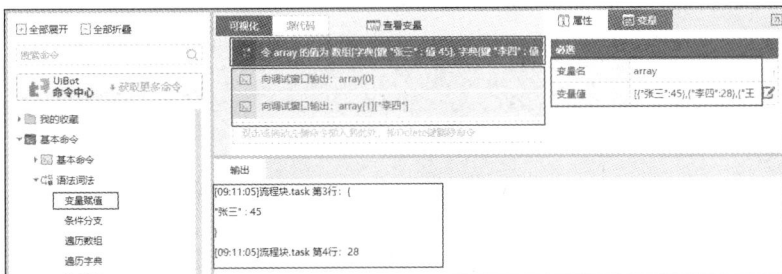

图 3-26　输出字典数组元素

2. 数组字典

字典中的每个键值都可以由一个数组构成。可以遍历显示字典中每个键名对应的键值，也可以用"字典名+键值名"来定位要获取的数组，然后通过数组对应的元素下标，分别获取对应值。

> **元素获取方式**：字典名[键名][对应数组元素下标]。

【例 3-16】定义数组字典 dic={"weekday":["Mon","Tue","Wen","Thu","Fri"],"weekend":["Sat","Sun"]}，输出数组字典键值，操作过程如图 3-27 所示。

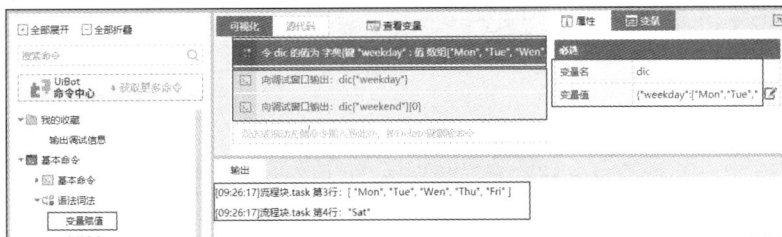

图 3-27　输出数组字典键值

3.3　UiBot 逻辑控制结构及命令

UiBot 中的流程和流程块设计，主要有顺序结构、选择结构、循环结构 3 种。它们也是计算机程序设计的三大基本结构。

微课 3-3-1

顺序结构中的各个步骤是按先后顺序执行的，这是一种最简单的基本结构。无论是多么复杂的流程和流程块，从总体上看都是顺序结构的。

选择结构又称分支结构，是根据条件判断的结果来确定程序的走向。当条件为真时，执行一部分语句；当条件为假时，执行另一部分语句。在实际运用中，某一条分支可以不执行语句。

循环结构又称重复结构，指的是在一定的条件下，反复执行某些语句的流程结构。循环结构又可以分为当型结构和直到型结构。

3.3.1 流程图设计界面逻辑控制结构

在流程图设计界面下，3 种控制结构的流程设计及 UiBot 的流程实现如表 3-2 所示。

表 3-2　　　　流程图设计界面下 3 种控制结构的流程设计及 UiBot 流程实现

控制结构	流程设计	UiBot 流程实现
顺序结构		
选择结构		
循环结构		

对于初学者来说，流程图的设计大多采用顺序结构，且流程块不宜太多。

3.3.2　流程块设计界面逻辑控制结构

在流程块设计界面下，3 种控制结构的流程块设计及 UiBot 的流程块实现如表 3-3 所示。

表 3-3　　　流程块设计界面下 3 种控制结构流程块设计及 UiBot 流程块实现

控制结构	流程块设计	UiBot 流程块实现
顺序结构	语句1 语句2 ……	**（可视化视图）** 可视化　源代码　查看变量 等待 1000 毫秒后继续运行 temp 的值为 10 向调试窗口输出：temp 双击或拖动左侧命令插入到此处，按Delete键删除命令 **（源代码视图）** 2　　Delay(1000) 3　　temp = 10 4　　TracePrint(temp)
选择结构	条件 true　　false 语句1　语句2	**（可视化视图）** 如果 条件成立 则 temp 的值为 10 双击或拖动左侧命令插入到此处，按Delete键删除命令 否则 temp 的值为 5 双击或拖动左侧命令插入到此处，按Delete键删除命令 **（源代码视图）** 5　　If 条件成立 6　　　　temp = 10 7　　Else 8　　　　temp = 5 9　　End If
循环结构	循环条件 语句1 语句2 ……	**（可视化视图）** 循环当 真 时 等待 1000 毫秒后继续运行 temp 的值为 10 向调试窗口输出：temp 双击或拖动左侧命令插入到此处，按Delete键删除命令 **（源代码视图）** 10　　Do While True 11　　　　Delay(1000) 12　　　　temp = 10 13　　　　TracePrint(temp) 14　　Loop

在流程块设计中，3 种结构都很常见，尤其是循环结构，它在 Excel 操作中经常用来读取或写入工作表的每一行数据。

3.3.3 流程块逻辑控制语句

顺序结构语句较为简单，本节重点介绍选择结构语句和循环结构语句的应用。

1. 选择结构语句

选择结构语句也叫条件语句，其结构如图 3-28 所示。如果条件成立，即条件表达式的值为真，则执行 If 后面的语句块 1；如果条件表达式的值为假，则执行 Else 后面的语句块 2。语句块 1 和语句块 2 中仍然可以包含条件语句，这就构成了选择结构的嵌套。

图 3-28　选择结构语句

【例 3-17】 设置变量 a=10，b=5。如果 a>b，则输出 a；否则，输出 b。操作过程如图 3-29 所示。

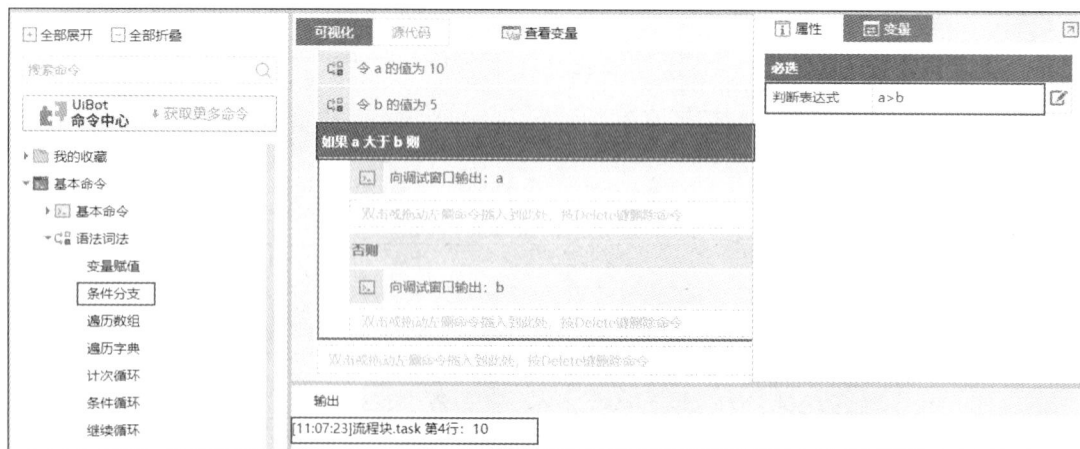

图 3-29　选择结构举例

2. 循环结构语句

（1）计次循环。重复一定次数的循环，称为计次循环，其语句结构如图 3-30 所示。循环控制变量 i 从初值 1 变化到终值 10，步长为 1。变量 i 每变化 1 次，语句块就被执行一次，共执行 10 次，语句块也被称为循环体。

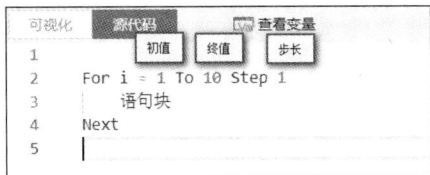

图 3-30　计次循环语句

【例 3-18】用计次循环求 1～5 的和。变量 s 用来存放累加和，其初值为 0。循环语句设计如图 3-31 所示。

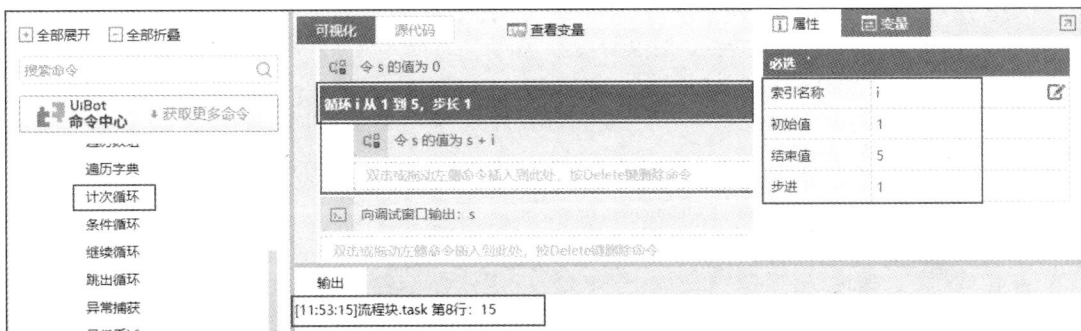

图 3-31　计次循环–循环语句

循环体中，数据求和语句设计如图 3-32 所示。

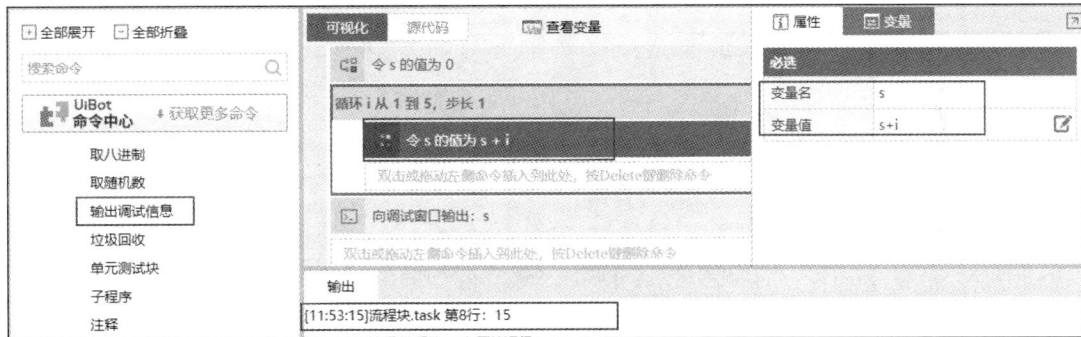

图 3-32　计次循环–循环体

（2）条件循环。一直重复执行某些语句，直到条件不满足时才结束的循环，称作条件循环，其语句结构如图 3-33 所示。当条件满足时，执行语句块，然后返回循环语句开头，继续判断条件；当条件不满足时，结束循环。

图 3-33　条件循环语句

【例 3-19】 用条件循环计算 1～10 的偶数和。变量 s 用来存放累加和，其初值为 0；变量 i 表示 1～10 的偶数，其初值为 2。操作过程如图 3-34 所示。

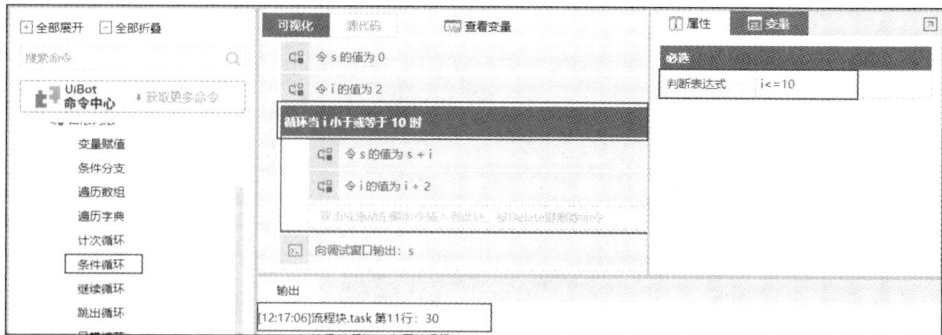

图 3-34 条件循环举例

（3）循环的结束。有 4 条语句可以控制循环的结束，如表 3-4 所示。

表 3-4 控制循环结束的 4 条语句

语句	关键字	解释
继续循环	continue	结束本次循环，返回到循环语句开始处，继续执行下一次循环
跳出循环	break	结束循环，继续执行循环语句的下一条语句
跳出返回	return	结束循环，跳出所在流程块，并可带出一个返回值
退出流程	exit	结束循环，直接退出流程

💡 **说明**

"跳出返回"语句和"退出流程"语句不仅可以用于循环体中，也可以用于条件分支和顺序结构中。也就是说，流程块的任何位置，只要有需要，都可以随时通过"跳出返回"语句或"退出流程"语句，达到跳出本流程块或退出流程的目的。

下面介绍一个逻辑控制语句的综合应用案例。

【例 3-20】 猜数字游戏。系统自动生成一个 1～10 的随机整数。小王用键盘输入一个整数，系统判断其是否与随机数相等。若相等，则显示"猜对了"；若大于随机数，则显示"猜大了"；若小于随机数，则显示"猜小了"。循环往复，直到猜对为止。

（1）主要变量设计。例 3-20 中需设计 3 个主要变量，如图 3-35 所示。rand 代表构造的随机数，num 代表用户输入的数字，iRet 代表信息框（消息对话框）。

（2）流程设计。例 3-20 的流程图和流程块设计如图 3-36 所示。

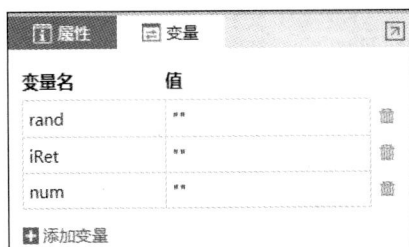

图 3-35　主要变量设计

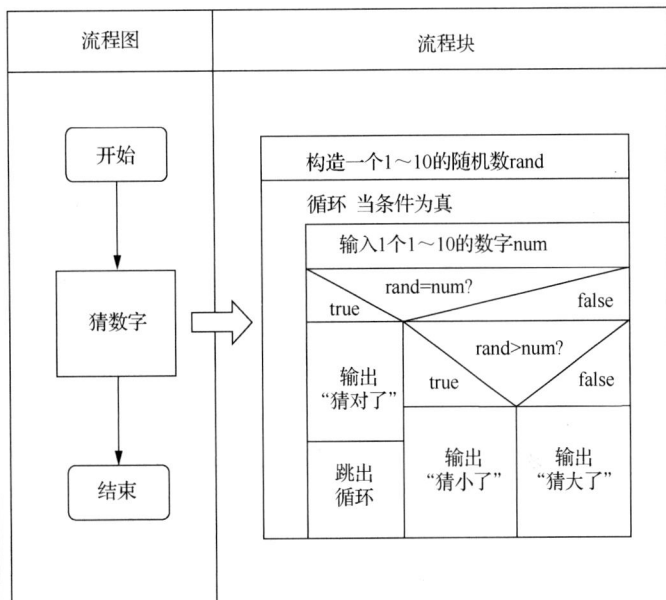

图 3-36　流程设计

（3）UiBot 开发。例 3-20 的流程块开发如图 3-37 所示。

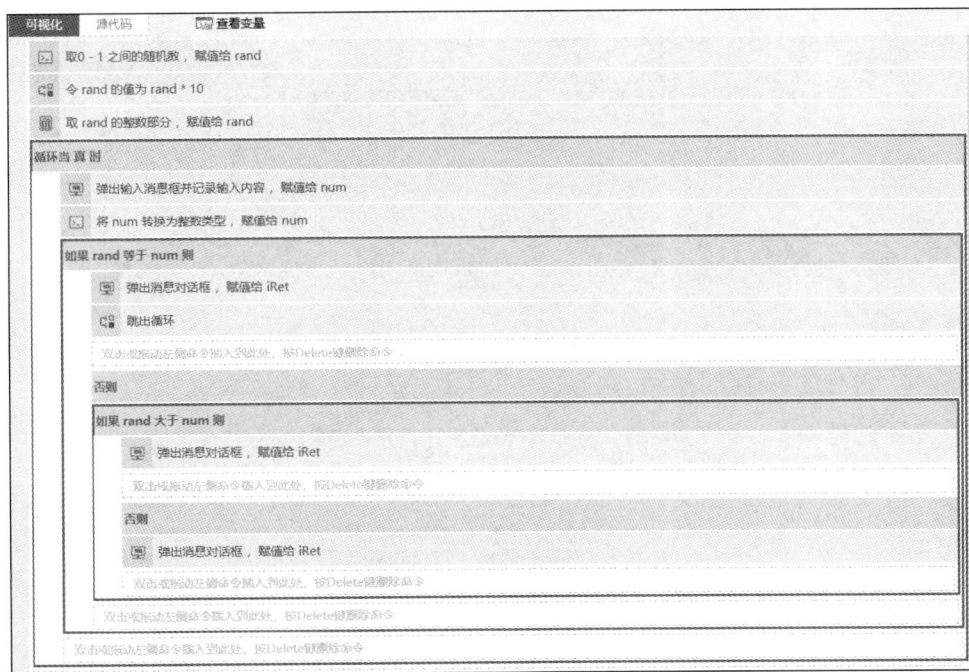

图 3-37　流程块开发

【流程分析】

① 构造随机数。在 UiBot 中，只能构造出 0～1 的随机数，生成后需乘 10，然后取整才能使用。

② 输入一个数字。通过信息框输入的数字默认为字符型数值，这里需要转换为整型数值。

【实现步骤】

打开 UiBot Creator，新建一个流程。单击"流程编辑"按钮，进入流程设计界面。下面开始各个流程的设计。

微课 3-3-2

步骤 01 在左侧命令选择区，执行"基本命令"—"基本命令"—"取随机数"命令，构造一个 0～1 的随机数。在右侧属性设置区，将"输出到"设为"rand"。流程设计界面如图 3-38 所示。

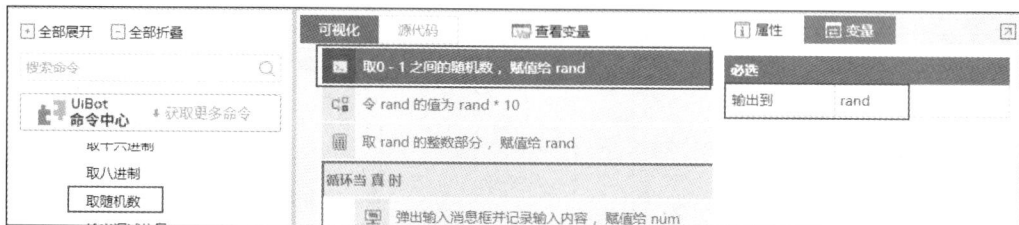

图 3-38　构造随机数

步骤 02 执行"基本命令"—"语法词法"—"变量赋值"命令，将随机数 rand 乘 10，再赋值给 rand，属性设置如图 3-39 所示。

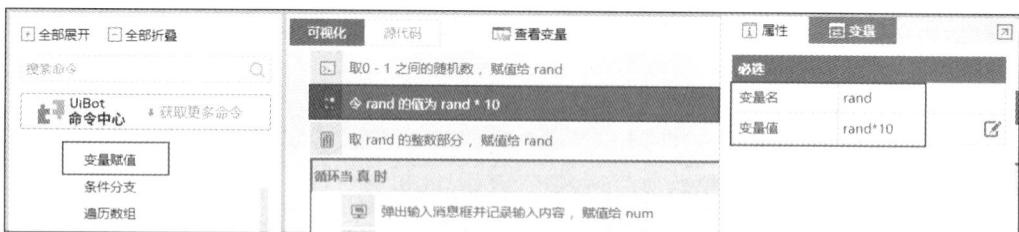

图 3-39　随机数乘 10

步骤 03 执行"数据处理"—"数学"—"取整数部分"命令，将随机数 rand 取整，再赋值给 rand，属性设置如图 3-40 所示。

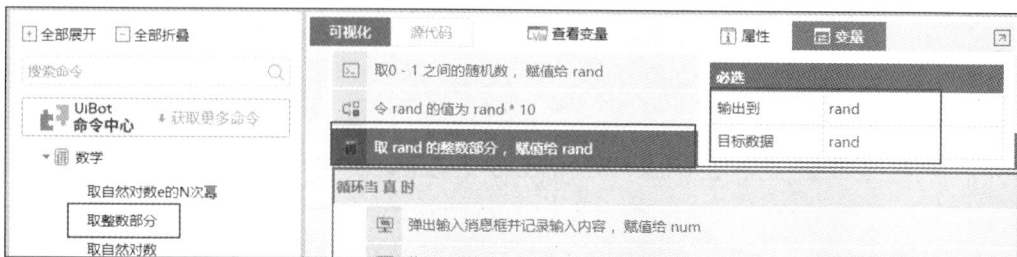

图 3-40　随机数取整

步骤 04 执行"基本命令"—"语法词法"—"条件循环"命令,设计条件循环,属性设置如图3-41所示。

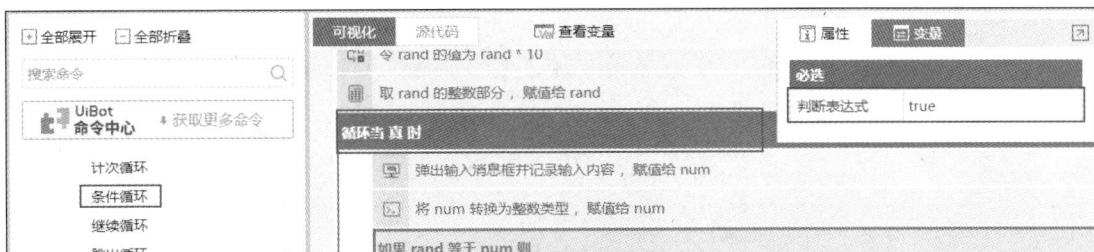

图3-41 条件循环

步骤 05 执行"系统操作"—"对话框"—"输入对话框"命令,在信息框中输入一个数字,并赋值给num,属性设置如图3-42所示。

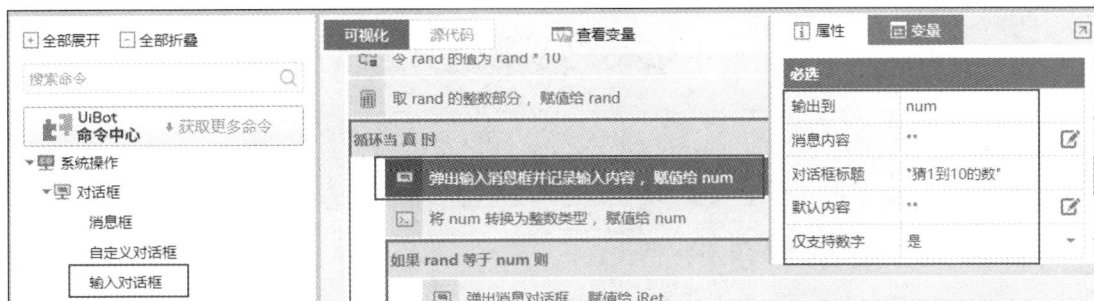

图3-42 输入num的值

步骤 06 执行"基本命令"—"基本命令"—"转为整数数据"命令,将num转换为整数,属性设置如图3-43所示。

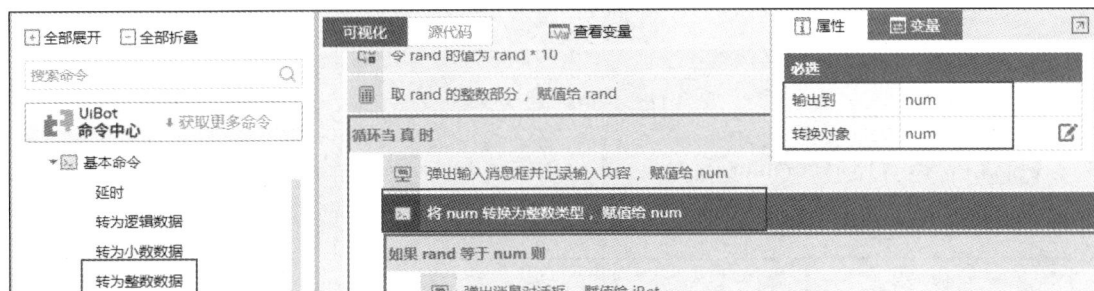

图3-43 将num转换为整数

步骤 07 执行"基本命令"—"语法词法"—"条件分支"命令,设计条件语句,判断rand=num是否成立,属性设置如图3-44所示。

步骤 08 执行"系统操作"—"对话框"—"消息框"命令,设置一个消息框。若条件rand=num成立,则提示"猜对了"。属性设置如图3-45所示。

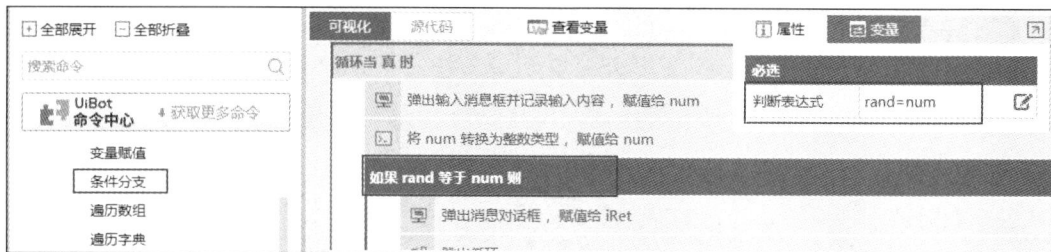

图 3-44 设计条件语句（1）

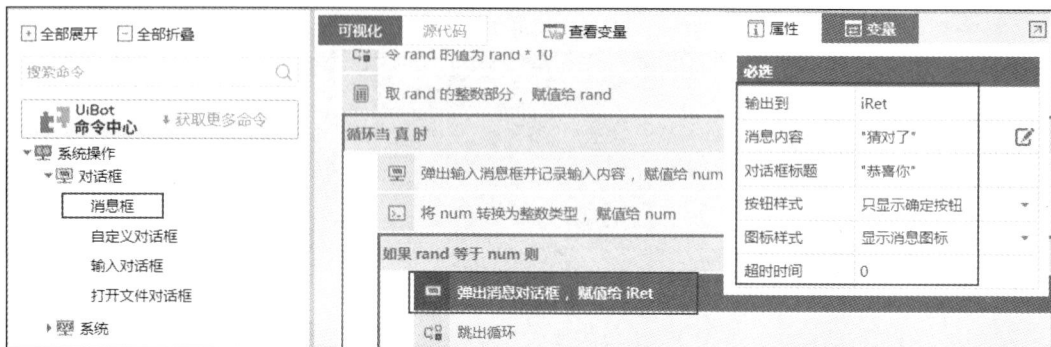

图 3-45 提示"猜对了"

步骤 09 执行"基本命令"—"语法词法"—"跳出循环"命令，在系统提示"猜对了"之后，跳出循环，属性设置如图 3-46 所示。

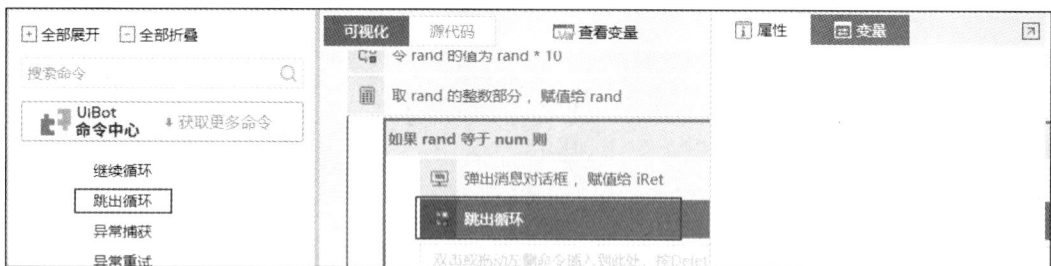

图 3-46 跳出循环

步骤 10 若条件 rand=num 不成立，则继续设计条件语句，判断 rand>num 是否成立，属性设置如图 3-47 所示。

图 3-47 设计条件语句（2）

步骤 11 若条件 rand>num 成立，则设置一个消息框，提示"猜小了"，属性设置如图 3-48 所示。

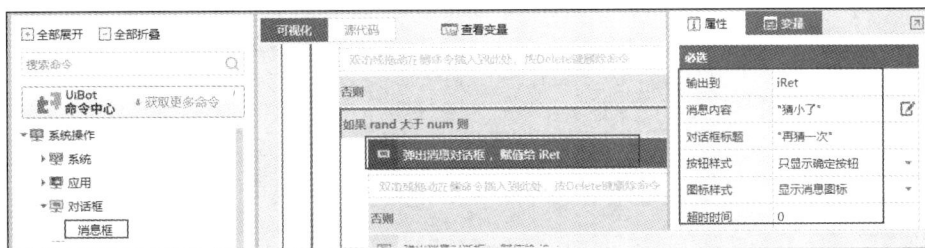

图 3-48 提示"猜小了"

步骤 12 若条件 rand>num 不成立，则设置一个消息框，提示"猜大了"，属性设置如图 3-49 所示。

图 3-49 提示"猜大了"

（4）流程运行。扫描右侧二维码可观看此 RPA 机器人的动态运行流程。

3. 流程块之间的数据传递

流程块中定义的变量只能在本流程块中使用，如何让某一个变量能在多个流程块中使用？有两种方法可以实现：一种是使用全局变量，另一种是使用流程块输出输入函数。

微课 3-3-3

（1）使用全局变量。在流程图中设计两个流程块：流程块 1 和流程块 2。定义流程图变量（全局变量）a，在流程块 1 中赋值 a=5，则可以在流程块 2 中输出 a 的值为 5。

（2）使用流程块输出输入函数。在流程块 1 中使用 return 语句返回一个值，在流程块 2 中使用 self.input 获得上一个流程块中返回的结果。

表 3-5 举例说明了数据在流程块 1 和流程块 2 之间传递的过程。

表 3-5 流程块之间数据传递举例

流程图	流程块
流程块 1	

续表

流程图	流程块
▶ ☑ 流程块2	☐全部展开 ☐全部折叠　　可视化 源代码　　☐查看变量　　☐属性 ☐变量 UiBot 命令中心 ＋获取更多命令　　令 b 的值为 self.input　　变量名　b ▼语法词法　　　　向调试窗口输出: b　　　　　变量值　self.input 变量赋值 条件分支
流程运行结果	输出 [11:21:11]工作路径已切换到 C:\Users\X1\Documents\UiBot\Projects\练习\ [11:21:11]流程 练习.flow 开始运行 [11:21:11]进入流程块 "流程块1" [11:21:11]进入流程块 "流程块2" [11:21:11]流程块2(流程块1.task) 第4行: 5 [11:21:11]练习.flow 运行已结束

流程图变量可以在流程块间传递多个变量的值，因此，这种方法简单灵活，用处更大；使用流程块输出输入函数在流程块间传递数据时，只能传递一个变量的值，有一定的局限性。

3.4　办公自动化场景及命令

RPA 的优势是能够将日常办公过程中标准化、流程化、重复性高的工作实现自动处理。

微课 3-4

3.4.1　办公自动化场景

日常办公过程中经常出现的工作内容包括 Excel 文件处理、Word 文件处理、Web 页面处理、收发电子邮件和操作各类信息系统。信息系统包括 ERP 系统、会计信息系统、OA 系统等，其中既有 Web 端的信息系统，也有本地的信息系统。对于财务人员来说，使用最多的就是会计信息系统和 ERP 系统。

在办公自动化场景中，通常以 Excel 为中心，将其他应用有机整合到一起，如图 3-50 所示。

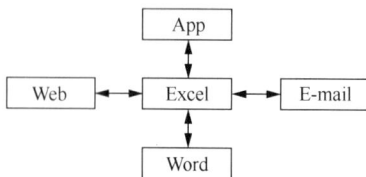

图 3-50　办公自动化场景

1. Excel 与 Web 的交互

Excel 作为个人数据中心可以和 Web 结合在一起，从互联网上获取数据或者向互联网提供信息。比如，从 Web 端到 Excel 端的例子有：从网络上搜索某上市公司的年报信息，并以 Excel 文件形式下载到本地计算机中；从网络银行中查询网银付款记录，并以 Excel 文件形式下载到本地计算机中等。从 Excel 端到 Web 端的例子有：将 Excel 文件中的网银付款信息录入网银付款系统中，或者登录电子发票验证系统，对 Excel 文件中存储的电子发票信息进行验证等。而登录网银付款系统或电子发票验证系统，也可以理解为 Excel 与 Web 端信息系统（App）的交互。

2. Excel 与 App 的交互

这里的 App 可以理解为企业用到的各类信息系统，可以是本地的信息系统（如用友 U8 系统、金蝶 K3 系统、SAP 系统），也可以是 Web 端的信息系统（即云端信息系统）。例如：在信息化实施过程中，通过基础档案录入机器人，将存储在 Excel 中的各类基础档案信息自动录入用友 U8 系统、金蝶 K3 系统、SAP 系统中；也可以将信息系统中的相关数据（如个人往来数据、银行对账数据）下载并保存到 Excel 文件中。

3. Excel 与 E-mail 的交互

Excel 与 E-mail 的交互也非常常见。比如：要举办某大型会议，可以按照 Excel 表中的人员名单和相应的 E-mail 地址自动发送邀请函邮件；对于邮箱中收到的相同主题的邮件，可以将其发件人、附件等信息自动下载并保存到 Excel 表中。

4. Excel 与 Word 的交互

Excel 与 Word 的交互不是很频繁。比如：将 Excel 表中的人员姓名和所在单位自动填写到 Word 邀请函模板中；有时也会根据需要将 Word 的相关文字提取到 Excel 表中。

> **说明**
>
> 读者应加深理解并熟悉上述办公自动化场景，根据个人工作岗位的特点和内容，设计和开发 RPA 机器人。

3.4.2 办公自动化常用命令

1. Excel 自动化常用命令

Excel 自动化的常用命令如图 3-51 所示。

图 3-51 Excel 自动化常用命令

2. Web 自动化常用命令

（1）鼠标和键盘操作的常用命令如图 3-52 所示。

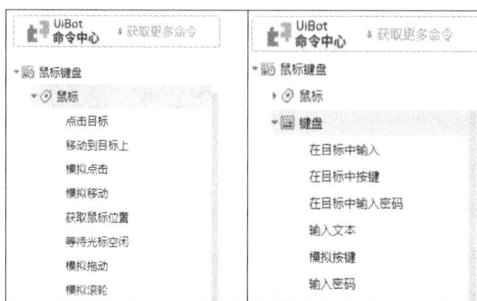

图 3-52　鼠标和键盘操作常用命令

（2）Web 操作的常用命令如图 3-53 所示。

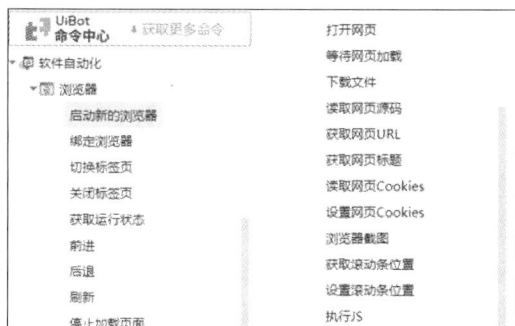

图 3-53　Web 操作常用命令

3. App 自动化常用命令

在 App 自动化设计中，除了常用的鼠标和键盘操作命令外，还经常用到界面操作命令，如图 3-54 所示。

图 3-54　界面操作常用命令

4. E-mail 自动化常用命令

可以通过 Outlook 或 SMTP/POP（Simple Mail Transfer Protocol/Post Office Protocol，简单邮件传送协议/邮局协议）收发电子邮件。E-mail 自动化的常用命令如图 3-55 所示。

图 3-55 E-mail 自动化常用命令

5. Word 自动化常用命令

Word 自动化的常用命令如图 3-56 所示。

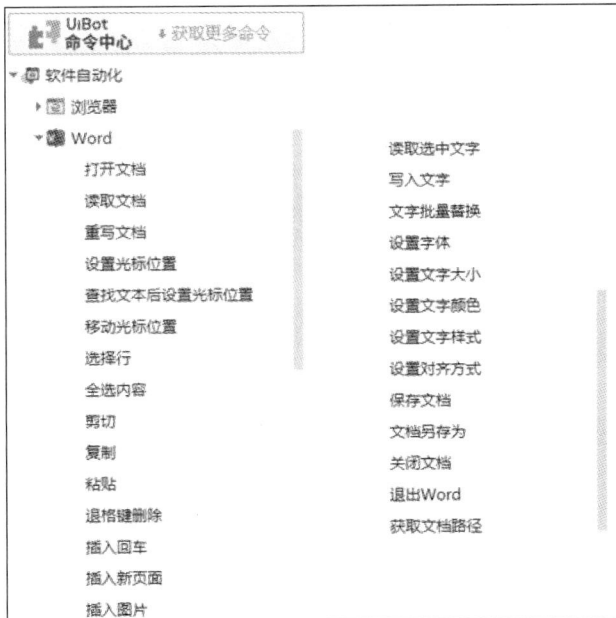

图 3-56 Word 自动化常用命令

6. OCR 智能识别自动化常用命令

（1）界面操作提供的智能识别常用命令如图 3-57 所示。

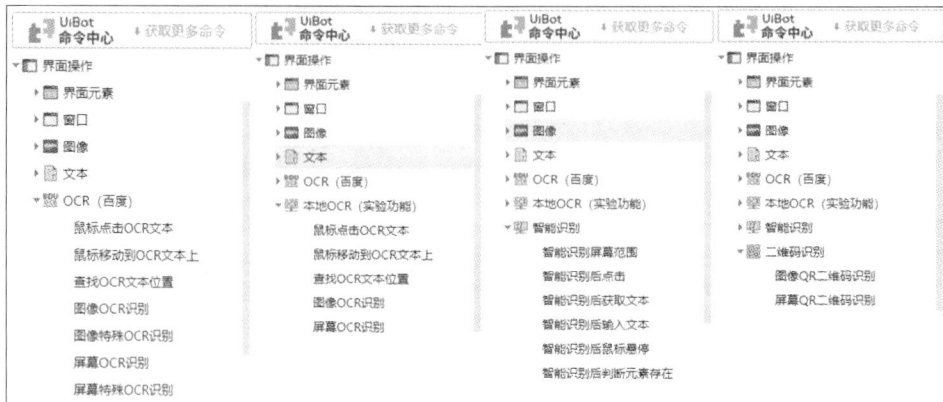

图 3-57　界面操作智能识别常用命令

（2）人工智能平台 Mage AI 提供的智能识别常用命令如图 3-58 所示。

图 3-58　Mage AI 智能识别常用命令

💡 **说明**

上述部分命令的具体应用将在基础案例篇中详细介绍。UiBot 中还提供了许多其他操作命令，读者可以查阅资料进一步了解。

本章习题

一、单选题

1. 在字符串"wang,li, zhao,jiang"中查找"li"字符串，则运行结果的返回值是（　　）。

　　A. 2　　　　　　　　B. 3　　　　　　　　C. 4　　　　　　　　D. 5

2. 定义数组 array=["wang","male",3500,4600,7800]，则 array[3]的值是（　　）。

　　A. 3500　　　　　　B. 4600　　　　　　C. "male"　　　　　D. 7800

3. 定义数组 array=["wang","male",[3500,4600,7800]]，则数据 4600 的数组元素表达方式为
（　　）。

　　A. array[4]　　　　B. array[3]　　　　C. array[2][1]　　　D. array[2][2]

4. 定义一个一维数组，array=[123,[456,789],337,448]，经过图 3-59 所示的操作，输出的 arr 值为（　　　）。

图 3-59　截取数组

A. [123,456]　　　　B. [456,789]　　　　C. [456,789],337　　D. [456,789,337]

5. 定义一个二维数组，array=[["wang",78,69,92],["liu",83,91,75],["zhang",67,95,82]]，用变量 arr 遍历数组 array，则在第 2 次循环中，arr[2]的值为（　　　）。

A. ["liu",83,91,75]　　　　　　　　B. 83

C. ["liu",83]　　　　　　　　　　D. 91

二、多选题

1. 下列关于变量分类的说法，正确的有（　　　）。

A. 流程图变量和全局变量　　　　　　B. 流程图变量和流程块变量

C. 流程块变量和局部变量　　　　　　D. 全局变量和局部变量

2. UiBot 的数据类型包括（　　　）。

A. 数值型　　　　B. 布尔型　　　　C. 字符型　　　　D. 数组和字典

3. 下列关于字典的说法，错误的有（　　　）。

A. 字典里的每一个数据对应的变量名称为"键名"，数据称为"键值"

B. 键名可以为字符型的，也可以为非字符型的

C. 键名没有唯一性要求

D. 键值有唯一性要求

4. 在 UiBot 中，能够实现循环结构的命令有（　　　）。

A. "遍历数组"　　B. "遍历字典"　　C. "计次循环"　　D. "条件循环"

5. 在 UiBot 中，能够结束循环的命令有（　　　）。

A. "跳出循环"　　B. "继续循环"　　C. "跳出返回"　　D. "退出流程"

6. 在 UiBot 中，（　　　）命令不仅可以用于循环体中，也可以用于条件分支和顺序结构中。

A. "跳出循环"　　B. "继续循环"　　C. "跳出返回"　　D. "退出流程"

三、判断题

1. 变量取值的类型不能动态变化。（　　　）

2. 流程块变量，又叫局部变量，只在所属流程块中有效。（　　　）

3. 布尔型又称逻辑型，用于逻辑判断，其值为 true（真）和 false（假）。（　　　）

4. 数组中的每一个数据称为数组元素，数组元素的下标从 1 开始。（　　　）

5. 选择结构又称分支结构，是根据条件判断的结果来确定程序的走向。(　　　)

四、实训题

设计一个 RPA 机器人，计算数据记录中男职工的平均工资。职工工资数据在二维数组 array 中，如下所示。

```
[["wangli","女",8500],
 ["zhangwei","男",5600],
 ["tianhui","男",6400],
 ["hemingzi","女",7200],
 ["mahaitao","男",9300]]
```

要求：（1）设计一个流程块，计算男职工的平均工资。

（2）向调试窗口和屏幕同时输出男职工的平均工资数据。

基础案例篇

第4章

Excel 自动化

学习目标

◇ 熟悉 Excel 流程自动化的常用命令；

◇ 理解全局变量和局部变量的区别；

◇ 掌握 Excel 工作簿常用操作命令的用法；

◇ 掌握 Excel 读写操作命令的用法；

◇ 掌握用一维数组和二维数组表示 Excel 数据的方法。

本章导图

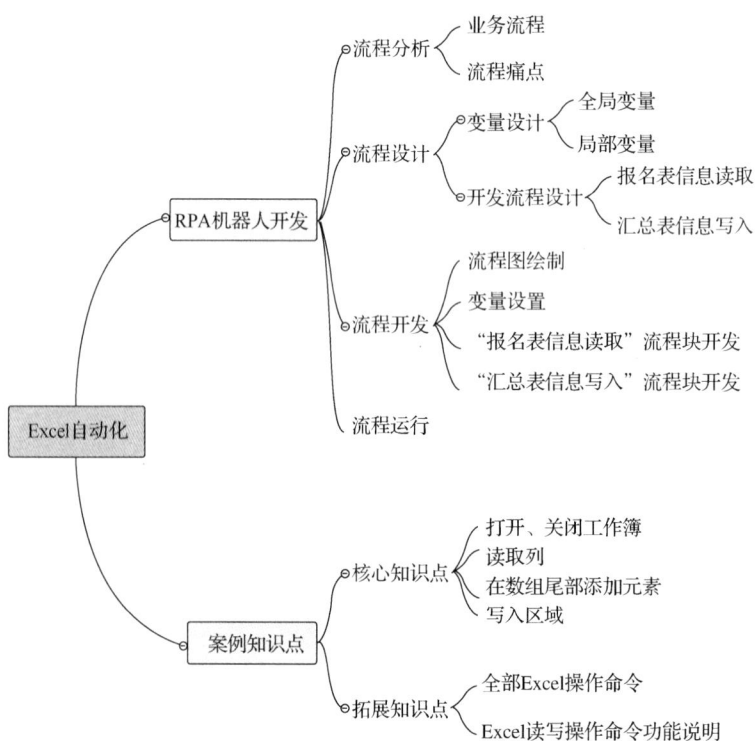

引导案例

某机构欲面向高校教师举办一场“RPA 财务机器人”培训会，收到来自全国各地高校教师的报名信息表（Excel 格式）若干（本案例简化为 5 个）。请设计一个 RPA 机器人，将所有报名信息表中的数据汇总到一起，并保存到名为“汇总报名表”的 Excel 文件中。

（1）报名信息表的样例如图 4-1 所示。

	A	B
1	参会报名表	
2	姓名	汪海洋
3	性别	男
4	电话	13186306539
5	E-mail	why@sohu.com
6	学校	北京信息科技大学
7	职称	副教授
8	是否住宿	否

图 4-1　报名信息表样例

（2）汇总报名表的格式如图 4-2 所示。

	A	B	C	D	E	F	G	H
1	汇总报名表							
2	姓名	性别	电话	E-mail	学校	职称	是否住宿	备注
3								
4								
5								
6								
7								

图 4-2　汇总报名表格式

知识讲解

Excel 是微软 Office 办公软件“家族”的重要成员，它具有强大的计算、分析和图表绘制功能，也是最流行的电子表格处理软件之一。Excel 自动化是 RPA 流程开发中十分重要的功能之一，实际工作中，很多 RPA 流程都会用到 Excel 自动化的内容。因此，读者应重点掌握本章内容并能够熟练应用。

4.1　流程分析

微课 4-1

我们来思考引导案例中手工完成报名信息汇总工作的业务流程。会务组工作人员需要从邮箱中（或微信中）下载各位老师的报名信息表[①]，然后将下载的报名信息表分别命名为“报名信息表 1. xlsx”～“报名信息表 5. xlsx”。打开汇总报名表，再依次打开每个报名信息表，将其中的报名信息粘贴到汇总报名表中。

生成汇总报名表的业务流程如图 4-3 所示。

① 会务组工作人员从邮箱中下载报名信息表的任务可以设计 RPA 机器人来完成，这属于 E-mail 自动化的内容，本书第 6 章将详细介绍。

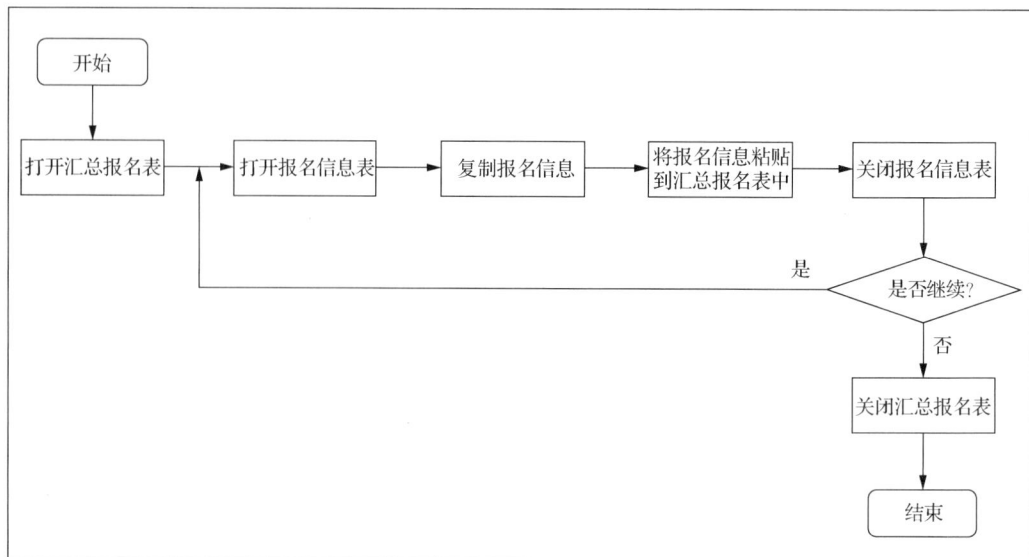

图 4-3　生成汇总报名表的业务流程

该业务流程的痛点有：①当报名信息表较多时，汇总工作量大、烦琐；②有大量的复制、粘贴工作，工作价值低；③复制、粘贴过程中，手动操作容易出错。

4.2　流程设计

我们从方便实现 RPA 功能的角度，共设计两个流程块来实现引导案例中的业务需求，一个是"报名表信息读取"流程块，另一个是"汇总表信息写入"流程块。本章引导案例主要涉及 Excel 的读写操作。"报名表信息读取"流程块，设计 5 次循环将每张报名信息表中的数据读取出来，最后形成一个二维数组。"汇总表信息写入"流程块的作用是将二维数组中的数据一次写入汇总报名表中。

微课 4-2

1.　变量设计

前面我们已经了解，变量分为流程图变量和流程块变量两类。流程图变量在所有流程块中均有效。流程块变量只在所属流程块中有效。不同流程块中的变量可以同名，互不影响。我们在本章引导案例的 RPA 机器人开发过程中设计了一个变量 array2，此变量要在两个流程块中使用，因此需将其定义为流程图变量。

本章引导案例 RPA 机器人开发中涉及的变量及其解释如表 4-1 所示。

表 4-1　　　　　　　　　　　　　　　　　变量及其解释

变量类型		变量名	解释
流程图变量		array2	二维数组，存放读取的所有报名信息，每一行为一条报名信息
流程块变量	报名表信息读取	table1	对应报名信息表
		array1	一维数组，存放一条报名表信息
	汇总表信息写入	table2	对应汇总报名表

2. 开发流程设计

本章引导案例开发流程图及流程块设计如图 4-4 所示。

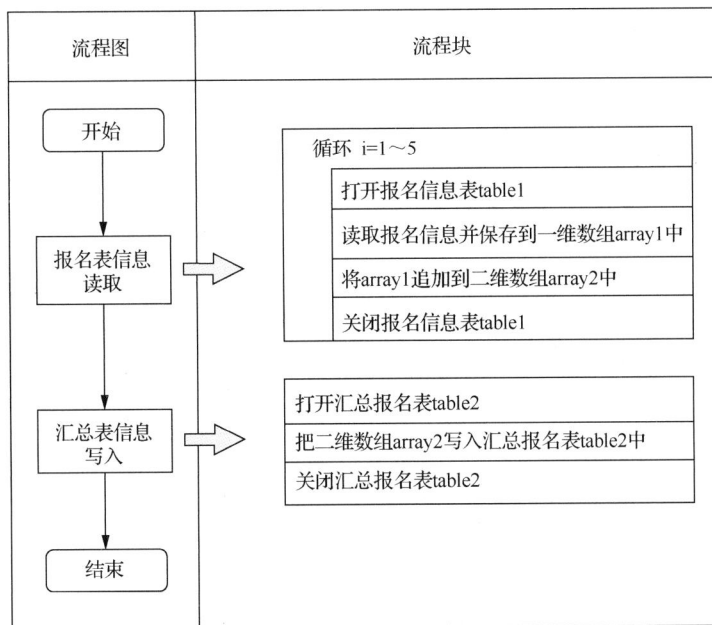

流程图	流程块
开始	
报名表信息读取	循环 i=1～5 打开报名信息表table1 读取报名信息并保存到一维数组array1中 将array1追加到二维数组array2中 关闭报名信息表table1
汇总表信息写入	打开汇总报名表table2 把二维数组array2写入汇总报名表table2中 关闭汇总报名表table2
结束	

图 4-4　Excel 自动化开发流程设计

4.3　流程开发

下面具体介绍本章引导案例 RPA 机器人的流程图绘制及变量设置。

微课 4-3-1

4.3.1　流程图绘制

根据前面对 RPA 机器人流程的分析和设计，我们可以绘制出流程图，如图 4-5 所示。

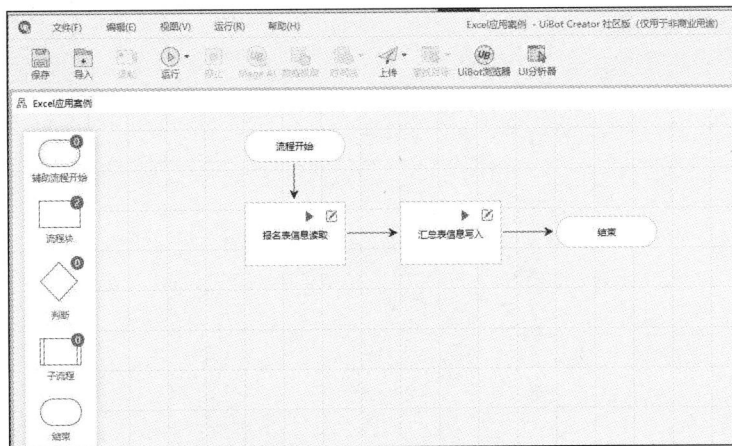

微课 4-3-2

图 4-5　流程图绘制

4.3.2 变量设置

微谭 4-3-3

在进行流程开发时，系统会自动生成相应的变量。我们也可以重新定义变量，来表示不同的内容。重新定义变量后，我们若不再使用系统自动生成的变量，可以将其删除。

1. 流程图变量设置

流程图变量 array2 的属性设置如图 4-6 所示。

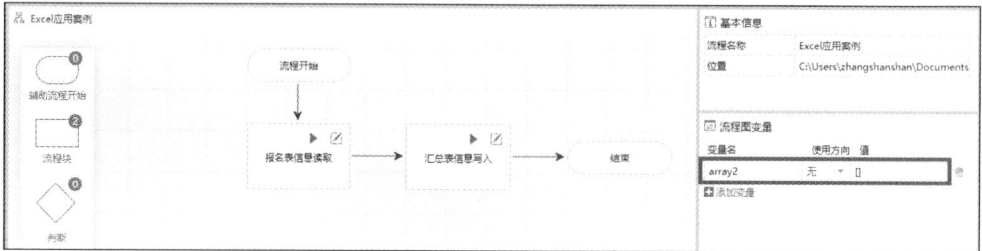

图 4-6 流程图变量设置

2. 流程块变量设置

流程块变量 array1 和 table1 的属性设置如图 4-7 所示，流程块变量 table2 的属性设置如图 4-8 所示。

图 4-7 "报名表信息读取"流程块变量 array1 和 table1 的属性设置

图 4-8 "汇总表信息写入"流程块变量 table2 的属性设置

4.3.3 "报名表信息读取"流程块开发

微课 4-3-4

"报名表信息读取"流程块开发如表 4-2 所示。

表 4-2 "报名表信息读取"流程块开发

流程图	流程块
报名表信息读取	循环 i 从 1 到 5，步长 1 打开 Excel 工作簿，路径为"报名信息表"连接 i 连接".xlsx"，赋值给 table1 等待 1000 毫秒后继续运行 读取单元格"B2"所在列的值，赋值给 array1 在 array2 末尾添加一个元素，赋值给 array2 关闭 Excel 工作簿 向调试窗口输出：array2

【实现步骤】

步骤 01 执行"基本命令"—"语法词法"—"计次循环"命令,设置计次循环的初始值为 1,结束值为 5,步长为 1,属性设置如图 4-9 所示。

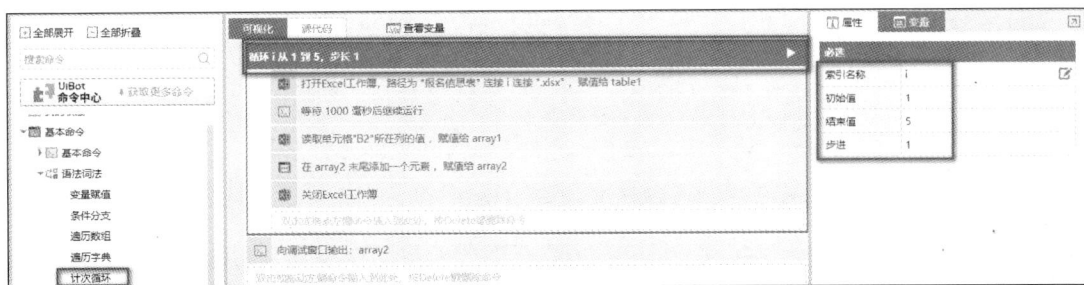

图 4-9　计次循环

步骤 02 执行"软件自动化"—"Excel"—"打开 Excel 工作簿"命令,打开工作簿"报名信息表 i.xlsx"(这里的 i 取值为 1～5),属性设置如图 4-10 所示。

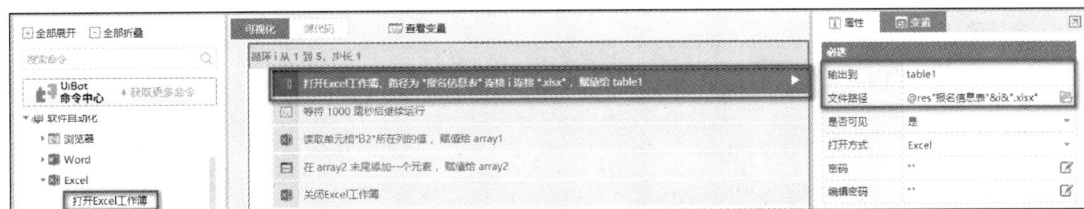

图 4-10　打开 Excel 工作簿

步骤 03 执行"基本命令"—"基本命令"—"延时"命令,设置延时 1 秒(即 1000 毫秒),属性设置如图 4-11 所示。

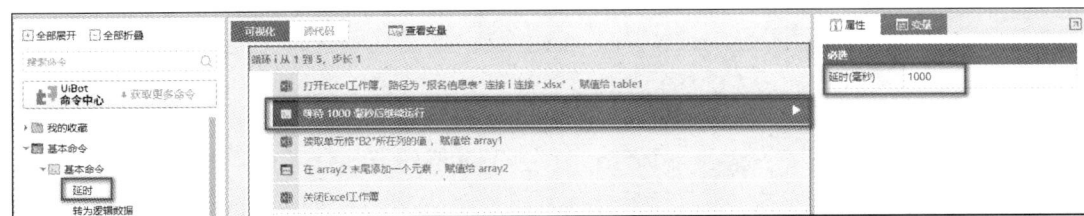

图 4-11　延时

> **注意**
>
> ① 应理解延时的作用,养成适当使用"延时"命令的习惯。
>
> ② 有些应用程序启动速度较慢,不设置延时的话,可能导致下一条命令无法正确执行。适当地延时,可以保证窗口完全打开,使后续命令能够顺利执行。

步骤 04 执行"软件自动化"—"Excel"—"读取列"命令,读取 B2:B8 的数据并赋值给一维数组 array1,属性设置如图 4-12 所示。

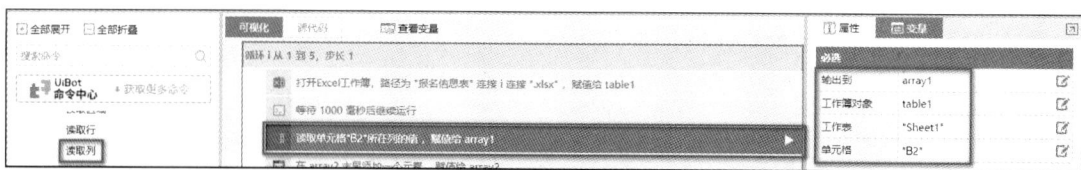

图 4-12　读取列

步骤 05 执行"数据处理"—"数组"—"在数组尾部添加元素"命令,将一维数组 array1 的数据追加到二维数组 array2 中,属性设置如图 4-13 所示。

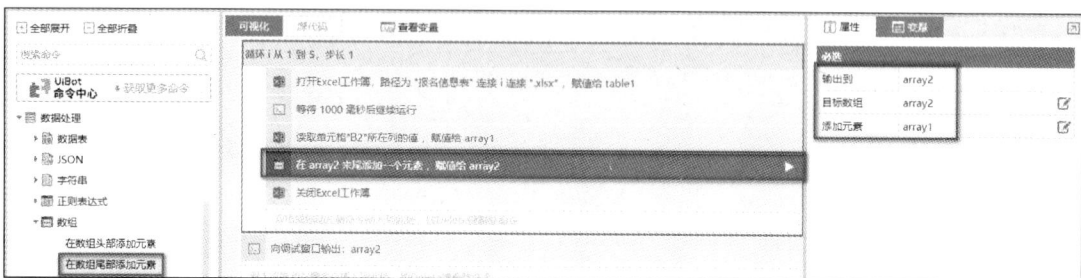

图 4-13　追加数据

步骤 06 执行"软件自动化"—"Excel"—"关闭 Excel 工作簿"命令,关闭工作簿"报名信息表 i.xlsx",属性设置如图 4-14 所示。

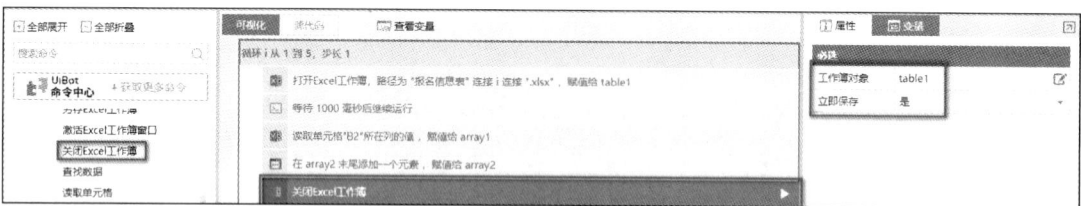

图 4-14　关闭 Excel 工作簿

步骤 07 执行"基本命令"—"基本命令"—"输出调试信息"命令,向调试窗口输出 array2,查看二维数组的数据是否正确,属性设置如图 4-15 所示。(此步骤可以省略)

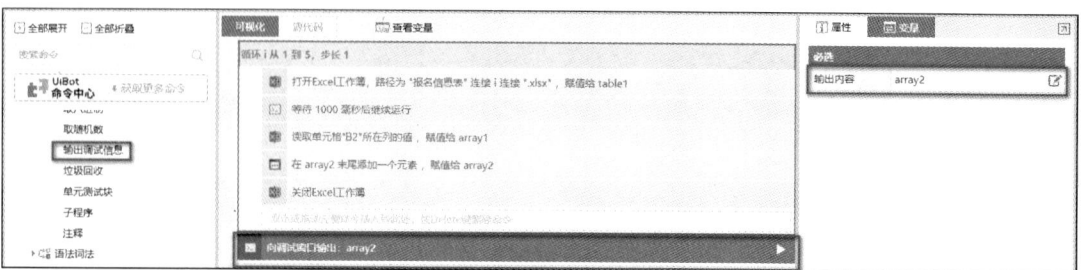

图 4-15　输出调试信息

> **注意**
>
> ① "输出调试信息"命令的功能是向调试窗口输出变量的值，目的是查看从各种数据源中读取的数据或正在处理的变量是否是符合要求的数据，同时也可观察其数据类型，便于我们对变量的值进行操作。
>
> ② 要养成在适当位置向调试窗口输出调试信息的习惯。

4.3.4 "汇总表信息写入"流程块开发

"汇总表信息写入"流程块开发如表 4-3 所示。

微课 4-3-5

表 4-3　　　　　　　　　　　　　"汇总表信息写入"流程块开发

流程图	流程块
▶ ✎ 汇总表信息写入	

【实现步骤】

步骤 01 执行"软件自动化"—"Excel"—"打开 Excel 工作簿"命令，打开工作簿"汇总报名表.xlsx"，属性设置如图 4-16 所示。

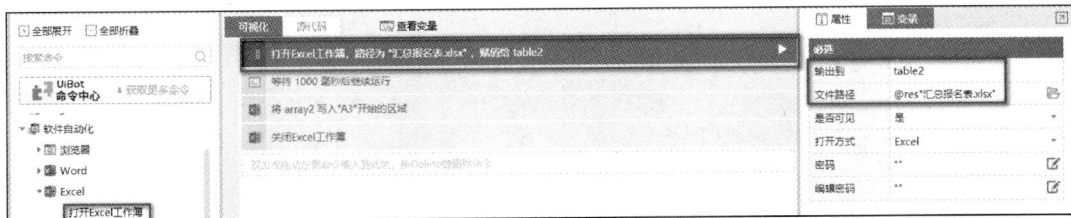

图 4-16　打开 Excel 工作簿

步骤 02 执行"基本命令"—"基本命令"—"延时"命令，设置延时 1 秒，属性设置如图 4-17 所示。

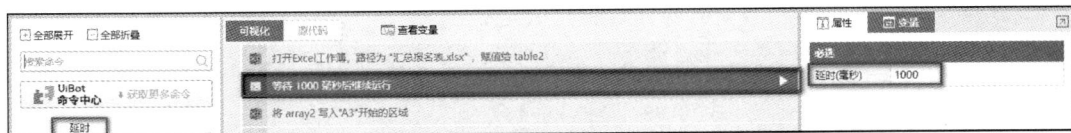

图 4-17　延时

步骤 03 执行"软件自动化"—"Excel"—"写入区域"命令,将二维数组 array2 的数据整体写入从 A3 开始的区域,属性设置如图 4-18 所示。

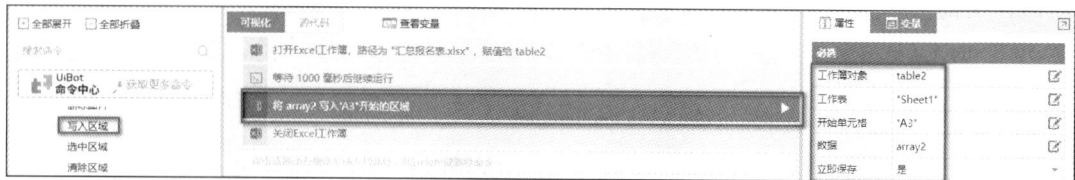

图 4-18　将二维数组写入工作表

步骤 04 执行"软件自动化"—"Excel"—"关闭 Excel 工作簿"命令,关闭工作簿"汇总报名表.xlsx",属性设置如图 4-19 所示。

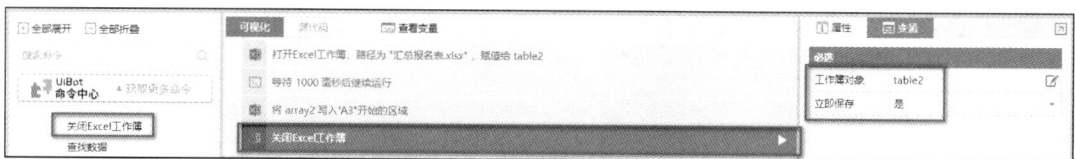

图 4-19　关闭 Excel 工作簿

> **注意**
> 要养成良好的开发习惯,文档窗口打开后,要有对应的关闭命令。

4.4　流程运行

本章引导案例的 RPA 机器人动态运行流程可扫描右侧二维码观看。

微课 4-4

4.5　案例核心知识点

本章引导案例的 RPA 机器人实现过程中涉及的核心知识点总结如下。

微课 4-5

4.5.1　打开 Excel 工作簿

1. 功能

"打开 Excel 工作簿"命令的功能是通过指定路径打开一个 Excel 工作簿文件(如果文件不存在,则会创建此文件),并返回 Excel 对象。该命令支持.xls、.xlsx、.xlsm 格式的 Excel 文件。

2. 命令位置及语句（见表 4-4）

表 4-4　　　　　　　　　　　"打开 Excel 工作簿"命令位置及语句

命令位置	语句
▼ 软件自动化　▼ Excel　　　打开Excel工作簿	可视化　源代码　　查看变量 打开Excel工作簿，路径为"报名信息表1.xlsx"，赋值给 table1

3. 属性说明（见表 4-5）

表 4-5　　　　　　　　　　　"打开 Excel 工作簿"命令的属性说明

属性	当前值	说明
输出到	table1	用变量 table1 表示打开的工作簿，变量名默认值为"objExcelWorkBook"，此处更改为"table1"
文件路径	@res "报名信息表 1.xlsx"	指明要打开工作簿的路径与文件名，须以字符串形式表示，因此要加""。这里的@res 是相对路径，表示打开的文件在当前流程的 res 文件夹中。这样做的好处是当整个流程被复制时，该文件夹也一起被复制，可以方便地在其他编辑器中打开，而不需要重新指定路径；也可以用绝对路径表示，如"D:\\uibot 数据\\报名信息表 1.xlsx"，表示打开 D 盘"uibot 数据"文件夹下的报名信息表。注意：当字符串中出现"\"时，应写为"\\"
是否可见	是	表示机器人打开工作簿时，前端是否可见。此处可以选择"否"，表示机器人在后台自动打开工作簿，用户不可见
打开方式	Excel	可选择用 Excel 打开工作簿，也可选择用 WPS 打开工作簿
密码	""	工作簿的打开密码，创建新文件时忽略
编辑密码	""	工作簿的编辑密码，创建新文件时忽略

4.5.2　关闭 Excel 工作簿

1. 功能

"关闭 Excel 工作簿"命令的功能是关闭已打开的 Excel 工作簿。

2. 命令位置及语句（见表 4-6）

表 4-6　　　　　　　　　　　"关闭 Excel 工作簿"命令位置及语句

命令位置	语句
▼ 软件自动化　▼ Excel　　　关闭Excel工作簿	可视化　源代码　　查看变量 关闭Excel工作簿

3. 属性说明（见表 4-7）

表 4-7　　　　　　　　　　　"关闭 Excel 工作簿"命令的属性说明

属性	当前值	说明
工作簿对象	table1	关闭变量 table1 表示的工作簿
立即保存	是	此属性有两个选项："是"表示关闭工作簿时先保存当前工作簿；"否"表示关闭工作簿时不保存当前工作簿

4.5.3 读取列

1. 功能

“读取列”命令的功能是读取工作表中指定单元格后（包含指定单元格）的列，直到本列最后一个数据为止，返回一个一维数组。读取行的功能与此类似。

2. 命令位置及语句（见表 4-8）

表 4-8　　“读取列”命令位置及语句

命令位置	语句
软件自动化 › Excel › 读取列	可视化　源代码　查看变量 读取单元格"B2"所在列的值，赋值给 array1

3. 属性说明（见表 4-9）

表 4-9　　“读取列”命令的属性说明

属性	当前值	说明
输出到	array1	将读取的数据赋值给一维数组 array1。系统默认一维数组变量名为 arrayRet
工作簿对象	table1	变量 table1 表示打开的工作簿
工作表	Sheet1	Sheet1 表示要读取的列所在的工作表，要根据实际情况输入
单元格	B2	表示读取从 B2 开始的这列数据，直到最后一个有数据的单元格为止，不论中间是否有空单元格

4. 运行结果

报名信息表 1 的数据如图 4-20 所示，执行“读取列”命令后，得到的一维数组 array1 的值为["刘亚楠","女","13802118907","lyn@sina.com","中央财经大学","教授","是"]。

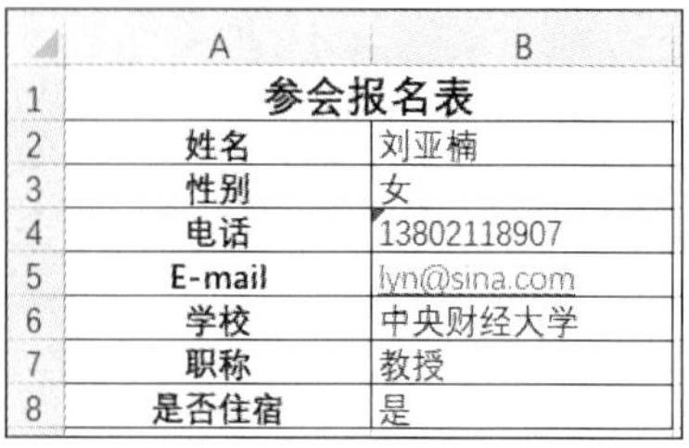

	A	B
1	参会报名表	
2	姓名	刘亚楠
3	性别	女
4	电话	13802118907
5	E-mail	lyn@sina.com
6	学校	中央财经大学
7	职称	教授
8	是否住宿	是

图 4-20　报名信息表 1 的数据

4.5.4 在数组尾部添加元素

1. 功能

“在数组尾部添加元素”命令的功能是在数组尾部添加元素并返回数组。若添加的元素为单个数据，则构成一维数组；若添加的元素为一维数组，则构成二维数组。

2. 命令位置及语句（见表 4-10）

表 4-10 　　　　　　　　　　　"在数组尾部添加元素"命令位置及语句

命令位置	语句
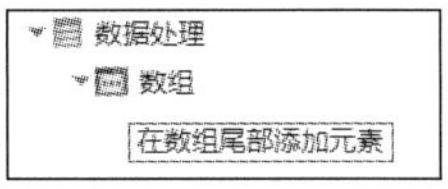 ▾ 🗐 数据处理 　▾ 🗐 数组 　　　在数组尾部添加元素	 可视化　　源代码　　📝 查看变量 🗐 在 array2 末尾添加一个元素，赋值给 array2

3. 属性说明（见表 4-11）

表 4-11 　　　　　　　　　　　"在数组尾部添加元素"命令的属性说明

属性	当前值	说明
输出到	array2	表示语句执行后的结果赋值给 array2
目标数组	array2	array2 表示要添加元素的数组
添加元素	array1	array1 表示要添加的元素

4. 运行结果

执行"在数组尾部添加元素"命令，若执行 5 次循环，分别读取 5 个报名信息表中的数据，并最终写入二维数组 array2 中，得到的结果如图 4-21 所示。

[["刘亚楠","女","13802118907","lyn@sina.com","中央财经大学","教授","是"],
["张光林","男","13672308965","zgl@126.com","山西财经大学","副教授","否"],
["李玉梅","女","18702673219","lym@163.com","山东财经大学","副教授","否"],
["何东辉","男","18620356711","hdx@126.com","东北财经大学","教授","是"],
["汪海洋","男","13186306539","why@sohu.com","北京信息科技大学","副教授","否"]]

图 4-21 　二维数组 array2 的值

4.5.5　写入区域

1. 功能

"写入区域"命令的功能是将二维数组写入工作表中指定的区域。当二维数组中的元素个数与区域中单元格的个数不一致时，最好查看下区域单元格中对应的数组元素，以免影响后续操作。

2. 命令位置及语句（见表 4-12）

表 4-12 　　　　　　　　　　　"写入区域"命令位置及语句

命令位置	语句
 ▾ 🗐 软件自动化 　▾ 🖼 Excel 　　　写入区域	 可视化　　源代码　　📝 查看变量 🗐 将 array2 写入"A3"开始的区域

3. 属性说明（见表 4-13）

表 4-13   "写入区域"命令的属性说明

属性	当前值	说明
工作簿对象	table2	table2 表示打开的汇总报名表
工作表	Sheet1	Sheet1 表示要写入的工作表
开始单元格	A3	表示写入从 A3 开始的区域
数据	array2	array2 表示要写入区域的二维数组，如数组元素没有对齐，会自动使用空值对齐元素之后再写入。写入前，请查看要写入的表，以免发生值覆盖
立即保存	是	选项"是"，表示写入后立即保存；选项"否"，表示写入后不保存，在关闭工作簿时保存

4. 运行结果

执行"写入区域"命令，将把报名信息写入汇总报名表中，结果如图 4-22 所示。

图 4-22　汇总报名表

4.6　案例拓展知识点

在 UiBot 中，Excel 自动化的全部操作命令在第 3 章中已有介绍，如图 3-51 所示。其中，Excel 读写操作命令最为常用。下面总结全部 Excel 读写操作命令的功能，如表 4-14 所示。

表 4-14   Excel 读写操作命令功能说明

读写操作命令	功能
读取单元格	读取工作表中指定单元格的值
读取行	读取工作表中指定单元格后（包含指定单元格）的行，返回一维数组
读取列	读取工作表中指定单元格后（包含指定单元格）的列，返回一维数组
读取区域	读取工作表中指定区域的值，返回二维数组
获取行数	获取工作表中已使用的行数
获取列数	获取工作表中已使用的列数
写入单元格	将数据写入工作表中指定的单元格（支持写入公式）
写入行	从工作表中指定单元格开始写入一行一维数组数据
写入列	从工作表中指定单元格开始写入一列一维数组数据
写入区域	将二维数组写入工作表中指定的区域，当二维数组中的元素个数不一致时，会影响性能

本章习题

一、单选题

1. 本章引导案例中"报名表信息读取"流程块用到的循环命令是（　　　）。

　　A．"条件循环"　　　B．"计次循环"　　　C．"遍历数组"　　　D．"遍历字典"

2. 在本章引导案例中，下列变量属于全局变量的是（　　　）。

　　A．table1　　　　　B．table2　　　　　C．array1　　　　　D．array2

3. 在调试 RPA 机器人流程运行状况时，可通过（　　　）命令查看变量的值。

　　A．"输出调试信息"　　　　　　　　B．"单元测试块"

　　C．"注释"　　　　　　　　　　　　D．"延时"

4. Excel 工作簿中，A3:A6 的内容为"张三""李四""王五""赵六"。执行 UiBot 的"读取列"命令（属性：单元格为 A4，输出到 array），则 array[1]的值为（　　　）。

　　A．"张三"　　　　　B．"李四"　　　　　C．"王五"　　　　　D．"赵六"

5. "打开 Excel 工作簿"命令中，文件路径应采用绝对路径，下列路径中正确的是（　　　）。

　　A．"D:\练习\test.xlsx"　　　　　　B．"D:\\练习\\test.xlsx"

　　C．"D:/练习/test.xlsx"　　　　　　D．"D://练习//test.xlsx"

二、多选题

1. 下列属于"打开 Excel 工作簿"命令属性的有（　　　）。

　　A．文件路径　　　B．是否可见　　　C．打开方式　　　D．立即保存

2. Excel 下所有写入操作命令（如"写入行""写入列"等）都包含（　　　）属性。

　　A．工作簿对象　　B．工作表　　　C．打开方式　　　D．数据

3. "报名表信息读取"流程块中用到了（　　　）命令。

　　A．"打开 Excel 工作簿"　　　　　　B．"延时"

　　C．"读取列"　　　　　　　　　　　D．"在数组尾部添加元素"

4. "汇总表信息写入"流程块中用到了（　　　）命令。

　　A．"关闭 Excel 工作簿"　　　　　　B．"延时"

　　C．"写入区域"　　　　　　　　　　D．"在数组尾部添加元素"

5. "打开 Excel 工作簿"命令支持打开（　　　）格式的文件。

　　A．.doc　　　　　B．.xls　　　　　C．.xlsx　　　　　D．.xlsm

三、判断题

1. 通过指定路径打开一个 Excel 工作簿文件，此文件必须是创建好的文件。（　　　）

2. "延时"命令在 RPA 流程设计中不是必须使用的，但适当地延时，可以保证窗口完全打开，使得后续命令能够顺利执行。（　　　）

3. 在 UiBot 中，"打开 Excel 工作簿"命令既可以打开 Excel 工作簿，也可以打开 WPS

工作簿。(　　　)

4. UiBot Excel 操作命令只包括读写操作命令，不包括设置单元格格式的命令。(　　　)

5. UiBot 中打开 Excel 工作簿命令的文件路径属性中若出现@res，则表示相对路径。(　　　)

四、思考题

1. 分析屏幕显示比例对 RPA 机器人开发的影响。

2. 如何通过判定文件夹中报名信息表的个数来设计循环？

3. 若报名信息表的名称不规律，如何表示这些报名信息表？

4. 进行社会调研，了解实践中还有哪些工作场景与本章引导案例的场景类似，并进一步说明相关的会计工作场景。

五、实训题

1. 以本章引导案例为基础，优化 RPA 机器人的设计，将报名信息表中女教师的信息写入汇总报名表。可参考图 4-23 所示的流程图和流程块设计。

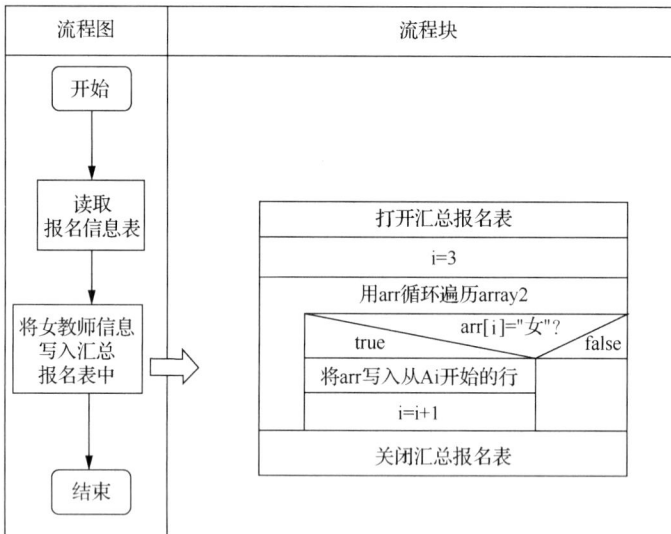

图 4-23　流程图和流程块设计

2. 以本章引导案例为基础，更换 RPA 机器人设计思路，按手工业务流程设计此机器人，应如何实现？请画出流程图和流程块设计图，并实现该机器人。

第 5 章

Word 自动化

学习目标

- ◇ 熟悉 Word 自动化的常用命令；
- ◇ 掌握常用 Word 操作命令的用法；
- ◇ 掌握 Word 读写操作命令的用法。

本章导图

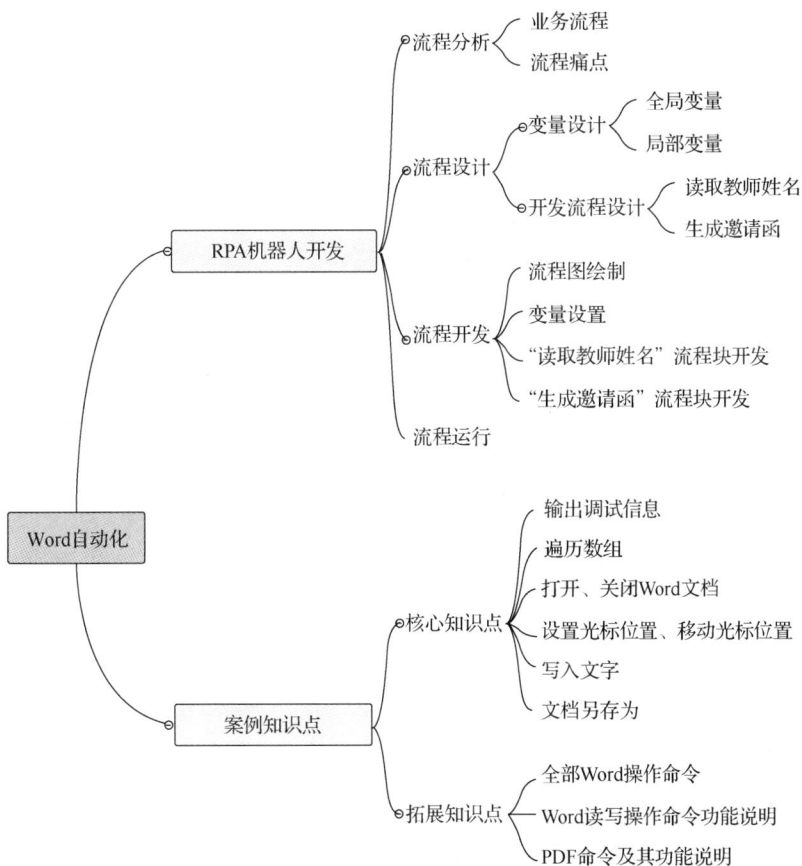

引导案例

培训机构根据整理的汇总报名信息（汇总报名表.xlsx），给每位参会教师制作一份会议邀请函，要求：邀请函中要有每位教师的姓名；邀请函命名为“邀请函-姓名.docx”。请设计一个 RPA 机器人，能根据邀请函模板自动生成一个以教师姓名命名的邀请函。

（1）汇总报名表文件：汇总报名表.xlsx，如图 5-1 所示。

汇总报名表

姓名	性别	电话	E-mail	学校	职称	是否住宿	备注
刘亚楠	女	13802118907	lyn@sina.com	中央财经大学	教授	是	
张光林	男	13672308965	zgl@126.com	山西财经大学	副教授	否	
李玉梅	女	18702673219	lym@163.com	山东财经大学	副教授	否	
何东辉	男	18620356711	hdx@126.com	东北财经大学	教授	是	
汪海洋	男	13186306539	why@sohu.com	北京信息科技大学	副教授	否	

图 5-1　汇总报名表文件

（2）邀请函模板文件：“RPA 财务机器人”师资培训邀请函.docx，如图 5-2 所示。

“RPA 财务机器人”师资培训

邀　请　函

尊敬的______老师：

您好！

在数字化转型浪潮的推动下，以 RPA、AI 为代表的创新科技为企业办公方式带来了巨大变革。RPA（Robotic Process Automation）即机器人流程自动化，是以软件机器人为基础的业务流程自动化技术。它能模拟人的双手，按照固定规则，操作计算机中的各种软件，使许多日常工作自动化，提高办公效率。RPA 财务机器人是在财务场景中应用的 RPA 机器人。

本次“RPA 财务机器人”课程师资培训，旨在提升教师对 RPA 财务机器人的分析、设计与开发能力，让教师能够独立开展相关教学活动。

本次培训的具体安排详见附件 1。

附件 1（略）

图 5-2　邀请函模板文件

知识讲解

与 Excel 类似，Word 也是微软 Office 办公软件的重要套件之一，它具有强大的文字输入、编辑、排版等功能，是日常办公最常用的文字处理软件。因此，实现 Word 自动化，也是 RPA 流程自动化中重要的一环。

5.1 流程分析

我们来思考本章引导案例中手工生成邀请函的业务流程。培训机构会务组工作人员需要同时打开汇总报名表文件和邀请函模板文件，复制一位教师的姓名，并将其粘贴到邀请函模板文件的横线处，然后将模板文件另存为以教师姓名命名的邀请函文件。重复"复制—粘贴—另存为"操作，直到所有教师的邀请函制作完毕。

生成邀请函的业务流程如图 5-3 所示。

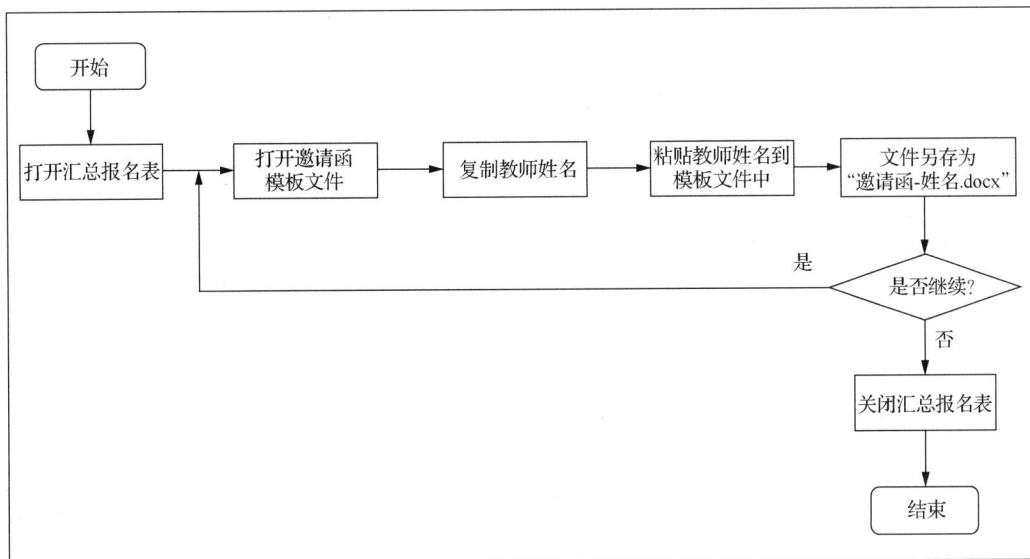

图 5-3　生成邀请函的业务流程

该业务流程的痛点有：①Word 文件的另存为操作频繁、文件命名工作量大；②有大量的复制、粘贴工作，工作价值低；③复制、粘贴过程中，人为操作容易出错。

5.2 流程设计

我们从方便实现 RPA 功能的角度，共设计两个流程块来实现本章引导案例中的业务需求，一个是"读取教师姓名"流程块，另一个是"生成邀请函"流程块。本章引导案例主要涉及 Excel 的读操作，以及 Word 的定位、写入文字、另存为等操作。"读取教师姓名"流程块的作用是打开汇总报名表，将"姓名"列中的数据读取到一维数组 name 中。"生成邀请函"流程块的作用是依次读取一维数组 name 中的教师姓名，然后将其写入邀请函模板的指定位置，再将文件另存为以教师姓名命名的邀请函 Word 文档。

1. 变量设计

本章引导案例 RPA 机器人流程开发中设计了一个变量 name,为一维数组,用于存放教师姓名。该变量要在两个流程块中使用,因此需将其定义为流程图变量。由此可见,用一维数组来表示 Excel 数据表中的行或列,用二维数组表示 Excel 数据表中的区域,这在 Excel 读写操作中非常重要。

本章引导案例 RPA 机器人开发中涉及的变量及其解释如表 5-1 所示。

表 5-1 变量及其解释

变量类型		变量名	解释
流程图变量		name	一维数组,存放所有教师姓名
流程块变量	读取教师姓名	table1	对应汇总报名表文件
	生成邀请函	table2	对应邀请函模板文件

2. 开发流程设计

本章引导案例 RPA 机器人开发流程图及流程块设计如图 5-4 所示。

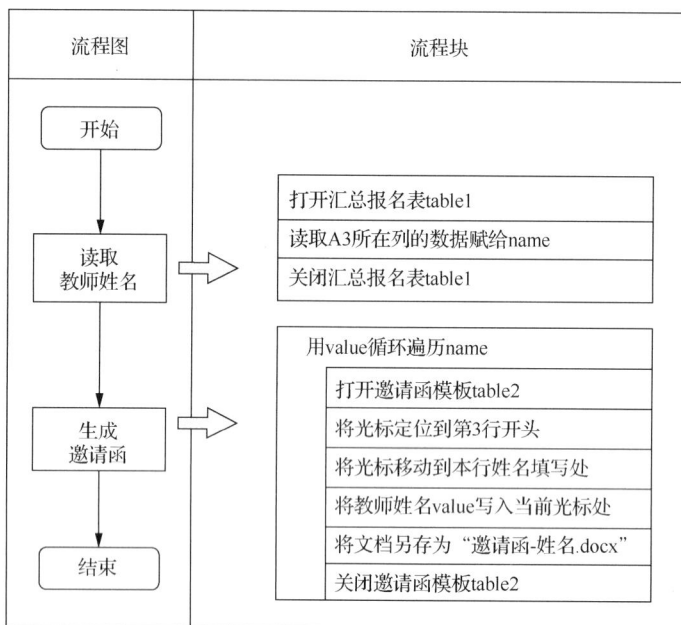

图 5-4 Word 自动化开发流程设计

5.3 流程开发

下面具体介绍本章引导案例 RPA 机器人的流程图绘制及变量设置。

5.3.1 流程图绘制

根据前面对 RPA 机器人流程的分析和设计,我们可以绘制出流程图,如图 5-5 所示。

微课 5-3-1

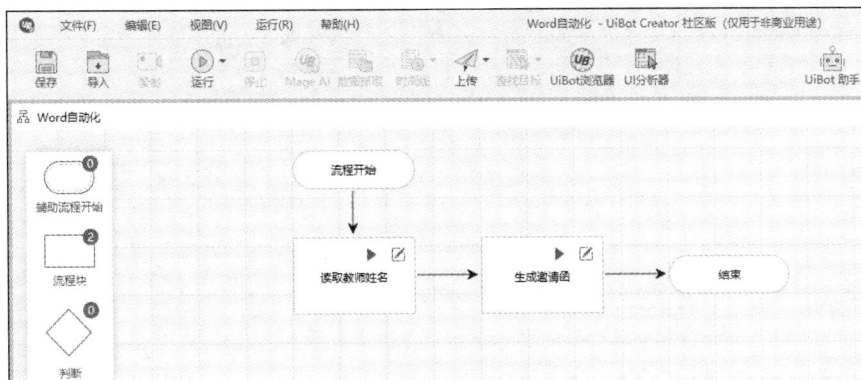

图 5-5　流程图绘制

5.3.2　变量设置

1. 流程图变量设置

流程图变量 name 的属性设置如图 5-6 所示。

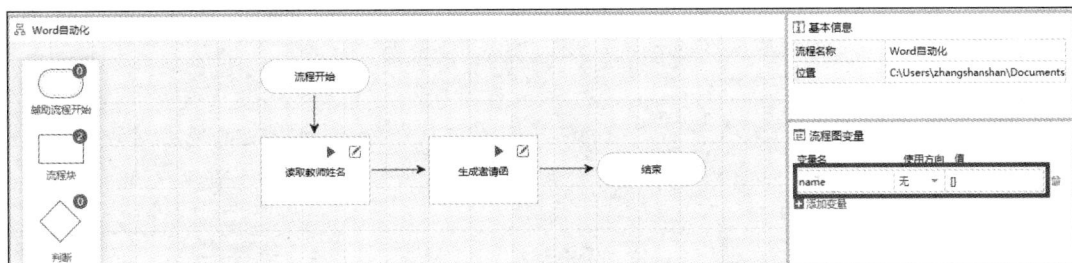

图 5-6　流程图变量设置

2. 流程块变量设置

流程块变量 table1 和 table2 的属性设置分别如图 5-7、图 5-8 所示。

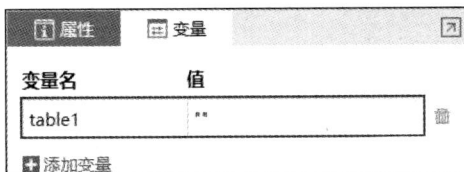

图 5-7　"读取教师姓名"流程块变量
table1 的属性设置

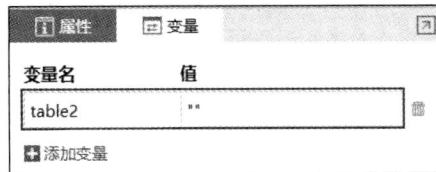

图 5-8　"生成邀请函"流程块变量 table2
的属性设置

5.3.3　"读取教师姓名"流程块开发

"读取教师姓名"流程块开发如表 5-2 所示。

微课 5-3-2

表 5-2 "读取教师姓名"流程块开发

流程图	流程块
▶ ✎ 读取教师姓名	 可视化　源代码　查看变量 打开Excel工作簿，路径为"汇总报名表.xlsx"，赋值给 table1 读取单元格"A3"所在列的值，赋值给 name 向调试窗口输出：name 关闭Excel工作簿

【实现步骤】

步骤 01 执行"软件自动化"—"Excel"—"打开 Excel 工作簿"命令，打开工作簿"汇总报名表.xlsx"，属性设置如图 5-9 所示。

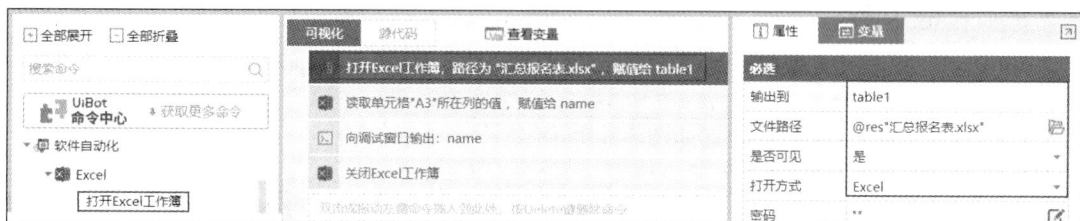

图 5-9　打开工作簿

步骤 02 执行"软件自动化"—"Excel"—"读取列"命令，读取 A3 所在列的数据，并赋值给一维数组 name，属性设置如图 5-10 所示。

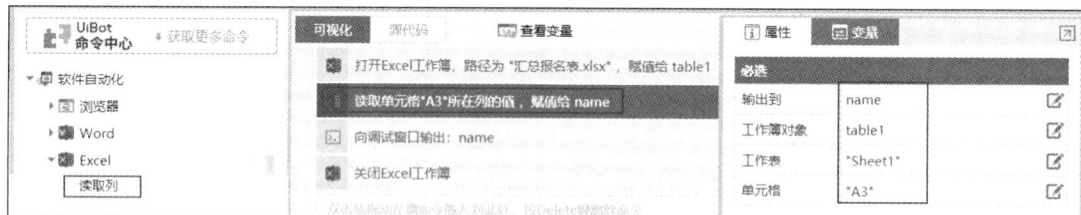

图 5-10　读取列数据

步骤 03 执行"基本命令"—"基本命令"—"输出调试信息"命令，向调试窗口输出 name 的值，属性设置如图 5-11 所示。（读者可思考此语句的作用）

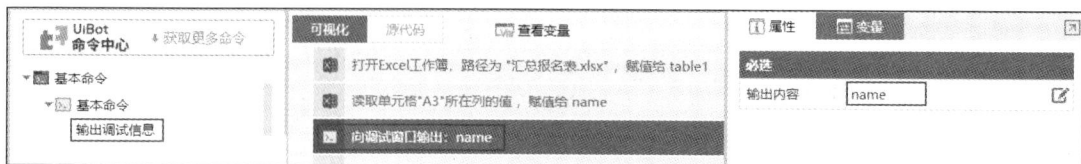

图 5-11　输出调试信息

步骤 04 执行"软件自动化"—"Excel"—"关闭 Excel 工作簿"命令，关闭工作簿"汇总报名表.xlsx"，属性设置如图 5-12 所示。

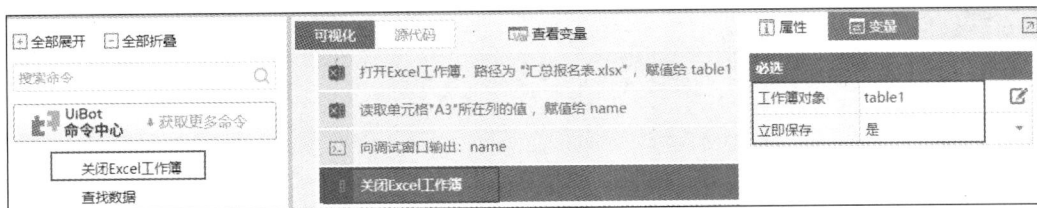

图 5-12　关闭工作簿

5.3.4　"生成邀请函"流程块开发

"生成邀请函"流程块开发如表 5-3 所示。

微课 5-3-3

表 5-3　　　　　　　　　　　　　　　"生成邀请函"流程块开发

流程图	流程块
 生成邀请函	

【实现步骤】

步骤 01　执行"基本命令"—"语法词法"—"遍历数组"命令,用 value 循环遍历一维数组 name,属性设置如图 5-13 所示。

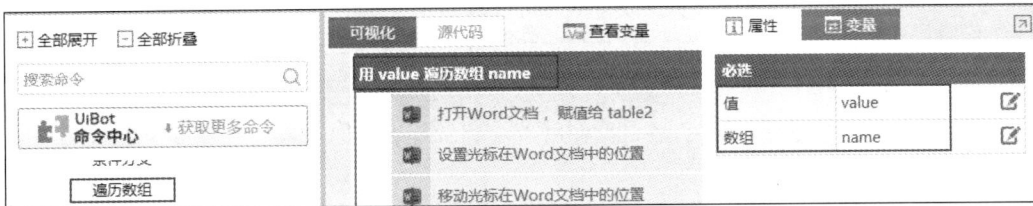

图 5-13　打开工作簿

步骤 02　执行"软件自动化"—"Word"—"打开文档"命令,打开"'RPA 财务机器人'师资培训邀请函.docx"文件,属性设置如图 5-14 所示。

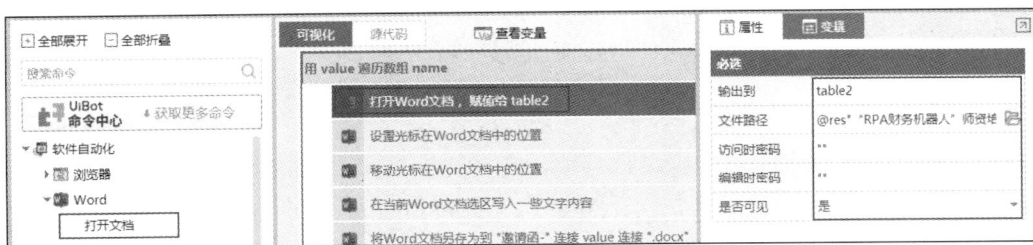

图 5-14　打开文档

步骤 03 执行"软件自动化"—"Word"—"设置光标位置"命令,设置光标定位在第 3 行开始的位置,属性设置如图 5-15 所示。

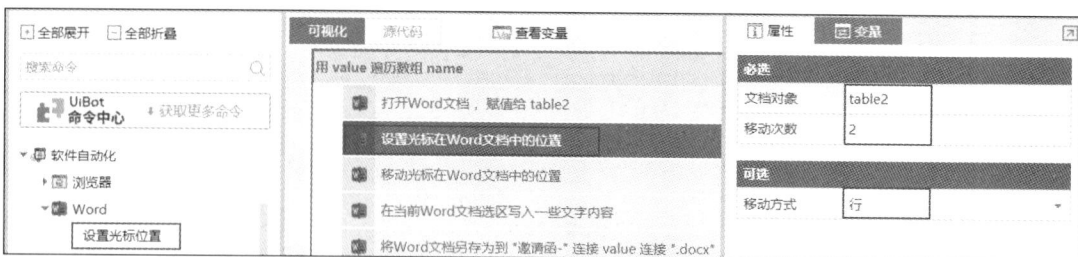

图 5-15　设置光标位置

⚠️ **注意**

移动次数为 2,移动方式为"行",表示从第 1 行开始向下移动 2 次,光标正好落在第 3 行。

步骤 04 执行"软件自动化"—"Word"—"移动光标位置"命令,将光标移动到姓名填写处,属性设置如图 5-16 所示。

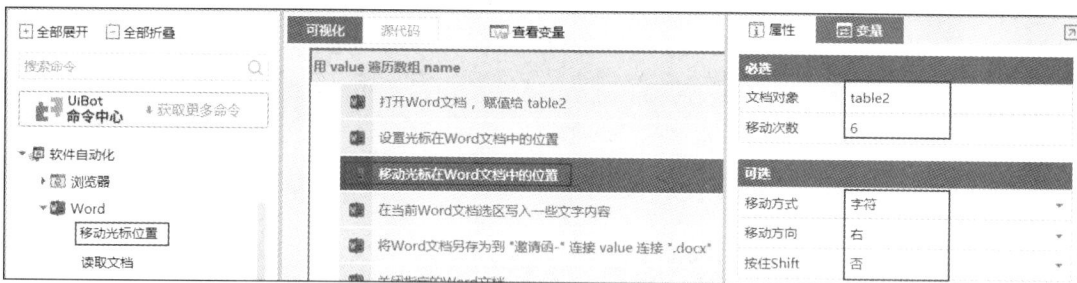

图 5-16　移动光标位置

步骤 05 执行"软件自动化"—"Word"—"写入文字"命令,在当前光标处写入变量 value 的值,属性设置如图 5-17 所示。

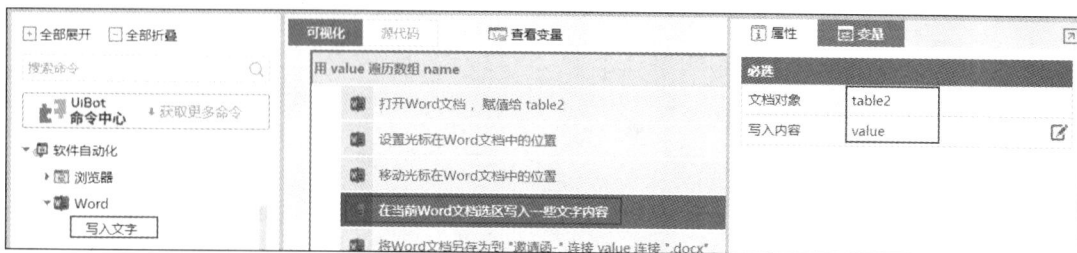

图 5-17　写入文字

步骤 06 执行"软件自动化"—"Word"—"文档另存为"命令,以教师姓名另存文档,属性设置如图 5-18 所示。

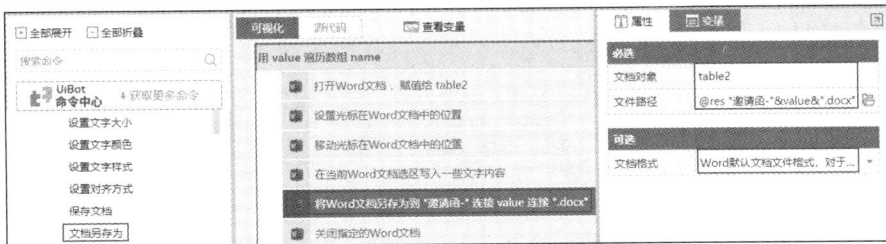

图 5-18　另存文档

步骤07　执行"软件自动化"—"Word"—"关闭文档"命令，关闭打开的邀请函模板，属性设置如图 5-19 所示。

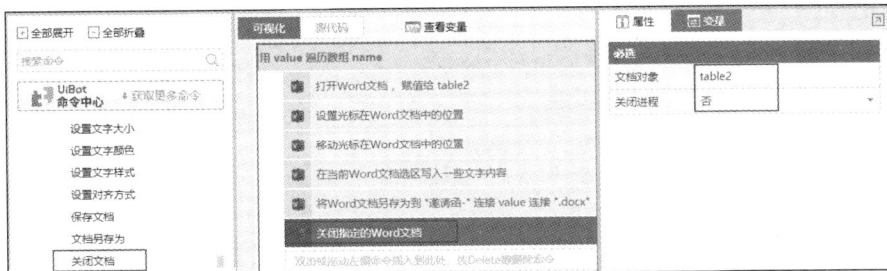

图 5-19　关闭文档

5.4　流程运行

本章引导案例的 RPA 机器人动态运行流程可扫描右侧二维码观看。

微课 5-4

5.5　案例核心知识点

本章引导案例的 RPA 机器人实现过程中涉及的核心知识点总结如下。

微课 5-5

5.5.1　输出调试信息

1. 功能

"输出调试信息"命令的功能是向 RPA 调试窗口输出某个变量的值，通常用于查看变量的值是否正确。"输出调试信息"命令属于调试类命令，RPA 成功运行后，可以删除此命令。

2. 命令位置及语句（见表 5-4）

表 5-4　　　　　　　　　　"输出调试信息"命令位置及语句

命令位置	语句
▾ 基本命令　　▾ 基本命令　　　　输出调试信息	可视化　源代码　查看变量 　向调试窗口输出: name

3. 属性说明（见表 5-5）

表 5-5   "输出调试信息"命令的属性说明

属性	当前值	说明
输出内容	name	输出 name 变量的值

4. 运行结果

本章引导案例 RPA 机器人开发中 name 为一维数组，因此运行"输出调试信息"命令后，其值为：["刘亚楠","张光林","李玉梅","何东辉","汪海洋"]。

5.5.2 遍历数组

1. 功能

"遍历数组"命令的功能是用某一变量（系统自动生成，无须定义）按索引顺序依次取得数组（可以是一维数组，也可以是二维数组）的元素值，每取得一个元素值，循环体被执行一次，直到所有数组元素都被访问过，则循环结束。有多少个数组元素，就有多少次循环。

2. 命令位置及语句（见表 5-6）

表 5-6   "遍历数组"命令位置及语句

命令位置	语句
▼ 基本命令 　▼ 语法词法 　　遍历数组	可视化　源代码　📝 查看变量 用 value 遍历数组 name

3. 属性说明（见表 5-7）

表 5-7   "遍历数组"命令的属性说明

属性	当前值	说明
值	value	表示遍历数组的变量
数组	name	表示要遍历的数组

4. 运行结果

本章引导案例中 name 为一维数组,其值为:["刘亚楠","张光林","李玉梅","何东辉","汪海洋"]。每一次循环，value 按顺序取得数组元素的值。比如：第 1 次循环，value 的值为"刘亚楠"。

> **注意**
>
> ① 对于一维数组或二维数组，若要按顺序访问其数组元素，"遍历数组"是最为简洁的命令。当然，通过"计次循环"命令也可实现遍历数组元素。**请思考：如何通过"计次循环"命令遍历数组元素。**
>
> ② 用变量遍历一维数组或二维数组时，应弄清楚每次循环后变量的取值。

5.5.3　打开文档

1.　功能

"打开文档"命令的功能是打开需要编辑的 Word 文档，并返回对应变量，如设置的文件保存路径下没有相应文档，UiBot 会自动创建。

2.　命令位置及语句（见表 5-8）

表 5-8　　　　　　　　　　　　　"打开文档"命令位置及语句

命令位置	语句
▼ 软件自动化 　▼ Word 　　 打开文档	可视化　　源代码　　　　查看变量 打开Word文档，赋值给 table2

3.　属性说明（见表 5-9）

表 5-9　　　　　　　　　　　　　"打开文档"命令的属性说明

属性	当前值	说明
输出到	table2	用 table2 变量表示打开的工作簿，变量名默认值为"objExcelWorkBook"，此处更改为"table2"
文件路径	@res""RPA 财务机器人"师资培训邀请函.docx"	指明要打开文档的路径与文件名，需表示为字符串形式，因此要加""。这与"打开 Excel 工作簿"命令的属性类似
访问时密码	""	文档的打开密码，创建新文件时忽略
编辑时密码	""	文档的编辑密码，创建新文件时忽略
是否可见	是	表示机器人打开工作簿时，前端是否可见。此处可以选择"否"，表示机器人在后台自动打开工作簿，用户不可见

5.5.4　关闭文档

1.　功能

"关闭文档"命令的功能是关闭已打开的 Word 文档。

2.　命令位置及语句（见表 5-10）

表 5-10　　　　　　　　　　　　"关闭文档"命令位置及语句

命令位置	语句
▼ 软件自动化 　▼ Word 　　 关闭文档	可视化　　源代码　　　　查看变量 关闭指定的Word文档

3. 属性说明（见表 5-11）

表 5-11 "关闭文档" 命令的属性说明

属性	当前值	说明
文档对象	table2	关闭变量 table2 表示的 Word 文档
关闭进程	否	有两个选择。"是"表示关闭进程，即关闭 Word 应用程序；"否"表示不关闭进程，即不关闭 Word 应用程序

5.5.5 设置光标位置

1. 功能

"设置光标位置" 命令的功能是设置 Word 文档中光标所在位置。光标始终从文档的开始位置以字、行、段落方式按设置的数量移动，其移动方向只有向下和向右两个。

2. 命令位置及语句（见表 5-12）

表 5-12 "设置光标位置" 命令位置及语句

命令位置	语句
▼ 软件自动化 　▼ Word 　　设置光标位置	可视化　源代码　查看变量 设置光标在Word文档中的位置

3. 属性说明（见表 5-13）

表 5-13 "设置光标位置" 命令的属性说明

属性	当前值	说明
文档对象	table2	指定设置其光标位置的 Word 文档
移动次数	2	表示从当前位置移动 2 次，这里的"次"与移动方式有关。若移动方式为"行"，则表示光标向下移动 2 行，即定位在第 3 行开头
移动方式	行	移动方式有 3 种选择：字符、行和段落

5.5.6 移动光标位置

1. 功能

"移动光标位置" 命令的功能是以光标的当前位置为基础，将光标移动到指定位置，移动方向为上、下、左、右。

2. 命令位置及语句（见表 5-14）

表 5-14 "移动光标位置" 命令位置及语句

命令位置	语句
▼ 软件自动化 　▼ Word 　　移动光标位置	可视化　源代码　查看变量 移动光标在Word文档中的位置

3. 属性说明（见表 5-15）

表 5-15　　　　　　　　　"移动光标位置"命令的属性说明

属性	当前值	说明
文档对象	table2	指定移动其光标位置的 Word 文档
移动次数	6	表示从当前位置移动 6 次，与移动方式和移动方向有关
移动方式	字符	有 3 种移动方式：字符、行和段落
移动方向	右	有四种移动方向：上、下、左、右
按住 Shift	否	有两种选择。"是"表示移动光标的同时，选择了文档；"否"表示只移动光标位置

> **注意**
>
> ① 移动光标的同时，按住 Shift 键，表示对文档进行选择，后续可以使用剪切、复制、粘贴等命令。
>
> ② "移动光标位置"命令配合"查找文本后设置光标位置"命令，可以实现更精准的查找、定位。

5.5.7　写入文字

1. 功能

"写入文字"命令的功能是在光标所在位置插入文本信息。如果有选中的区域，会自动用文本信息将选中区域中的内容覆盖。

2. 命令位置及语句（见表 5-16）

表 5-16　　　　　　　　　"写入文字"命令位置及语句

命令位置	语句
▾ 📄 软件自动化 　▾ W Word 　　 写入文字	可视化　　源代码　　vba 查看变量 在当前Word文档选区写入一些文字内容

3. 属性说明（见表 5-17）

表 5-17　　　　　　　　　"写入文字"命令的属性说明

属性	当前值	说明
文档对象	table2	table2 表示打开的文档
写入内容	value	表示当前位置要写入的值

5.5.8　文档另存为

1. 功能

"文档另存为"命令的功能是将 Word 文档另存到指定位置。

2. 命令位置及语句（见表 5-18）

表 5–18 "文档另存为"命令位置及语句

命令位置	语句
软件自动化 / Word / 文档另存为	可视化　源代码　查看变量 将Word文档另存为到 "邀请函-" 连接 value 连接 ".docx"

3. 属性说明（见表 5-19）

表 5–19 "文档另存为"命令的属性说明

属性	当前值	说明
文档对象	table2	table2 表示打开的文档
文档路径	@res"邀请函-"&value&".docx"	文档的保存位置及名称。这里应注意将教师姓名加入文档名中的方法
文档格式	Word	可以为.docx 格式、PDF 格式、XPS 格式及其他格式

5.6　案例拓展知识点

1. Word 操作命令及功能

在 UiBot 中，与 Word 自动化相关的操作命令在第 3 章中已介绍，如图 3-56 所示。其中，Word 读写操作命令最为常用，如表 5-20 所示。

表 5–20 Word 读写操作命令的功能

读写操作命令	功能
打开文档	打开 Word 文档
关闭文档	关闭已打开的 Word 文档
保存文档	保存 Word 文档
文档另存为	另存 Word 文档到指定位置
关闭文档	关闭已打开的 Word 文档
读取文档	读取 Word 文档内容
重写文档	将内容写入 Word 文档，会覆盖原有的内容
设置光标位置	设置 Word 文档中光标所在位置
移动光标位置	以光标的当前位置为基础，将光标移动到指定位置
查找文本后设置光标位置	在 Word 文档中查找指定的文本，并相对第一个查找到的文本设置光标位置
选择行	选择 Word 文档中的指定行
全选内容	选中 Word 文档中的所有内容
读取选中文字	读取 Word 文档中当前选中的文字
退格键删除	对 Word 文档当前选中的内容执行删除操作
写入文字	向 Word 文档中光标所在的位置写入文字，如果有选中内容，则替换选中的内容
文字批量替换	对 Word 文档中的特定字符串进行替换

2. PDF 操作命令及其功能

实际工作中，经常会提取 PDF 文件中的文字和图片，进行相应的处理。PDF 文件自动化命令如表 5-21 所示。

表 5-21　　　　　　　　　　　　　　　　PDF 文件自动化命令

PDF 操作命令	功能
获取总页数	获取指定 PDF 文件的总页数
获取所有图片	获取指定 PDF 文件中的所有图片
将指定页另存为图片	将 PDF 文件中指定的页另存为图片
获取指定页图片	获取 PDF 文件中指定页的图片
获取指定页文本	获取 PDF 文件中指定页的文本
合并 PDF	将多个 PDF 文件合并成一个 PDF 文件

本章习题

一、单选题

1. "生成邀请函"流程块中用到的循环命令是（　　　）。

　　A. "条件循环"　　　　B. "计次循环"　　　　C. "遍历数组"　　　　D. "遍历字典"

2. "移动光标位置"命令以（　　　）为基础。

　　A. 文档开始位置　　B. 当前光标位置　　C. 当前行首位置　　D. 当前段首位置

3. 打开某个 Word 文档，使用"设置光标位置"命令，其属性是"移动次数为 2，移动方式为'行'"，则光标位置定位在（　　　）。

　　A. 第 2 行开头　　　B. 第 3 行开头　　　C. 第 2 行末尾　　　D. 第 3 行末尾

4. 在 Word 中若要选择某一文本块，可以通过（　　　）命令实现。

　　A. "设置光标位置"　　　　　　　　B. "选择行"

　　C. "全选内容"　　　　　　　　　　D. "移动光标位置"

5. （　　　）命令中包含"按住 Shift"属性。

　　A. "移动光标位置"　　　　　　　　B. "设置光标位置"

　　C. "全选内容"　　　　　　　　　　D. "写入文字"

二、多选题

1. "设置光标位置"命令的移动方向有（　　　）。

　　A. 上　　　　　　　B. 下　　　　　　　C. 左　　　　　　　D. 右

2. "移动光标位置"命令的移动方式有（　　　）。

　　A. 字符　　　　　　B. 行　　　　　　　C. 段落　　　　　　D. 句子

3. "文档另存为"命令可选的文档格式包括（　　　）。

　　A. .docx　　　　　　B. XPS　　　　　　C. .xlsx　　　　　　D. PDF

4. 下列属于 PDF 操作命令的是（　　　）。

    A．"获取指定页图片"　　　　　　　　B．"获取指定页文本"

    C．"设置光标位置"　　　　　　　　　D．"获取总页数"

5. "生成邀请函"流程块用到的命令有（　　　）。

    A．"遍历数组"　　　　　　　　　　　B．"设置光标位置"

    C．"移动光标位置"　　　　　　　　　D．"写入文字"

三、判断题

1．"遍历数组"命令能够实现的功能也可通过"计次循环"命令实现。（　　　）

2．"打开 Word 文档"命令只能设置前端可见，不能设置后台运行。（　　　）

3．"设置光标位置"和"移动光标位置"两个命令的功能差不多，都从当前位置开始改变光标位置。（　　　）

4．对于打开的 Word 文档，无论使用几次"设置光标位置"命令，都从文档开始进行设置。（　　　）

5．"文字批量替换"命令可实现对 Word 文档中的特定字符串进行替换。（　　　）

四、实训题

在审计工作场景中，设计一个 RPA 审计机器人完成询证函的制作。

要求：对于每一个询证函，机器人应能自动填写"客户名称"和"函证金额"两项内容。

第 6 章

E-mail 自动化

学习目标

◇ 熟悉 E-mail 自动化的常用命令；

◇ 了解 Outlook 邮件自动化的相关命令及其用法；

◇ 熟悉变量遍历二维数组的特点；

◇ 掌握使用 STMP/POP 协议发送邮件的相关命令用法和发送邮件的参数设置（授权码）方法；

◇ 掌握使用 STMP/POP 协议接收邮件的相关命令用法；

◇ 熟悉获取邮件列表的结果类型。

本章导图

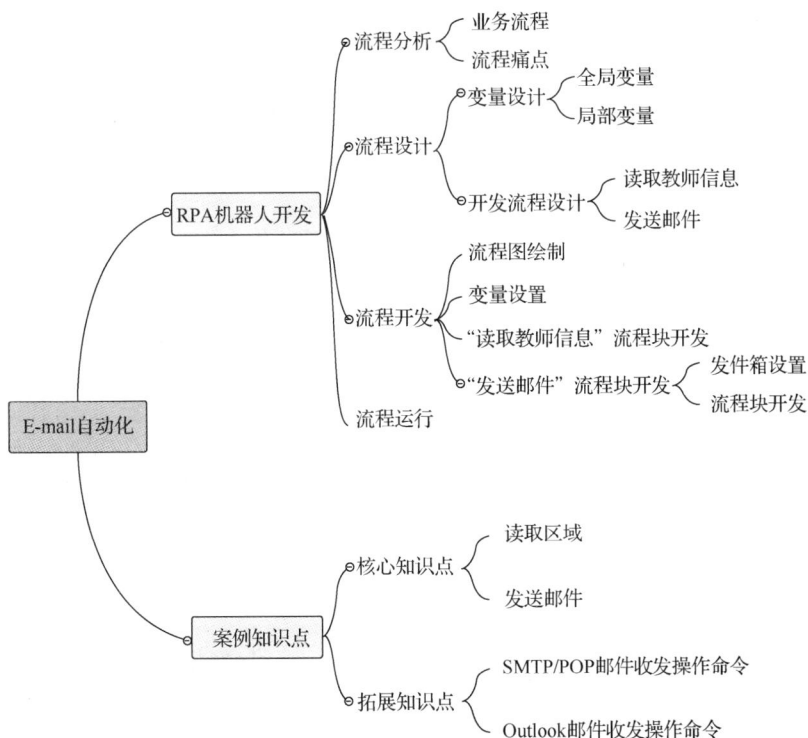

引导案例

　　培训机构制作好每位教师的正式邀请函（邀请函-姓名.docx）后，根据汇总报名表（汇总报名表.xlsx）中每位教师提供的 E-mail 地址，给每位参会教师发送电子邮件，告知教师具体的参会信息。请设计一个 RPA 机器人，完成上述工作。

　　电子邮件的内容设置如下。

> **邮件主题**：RPA 财务机器人培训正式邀请函
> **邮件正文**：
> 　　　　尊敬的×××老师：
> 　　　　　　您好！您的邀请函已发出，请注意查收！
> 　　　　　　　　　　　　　　　　　会务组
> **邮件附件**：邀请函-×××.docx

（1）汇总报名表文件：汇总报名表.xlsx，如图 6-1 所示。

说明

　　汇总报名表中所有教师的 E-mail 地址均为 rpatest2021@126.com，是为了方便测试使用。在正式开发 RPA 机器人之前，应将此 E-mail 地址更换为个人 E-mail 地址，以检查邮件是否发送成功。

（2）邀请函文件：邀请函-×××.docx。以刘亚楠老师为例，其接收到的邀请函内容如图 6-2 所示。

图 6-1　汇总报名表文件

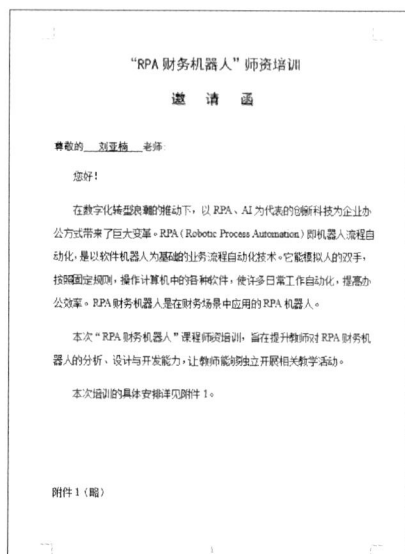

图 6-2　刘亚楠老师的邀请函

（3）收到已发送完毕的邮件，如图 6-3 所示。

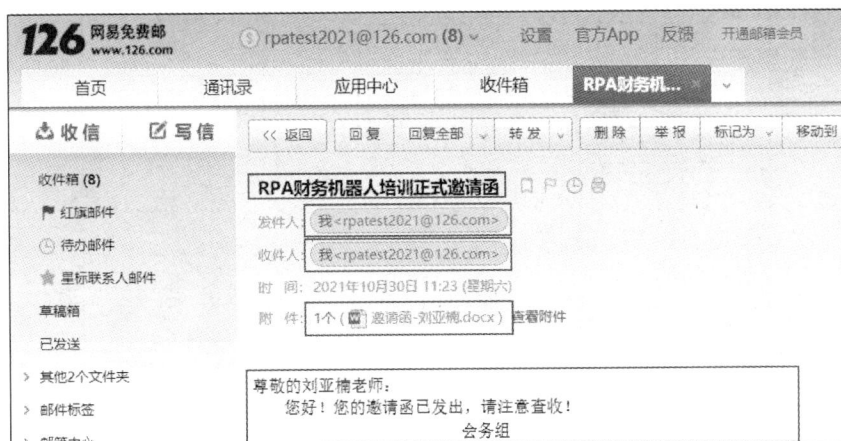

图 6-3　收到已发送完毕的邮件

知识讲解

E-mail 的自动发送和接收是 RPA 中常用的功能。在 Uibot 的 E-mail 自动化过程中可以使用 Outlook 预制件，也可以使用网络协议预制件。使用网络协议预制件方式，需要通过 SMTP 和 POP3 协议进行邮件的收发。使用 RPA 命令进行 E-mail 自动收发前必须登录邮箱进行相应的设置。

6.1　流程分析

本章重点介绍 E-mail 的自动发送。下面我们来思考发送邮件的手工业务流程。

微课 6-1

培训机构会务组工作人员首先打开汇总报名表，然后登录发送邮件的邮箱，单击邮箱界面的"写信"按钮，输入以下邮件信息。

（1）收件人 E-mail 地址：rpatest2021@126.com（从汇总报名表中复制过来）。

（2）邮件主题：RPA 财务机器人培训正式邀请函（直接输入）。

（3）附件：邀请函-×××.docx（从文件夹中上传附件）。

（4）正文：

尊敬的×××老师：

您好！您的邀请函已发出，请注意查收！

会务组

输入时，每封邮件正文中提及的教师姓名要与附件中的教师姓名完全一致。

邮件信息全部输入完成后，工作人员单击"发送"按钮。重复"写信—输入邮件信息—发送"操作，直到所有教师的邀请函发送完毕。

发送邮件的业务流程如图 6-4 所示。

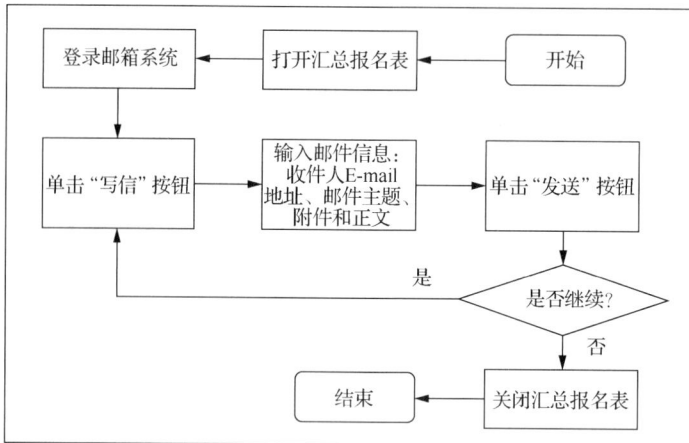

图 6-4　发送邮件的业务流程

该业务流程的痛点有：①邮件信息较多（如收件人 E-mail 地址、邮件主题、附件、正文等）；②复制、粘贴、上传操作工作量大，工作价值低；③复制、粘贴、上传过程中，人为操作容易出错。

6.2　流程设计

下面我们设计一个 RPA 流程，通过启用 SMTP 和 POP3 协议来发送邮件，只需使用一条发送邮件的命令并进行属性设置即可完成本章引导案例中邮件的发送。我们同样设置两个流程块，一个是"读取教师信息"（主要是姓名和 E-mail 地址）流程块，另一个是"发送邮件"流程块。"读取教师信息"流程块，需要打开汇总报名表，将教师信息读取到二维数组 teacher 中。"发送邮件"流程块，通过遍历数组循环语句，读取每位教师的姓名及 E-mail 地址，设置邮件内容，即可实现邮件的循环发送，直到发送完毕为止。

微课 6-2

1. 变量设计

本章引导案例的 RPA 机器人开发流程中设计了一个流程图变量（即全局变量）teacher，为二维数组，用于存放所有教师的报名信息。我们用二维数组 teacher 表示 Excel 数据表中的区域，这在 Excel 读写操作中经常使用。"读取教师信息"流程块设置一个流程块变量 table1 来表示汇总报名表，"发送邮件"流程块设置一个变量 letter 来表示邮件发送的结果。

本章引导案例 RPA 机器人开发中涉及的变量及其解释如表 6-1 所示。

表 6-1　　　　　　　　　　　　　　变量及其解释

变量类型		变量名	解释
流程图变量		teacher	二维数组，用于存放所有教师信息
流程块变量	读取教师信息	table1	表示汇总报名表文件
	发送邮件	letter	表示邮件的发送结果。若已发送，结果为 true；若未发送，结果为 false

2．开发流程设计

本章引导案例 RPA 机器人开发流程图及流程块设计如图 6-5 所示。

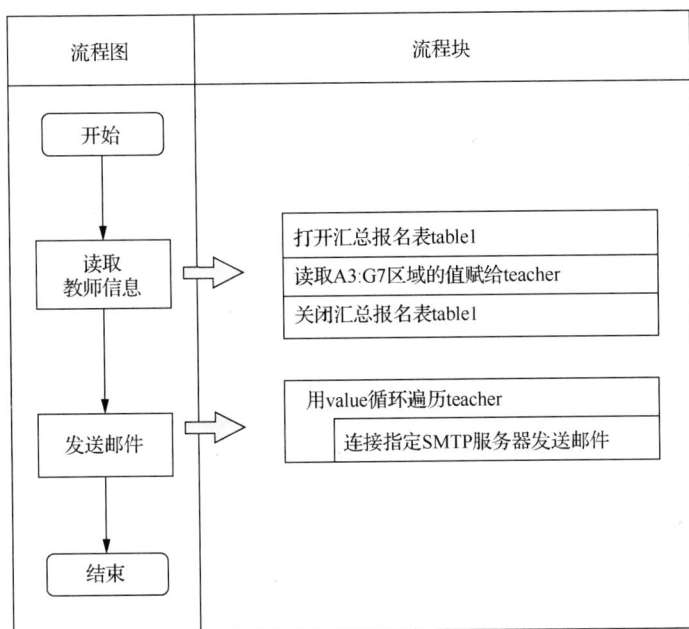

图 6-5 E-mail 自动化开发流程设计

6.3 流程开发

下面具体介绍本章引导案例 RPA 机器人的流程图绘制及变量设置。

6.3.1 流程图绘制

根据前面对 RPA 机器人流程的分析和设计，我们可以绘制出流程图，如图 6-6 所示。

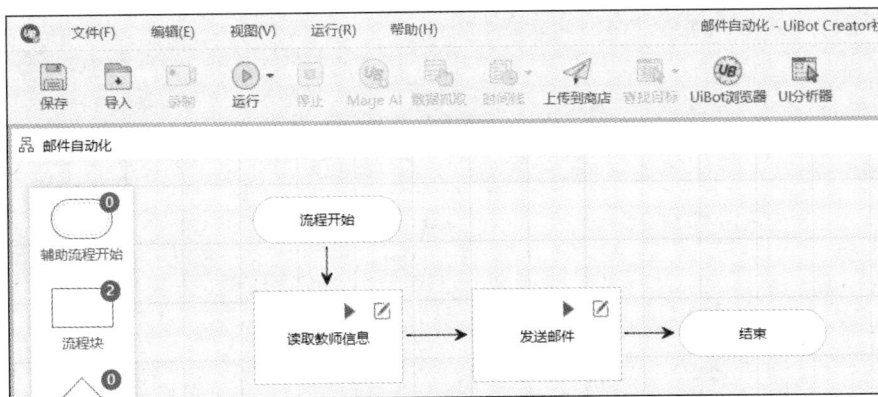

微课 6-3-1

图 6-6 流程图绘制

6.3.2　变量设置

1.　流程图变量设置

流程图变量 teacher 的属性设置如图 6-7 所示。

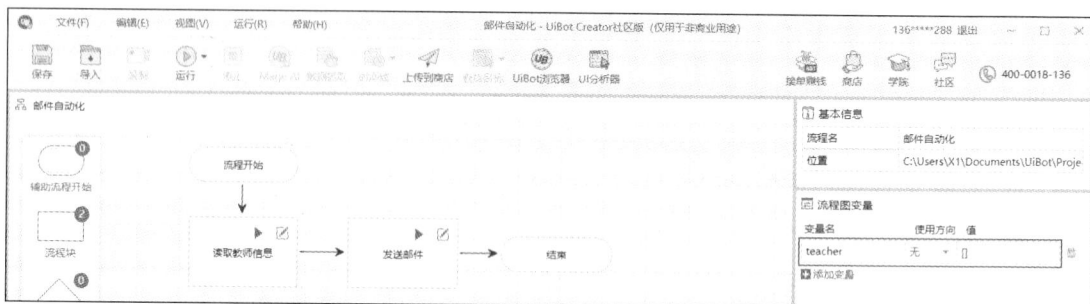

图 6-7　流程图变量设置

2.　流程块变量设置

流程块变量 table1 和 letter 的属性设置分别如图 6-8、图 6-9 所示。

图 6-8　"读取教师信息"流程块变量
table1 的属性设置

图 6-9　"发送邮件"流程块变量
letter 的属性设置

6.3.3　"读取教师信息"流程块开发

"读取教师信息"流程块开发如表 6-2 所示。

微课 6-3-2

表 6-2　　　　　　　　　　　　"读取教师信息"流程块开发

流程图	流程块
读取教师信息	可视化　　源代码　　查看变量 打开Excel工作簿，路径为 "汇总报名表.xlsx"，赋值给 table1 读取区域 "A3:G7" 的值，赋值给 teacher 关闭Excel工作簿

【实现步骤】

步骤 01 执行 "软件自动化" —— "Excel" —— "打开 Excel 工作簿" 命令，打开工作簿 "汇总报名表.xlsx"，属性设置如图 6-10 所示。

图 6-10　打开 Excel 工作簿

步骤 02 执行 "软件自动化" —— "Excel" —— "读取区域" 命令，读取 A3:G7 区域的值，并赋给二维数组 teacher，属性设置如图 6-11 所示。

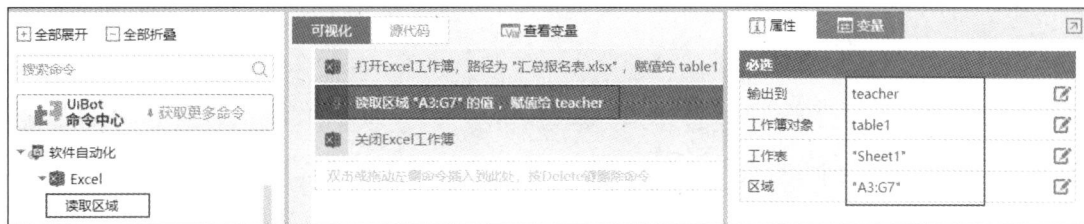

图 6-11　读取区域

步骤 03 执行 "软件自动化" —— "Excel" —— "关闭 Excel 工作簿" 命令，关闭工作簿 "汇总报名表.xlsx"，属性设置如图 6-12 所示。

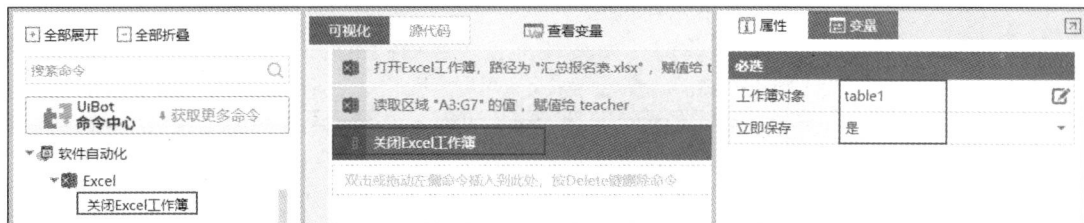

图 6-12　关闭 Excel 工作簿

6.3.4　"发送邮件" 流程块开发

开发 "发送邮件" 流程块前，需要登录发送邮件的邮箱，进行相应设置。

（1）登录发送邮件的 126 邮箱。

（2）执行 "设置" —— "POP3/SMTP/IMAP" 命令，如图 6-13 所示。

（3）单击 "开启" 按钮，开启 POP3/SMTP 服务，如图 6-14 所示。

微课 6-3-3

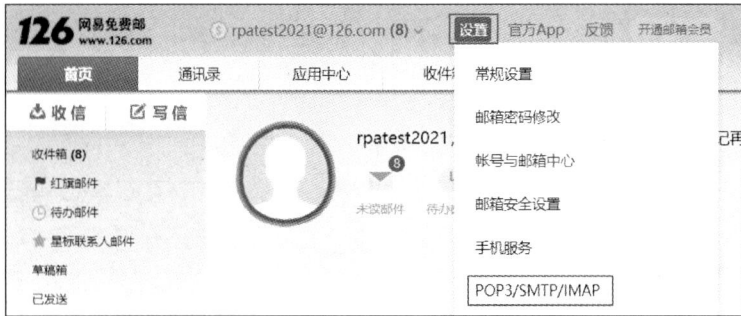

图 6-13 选择"POP3/SMTP/IMAP"

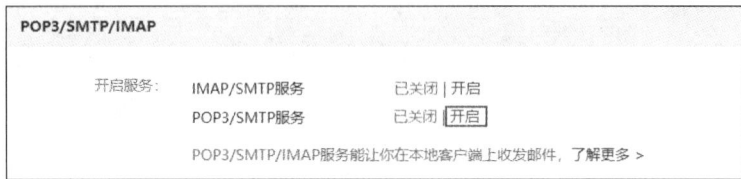

图 6-14 开启服务

📌 **注意**

系统会提示扫描二维码并发送短信。发送成功后,系统会显示一个授权码(一定要记住此授权码,发送邮件命令中会使用)。

"发送邮件"流程块开发如表 6-3 所示。

表 6-3   "发送邮件"流程块开发

流程图	流程块

【实现步骤】

步骤 01 执行"基本命令"—"语法词法"—"遍历数组"命令,设置遍历循环,用变量 value 遍历二维数组 teacher,属性设置如图 6-15 所示。

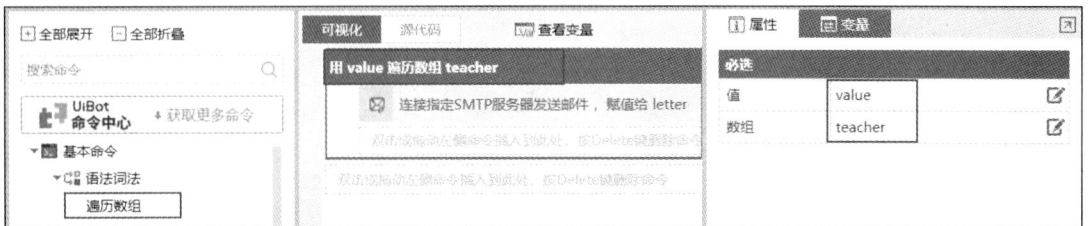

图 6-15 遍历数组

步骤 02　执行 "网络" — "SMTP/POP" — "发送邮件" 命令，属性设置如图 6-16 所示。

图 6-16　发送邮件

6.4　流程运行

本章引导案例的 RPA 机器人动态运行流程可扫描右侧二维码观看。

微课 6-4

6.5　案例核心知识点

本章引导案例的 RPA 机器人实现过程中涉及的核心知识点总结如下。

微课 6-5、

6.5.1　读取区域

1. 功能

"读取区域" 命令的功能是读取工作表指定区域的数据，返回二维数组。

2. 命令位置及语句（见表 6-4）

表 6-4　　　　　　　　　　　　　"读取区域" 命令位置及语句

命令位置	语句
▼ 软件自动化 　▼ Excel 　　　读取区域	可视化　源代码　查看变量 读取区域 "A3:G7" 的值，赋值给 teacher

3. 属性说明（见表 6-5）

表 6-5　　　　　　　　　　　　"读取区域" 命令的属性说明

属性	设置值	说明
输出到	teacher	将读取的区域中的数据赋值给二维数组变量 teacher
工作簿对象	table1	打开的工作簿为 table1

续表

属性	设置值	说明
工作表	"sheet1"	对工作表 sheet1 进行操作
区域	"A3:G7"	读取的区域为 A3:G7

4. 运行结果

"读取区域"命令执行后，二维数组 teacher 的值如图 6-17 所示。

```
[ [ "刘亚楠", "女", 13802118907, "rpatest2021@126.com", "中央财经大学", "教授", "是" ],
  [ "张光林", "男", 13672308965, "rpatest2021@126.com", "山西财经大学", "副教授", "否" ],
  [ "李玉梅", "女", 18702673219, "rpatest2021@126.com", "山东财经大学", "副教授", "否" ],
  [ "何东辉", "男", 18620356711, "rpatest2021@126.com", "东北财经大学", "教授", "是" ],
  [ "汪海洋", "男", 13186306539, "rpatest2021@126.com", "北京信息科技大学", "副教授", "否" ] ]
```

图 6-17　二维数组 teacher 的值

6.5.2　发送邮件

1. 功能

"发送邮件"命令的功能是通过 SMTP 和 POP3 协议直接发送邮件，这种方式简洁、高效，但要设置的参数较多。在使用发送邮件命令之前，必须先登录到邮箱中开启 SMTP 和 POP3 服务协议，并获取授权码。

2. 命令位置及语句（见表 6-6）

表 6-6　　　　　　　　　　　"发送邮件"命令位置及语句

命令位置	语句
 ▼ 网络 　▼ SMTP/POP 　　发送邮件	 可视化　　源代码　　　查看变量 连接指定SMTP服务器发送邮件，赋值给 letter

3. 属性说明（见表 6-7）

表 6-7　　　　　　　　　　　"发送邮件"命令的属性说明

属性	当前值	说明
输出到	letter	将命令执行后的结果保存到 letter 中。若邮件已发送则值为 true，否则为 false
STMP 服务器	"smtp.126.com"	设置 STMP 服务器地址。在发件人邮箱中的"设置"处查看
服务器端口	25	STMP 服务器端口，常见的有 25、465、587
SSL 加密	否	是否使用 SSL 协议加密，默认为否
登录账号	"rpatest2021@126.com"	邮箱登录账号，此处设置的是发件人邮箱账号

属性	当前值	说明
登录密码	"SSVWPJNACYRBQCQY"	此处为邮箱设置中的授权码，而非邮箱的登录密码。注意：读者应输入自己发件箱的授权码
发件人	"rpatest2021@126.com"	发件人邮箱地址，一般与登录账号一致
收件人	value[3]	收件人邮箱地址，可以是多个，用字符串数组表达
抄送	""	抄送邮箱地址，可以是多个
邮件标题	"RPA 财务机器人培训正式邀请函"	即邮件的主题
邮件正文	"尊敬的"&value[0]&"老师：您好！您的邀请函已发出，请注意查收！会务组"	邮件的正文内容，支持 HTML 类型的正文内容。注意：正文中应体现不同教师的姓名

6.6　案例拓展知识点

1. SMTP/POP 邮件收发操作命令

UiBot 中，SMTP/POP 邮件操作命令中"发送邮件"是与邮件发送有关的命令，其他都是与邮件接收有关的命令，如表 6-8 所示。

表 6-8　　　　　　　　　　SMTP/POP 邮件收发操作命令功能说明

邮件命令	功能说明
发送邮件	发送邮件到指定邮箱
连接邮箱	连接一个邮箱，并将其作为操作对象。通常连接的是收件人邮箱。其中，服务器地址为 pop.126.com（以 126 邮箱为例），登录密码为授权码
断开邮箱连接	断开通过"连接邮箱"命令连接上的邮箱
获取邮件列表	获取收件箱中的邮件列表，列表为一个数组，数组中的每一项为邮件对象
删除邮件	删除指定邮件对象的相应邮件
下载附件	下载邮箱中的附件

2. Outlook 邮件收发操作命令

Outlook 常用于企业邮件收发，如业务流程中的信息推送、运维工单信息获取等，其命令如表 6-9 所示。使用表 6-9 中的命令收发邮件，需要事先安装 Outlook 应用程序。

表 6-9　　　　　　　　　　Outlook 邮件收发操作命令功能说明

邮件命令	功能说明
发送邮件	发送邮件到指定邮箱，发送成功返回 true，发送失败则返回 false
获取邮件列表	获取指定邮箱中的邮件列表，以数组的形式返回

续表

邮件命令	功能说明
移动邮件	将指定的邮件移动到指定文件夹，成功返回 true，失败则返回 false
回复邮件	回复邮件，成功返回 true，失败则返回 false
删除邮件	删除指定邮件对象的相应邮件
下载附件	下载邮箱中的附件

本章习题

一、单选题

1. Excel "读取区域" 命令的结果是一个（　　　）。

A. 一维数组　　　　B. 数组字典　　　　C. 二维数组　　　　D. 字典数组

2. 用变量 value 遍历二维数组 teacher，则每次遍历时 value 的值是一个（　　　）。

A. 二维数组　　　　B. 一维数组　　　　C. 字符串　　　　D. 字典

3. 使用 "发送邮件" 命令，需要设置（　　　）服务器地址。

A. HTTP　　　　B. IMAP　　　　C. POP3　　　　D. STMP

4. UiBot 的 SMTP/POP 邮件收发操作命令中，"发送邮件" 命令的属性 "登录密码" 是指
（　　　）。

A. 发件人邮箱的授权码　　　　　　　B. 发件人邮箱的登录密码

C. 手机接收的验证码　　　　　　　　D. 收件人邮箱的登录密码

5. 本章引导案例中设置的 STMP 服务器端口是（　　　）。

A. 100　　　　B. 25　　　　C. 465　　　　D. 587

二、多选题

1. UiBot 中，可通过（　　　）下的命令实现邮件的收发功能。

A. SMTP/POP　　　B. FTP　　　C. Outlook　　　D. HTTP

2. UiBot 的 SMTP/POP 邮件收发操作命令中，"发送邮件" 命令的属性有（　　　）。

A. "登录账号"　　B. "登录密码"　　C. "收件人"　　D. "邮件标题"

3. 执行 "下载附件" 命令前，通常需要进行的操作有（　　　）。

A. 连接邮箱　　B. 断开邮箱连接　　C. 获取邮件列表　　D. 删除邮件

4. "读取教师信息" 流程块用到的命令有（　　　）。

A. "遍历数组"　　　　　　　　　　B. "打开 Excel 工作簿"

C. "关闭 Excel 工作簿"　　　　　　D. "写入区域"

5. STMP 服务器端口中，常见的有（　　　）。

A. 100　　　　B. 25　　　　C. 465　　　　D. 587

三、判断题

1. 在 UiBot 的 SMTP/POP 邮件收发操作命令中，发送邮件前应先连接邮箱。(　　)

2. "发送邮件"命令的收件人邮箱地址，不能设置多个。(　　)

3. 使用 Outlook 邮件收发操作命令收发邮件，需要事先安装 Outlook 应用程序。(　　)

4. 在 UiBot 的 SMTP/POP "连接邮箱"命令中，对于 126 邮箱来说，其服务器地址应设置为 pop.126.com。(　　)

四、实训题

1. 结合本章引导案例，设计一个 RPA 机器人，邮件发送完毕后，将发送结果写到"汇总报名表.xlsx"工作簿的"备注"列。若发送成功，写入"已发送"；若邮箱错误，能够不终止 RPA 的运行，写入"未发送"。

2. 设计一个下载邮件机器人，自动下载 rpatest2021@126.com 邮箱中全部教师的报名信息表。

第 7 章

Web 自动化

学习目标

◇ 熟悉 Web 自动化的常用命令；

◇ 熟悉界面元素、有目标命令和无目标命令的特点；

◇ 掌握全部鼠标、键盘操作命令的用法；

◇ 掌握数据抓取命令的用法；

◇ 掌握其他常用的浏览器操作命令的用法。

本章导图

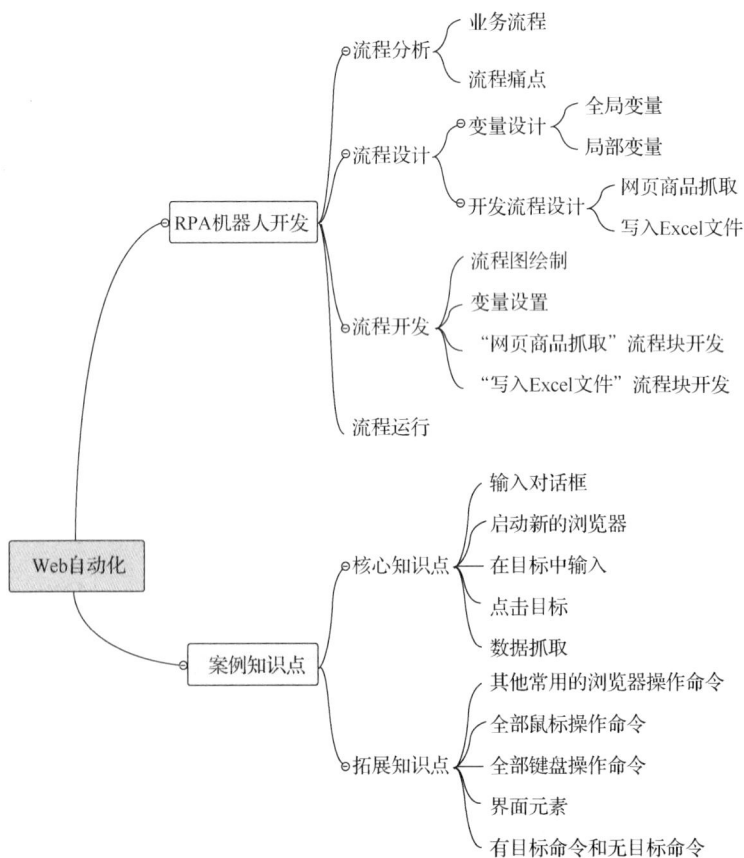

引导案例

某高校经管学院给全院老师购买 U 盘作为办公用品。负责采购的李老师登录京东商城，将搜索到的 U 盘品名、价格、店铺名称、评价等信息（至少 50 条）提取出来，存入一张 Excel 表中。李老师又从中筛选出可以购买的几款 U 盘商品的信息，供学院办公室负责人参考决策。

（1）登录京东商城，在搜索栏输入“U 盘”，搜索到的 U 盘商品信息页面如图 7-1 所示。

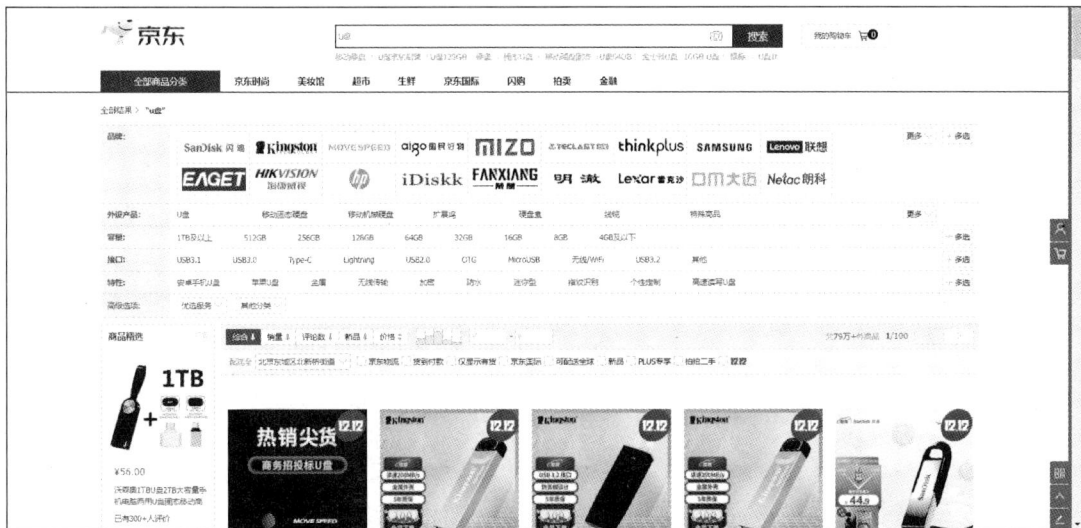

图 7–1　京东商城 U 盘商品信息页面

（2）将搜索到的 U 盘商品信息存入“商品抓取.xlsx”文件中，如图 7-2 所示。

	A	B	C	D	E
43	联想（thinkplus）USB3.1高速传输U盘 256GB移动闪存(	189.9	thinkplus京东自营官方旗舰店	5万+条评价	
44	京东超市 闪迪(SanDisk) 256GB Type-C USB3.1 手机U盘 DDC2至	189	SanDisk闪迪京东自营旗舰店	100万+条评价	
45	京东超市 爱国者（aigo）128GB Type-C USB3.1 手机U盘 U350	79.8	爱国者存储京东自营旗舰店	100万+条评价	
46	京东超市 铠侠（Kioxia）64GB U盘 U301隼闪系列 白色 USB3.2	34.8	铠侠（Kioxia）京东自营旗舰店	5万+条评价	
47	京东超市 梵想（FANXIANG）8GB USB2.0 U盘 F206银色 电脑车	12.6	梵想存储京东自营旗舰店	20万+条评价	
48	京东超市 铠侠（Kioxia）32GB U盘 U366 随闪系列 金属 USB3.2	29.8	铠侠（Kioxia）京东自营旗舰店	5万+条评价	
49	米卓【高品质】U盘免费定制古风礼品USB2.0U盘送老	27	米卓定制U盘旗舰店	5000+条评价	
50	京东超市 爱国者（aigo）8GB USB2.0 U盘 U268迷你款 银色 金	17.8	爱国者存储京东自营旗舰店	100万+条评价	
51	华为通用高速 U盘128GB手机电脑两用优盘其他防水	65	桐吾数码专营店	2000+条评价	
52	京东超市 爱国者（aigo）64GB Type-C USB3.1 手机U盘 U350	49.8	爱国者存储京东自营旗舰店	100万+条评价	

图 7–2　存放 U 盘商品信息的 Excel 文件（部分）

请设计一个 RPA 机器人，实现商品信息抓取并将其存入 Excel 文件中。

知识讲解

Web 自动化，也称作浏览器自动化，是软件自动化的一个重要组成部分，可以实现从特定网站上抓取数据，然后自动化操作 Web 形态的信息系统等。其中，从特定网站上抓取数据的应用场景在工作中尤为常见，可用于从网上购买办公用品、选购过节发放的福利商品、企业商品采购比价等业务的自动化实现。

7.1 流程分析

本章引导案例的手工流程相对简单：首先打开一个空的 Excel 工作簿，用于存放抓取的数据；然后登录京东商城，在搜索栏输入"U 盘"，并单击"搜索"按钮，将搜索到的 U 盘商品信息（如品名、规格、价格、评价、生产商等）逐条复制、粘贴到 Excel 表中；最后保存并关闭工作簿。决策者可以根据下载的 U 盘商品信息进行综合评价，然后做出购买决策。

微课 7-1

商品信息抓取并存入 Excel 文件的业务流程如图 7-3 所示。

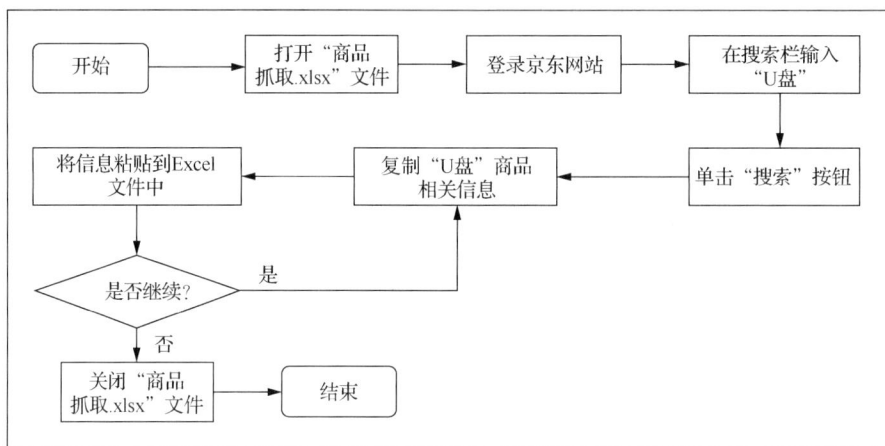

图 7-3　商品信息抓取并存入 Excel 文件的业务流程

该业务流程的痛点有：①复制、粘贴操作工作量非常大，工作价值低；②复制、粘贴过程中，人为操作容易出错；③若下次购买的商品发生变化，则需要重新搜索商品信息并复制、粘贴。

7.2 流程设计

本章引导案例的开发流程与手工流程类似，不需要做较大的变动。因此，我们共设计两个流程块，其中，"网页商品抓取"流程块实现从网页中自动抓取指定商品信息并将其存放到二维数组中；"写入 Excel 文件"流程块实现将抓取并存入二维数组中的商品信息写入 Excel 文件中。

微课 7-2

1. 变量设计

开发过程中，我们可以根据需要自定义变量，也可以使用系统自动生成的变量。本章引导案例需要设计一个全局变量（流程图变量）arrayData（二维数组），用于存放从京东商城抓取的商品信息。该变量需要在多个流程块中使用。

本章引导案例 RPA 机器人开发中涉及的变量及其含义如表 7-1 所示。

表 7-1　　　　　　　　　　　　　　　　变量及其含义

变量范围		变量名	解释
流程图变量		arrayData	二维数组，用于存放抓取的商品信息
流程块变量	网页商品抓取	sRet	消息框变量，用于接收需抓取的商品信息
		hWeb	代表打开的京东网页
	写入 Excel 文件	objExcelWorkBook	代表打开的 Excel 工作簿

2. 开发流程设计

为了使 RPA 机器人更具通用性，在流程的第一步，我们可以设计由用户输入商品名称，机器人根据用户输入的商品名称，进行相关商品信息的搜索与抓取。这样就可实现在京东商城进行任何商品信息的搜索与抓取。本章引导案例 RPA 机器人的开发流程图及流程块设计如图 7-4 所示。

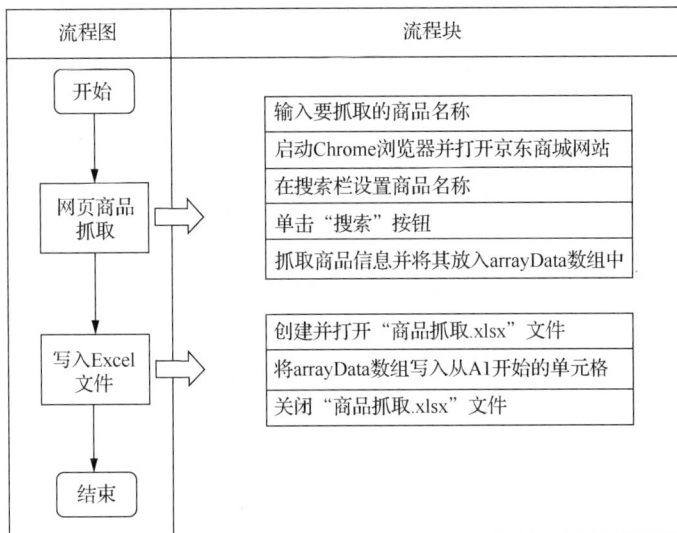

图 7-4　Web 自动化开发流程设计

7.3　流程开发

下面具体介绍本章引导案例 RPA 机器人的流程图绘制及变量设置。

7.3.1　流程图绘制

根据前面对 RPA 机器人流程的分析和设计，我们可以绘制流程图，如图 7-5 所示。

微课 7-3-1

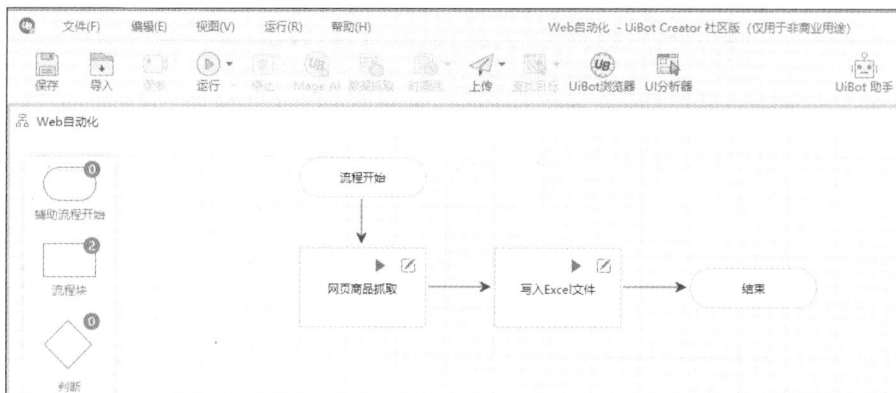

图 7-5 流程图绘制

7.3.2 变量设置

1. 流程图变量设置

设置 arrayData 为流程图变量，如图 7-6 所示。

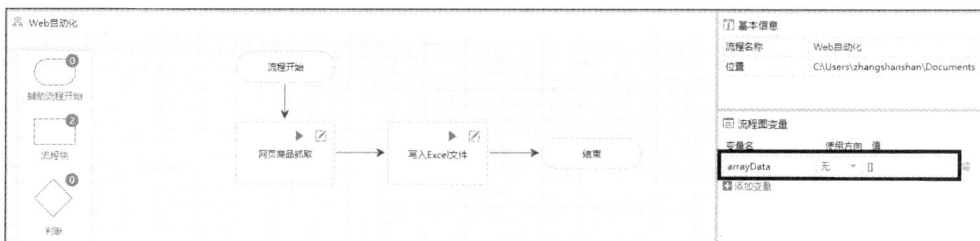

图 7-6 流程图变量设置

2. 流程块变量设置

本章引导案例 RPA 机器人开发中流程块变量不再由用户自己命名，而是使用系统自动生成的变量名。在"网页商品抓取"流程块中，用鼠标单击"数据抓取"按钮后，系统会自动生成一个 arrayData 流程块变量，自动将抓取的商品信息写入其中。

> **注意**
>
> 由于该变量还需在下一个流程块"写入 Excel 文件"中使用，前面已经将 arrayData 定义为流程图变量，因此在"网页商品抓取"流程块中，需要将同名的流程块变量删除，从而保证全流程中使用的都是流程图变量 arrayData，此点切记。

7.3.3 "网页商品抓取"流程块开发

"网页商品抓取"流程块开发如表 7-2 所示。

微课 7-3-2

表 7-2　　　　　　　　　　　　　　　"网页商品抓取"流程块开发

流程图	流程块
网页商品抓取	可视化　源代码　📋查看变量 弹出输入消息框并记录输入内容，赋值给 sRet 启动 "Chrome" 浏览器，并将此浏览器作为操控对象，赋值给 hWeb 在目标元素中输入文本 sRet 鼠标点击目标 🔍 批量抓取数据，赋值给 arrayData 向调试窗口输出：arrayData

【实现步骤】

步骤 01　执行"系统操作"—"对话框"—"输入对话框"命令，设置对话框，用以输入搜索的商品信息。在右侧属性栏中，设置对话框标题为"请输入抓取商品"，如图 7-7 所示。

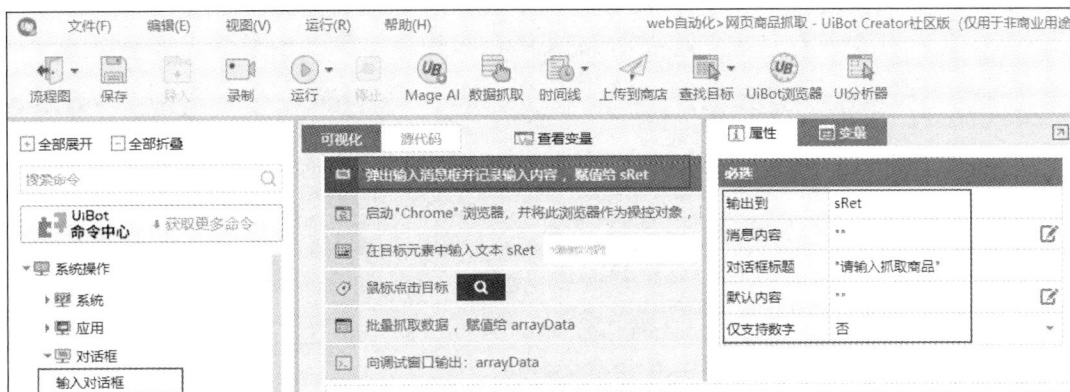

图 7-7　设置对话框

步骤 02　执行"软件自动化"—"浏览器"—"启动新的浏览器"命令，启动浏览器，并打开京东商城网页。此处的"浏览器类型"选择"Google Chrome"，"打开链接"处输入"www.jd.com"，"执行后延时"处输入"1000"，表示执行"启动新的浏览器"命令后暂停 1000 毫秒，即 1 秒，以使网页充分打开，如图 7-8 所示。

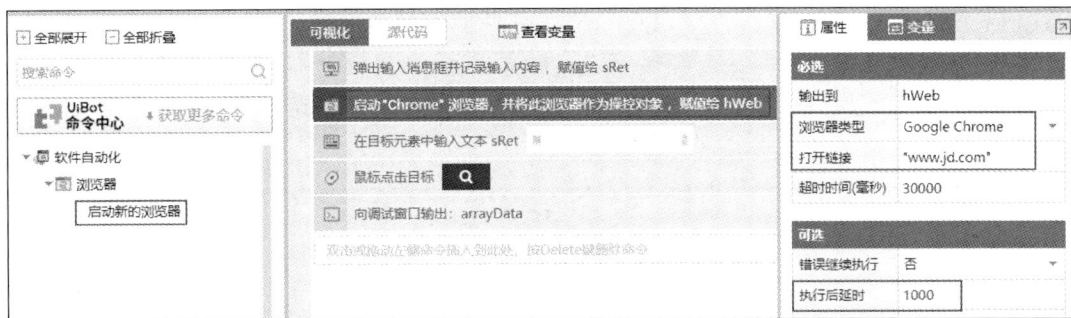

图 7-8　启动浏览器

步骤 03 执行"鼠标键盘"—"键盘"—"在目标中输入"命令,在目标元素中设置搜索文本,如图 7-9 所示。单击"查找目标"按钮,将蓝色遮罩遮住整个搜索框,如图 7-10 所示,然后单击鼠标左键。设置后的结果如图 7-11 所示。

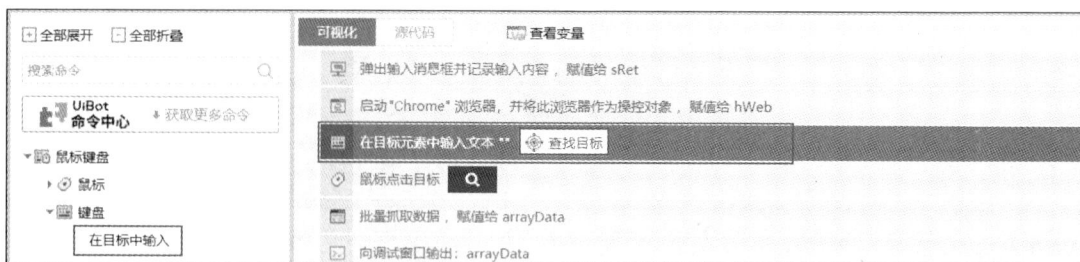

图 7-9 设置搜索文本(1)

图 7-10 设置遮罩范围(1)

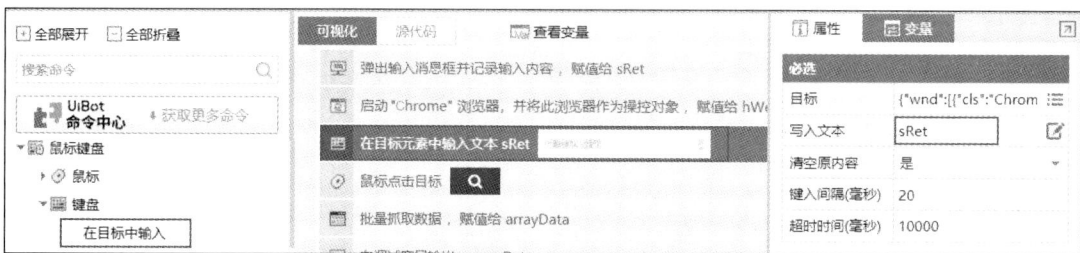

图 7-11 设置后的结果(1)

步骤 04 执行"鼠标键盘"—"鼠标"—"点击目标"命令,设置搜索文本,如图 7-12 所示。单击"查找目标"按钮,将蓝色遮罩遮住整个"搜索"按钮,如图 7-13 所示,然后单击鼠标左键。设置后的结果如图 7-14 所示。

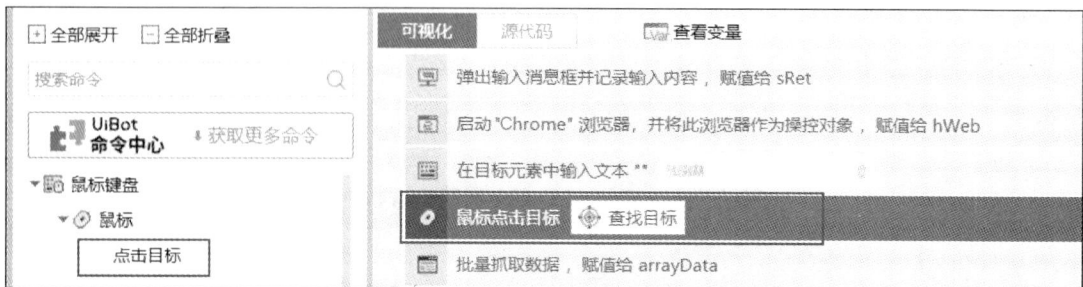

图 7-12 设置搜索文本(2)

图 7-13 设置遮罩范围(2)

图 7-14 设置后的结果（2）

注意

进行第（5）步操作前，应选中前 4 条命令，单击"运行选中行"按钮，如图 7-15 所示，设置浏览器显示从京东商城搜索到的 U 盘商品信息页面。

图 7-15 运行前 4 条命令

步骤 05 单击工具栏的"数据抓取"按钮 ，打开图 7-16 所示的页面。单击"选择目标"按钮，将遮罩遮住第一条商品信息的品名，如图 7-17 所示。再单击"选择目标"按钮，抓取同类型的第 2 条数据，如图 7-18 所示。单击"确定"按钮，如图 7-19 所示。再单击"抓取更多数据"按钮，继续抓取价格、店铺名称、评价等数据，如图 7-20 所示。单击"下一步"按钮，然后单击"抓取翻页"按钮，如图 7-21 所示。将鼠标指针移动到页面底部，将遮罩遮住"下一页"按钮，如图 7-22 所示。单击鼠标左键，数据抓取成功后，设置抓取页数为 2，如图 7-23 所示。

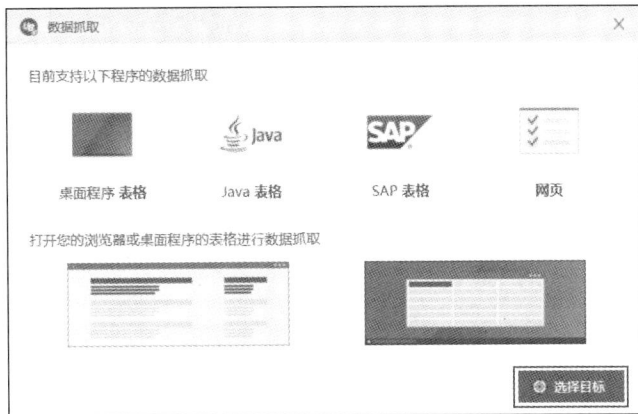

图 7-16 数据抓取

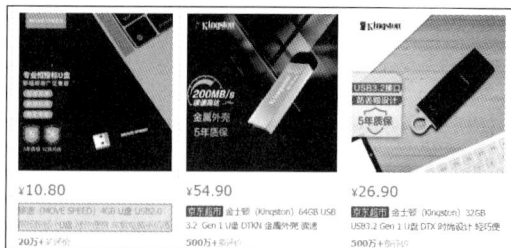

图 7-17　抓取第 1 条数据

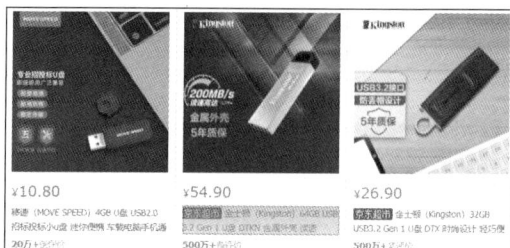

图 7-18　抓取同类型的第 2 条数据

图 7-19　确认抓取数据

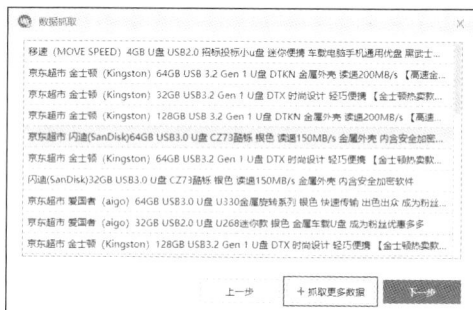

图 7-20　成功抓取品名数据

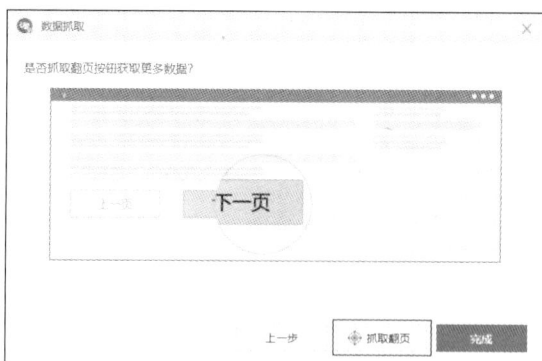

图 7-21　抓取翻页

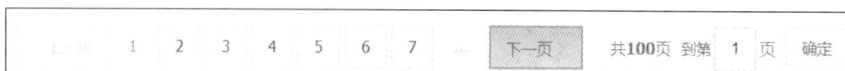

图 7-22　设置翻页

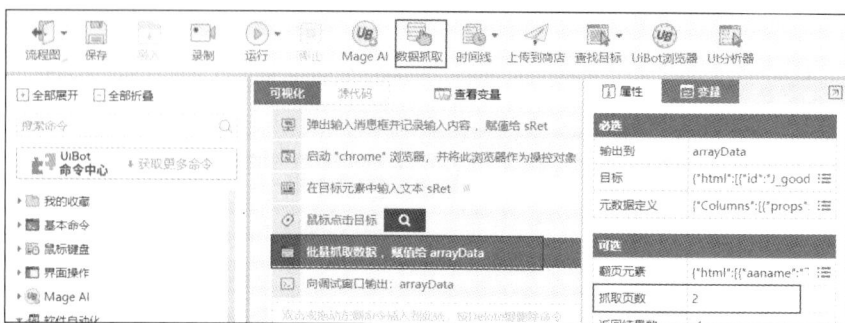

图 7-23　设置抓取页数

步骤 06 执行"基本命令"—"基本命令"—"输出调试信息"命令，向调试窗口输出调试信息，设置输出内容为 arrayData，查看是否抓取成功，如图 7-24 所示。（此条语句非必需。）

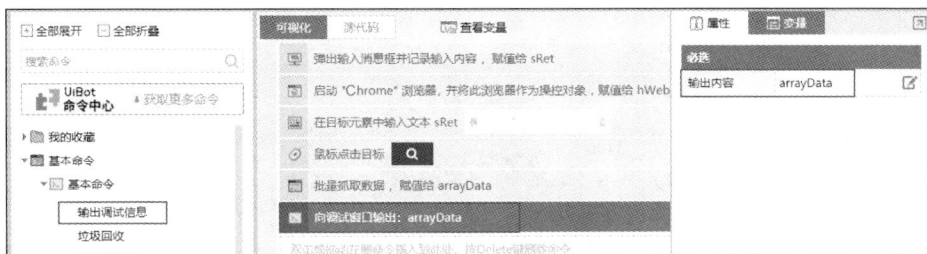

图 7-24　输出调试信息

> **注意**
> 本流程块开发完毕后，请将流程块变量（局部变量）arrayData 删除。

7.3.4　"写入 Excel 文件"流程块开发

"写入 Excel 文件"流程块开发如表 7-3 所示。

微课 7-3-3

表 7-3　　　　　　　　　　　　　"写入 Excel 文件"流程块开发

流程图	流程块
▶ ✎ 写入 Excel 文件	打开 Excel 工作簿，路径为"商品抓取.xlsx"，赋值给 objExcelWorkBook 将 arrayData 写入"A1"开始的区域 关闭 Excel 工作簿

【实现步骤】

步骤 01 执行"软件自动化"—"Excel"—"打开 Excel 工作簿"命令，设置文件路径为"@res"商品抓取.xlsx""，"是否可见"选择"是"，"打开方式"选择"Excel"，如图 7-25 所示。若用户计算机安装的是 WPS，"打开方式"可选择"WPS"。

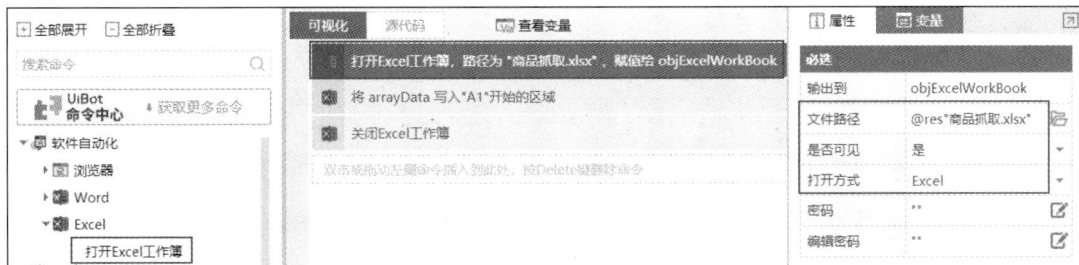

图 7-25　打开 Excel 工作簿

步骤 02 执行"软件自动化"——"Excel"——"写入区域"命令，将 arrayData 写入 Sheet1 工作表从 A1 单元格开始的区域，"数据"设置为"arrayData"，"立即保存"选择"是"，如图 7-26 所示。

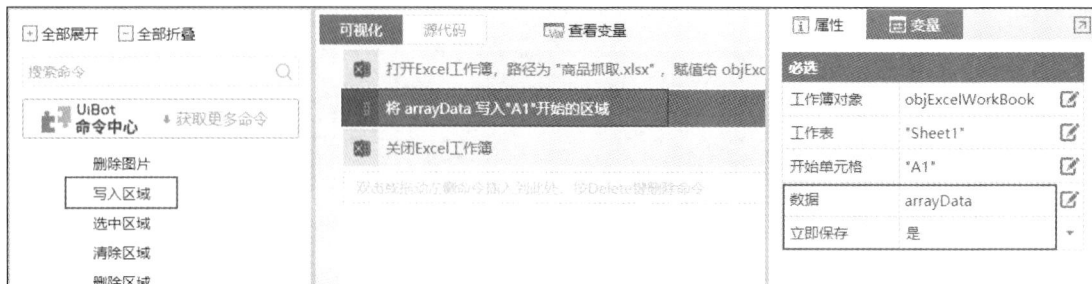

图 7-26 写入工作表

步骤 03 执行"软件自动化"——"Excel"——"关闭 Excel 工作簿"命令，关闭 Excel 工作簿，"立即保存"选择"是"，如图 7-27 所示。

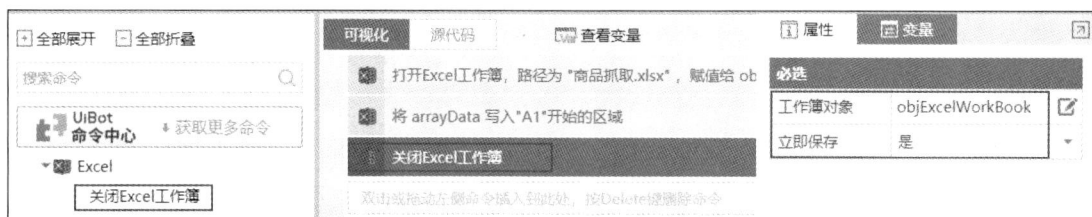

图 7-27 关闭 Excel 工作簿

7.4 流程运行

本章引导案例的 RPA 机器人动态运行流程可扫描右侧二维码观看。

微课 7-4

7.5 案例核心知识点

7.5.1 输入对话框

本章引导案例的 RPA 机器人实现过程中涉及的核心知识点总结如下。

微课 7-5

1. 功能

"输入对话框"命令的功能是弹出输入对话框，返回用户在对话框中输入的内容。此功能用于在 RPA 机器人运行时，实现人和机器人之间的交互。

2. 命令位置及语句（见表 7-4）

表 7-4 　　　　　　　　　　　　　　 "输入对话框" 命令位置及语句

命令位置	语句
▾ 系统操作　　▾ 对话框　　　　输入对话框	**可视化**　　源代码　　　　　**查看变量** ⊡　弹出输入消息框并记录输入内容，赋值给 sRet

3. 属性说明（见表 7-5）

表 7-5 　　　　　　　　　　　　　　 "输入对话框" 命令的属性说明

属性	设置值	说明
输出到	sRet	将用户用键盘输入的数据放到 sRet 变量中，默认为字符型数据
消息内容	""	输入对话框上的文字提示，此处默认为空
对话框标题	"请输入抓取商品"	设置对话框的标题文字

4. 运行结果

RPA 机器人运行此语句时，屏幕会显示图 7-28 所示的对话框，等待用户在对话框中输入相应信息。输入信息后，单击 "确定" 按钮，RPA 机器人继续运行。

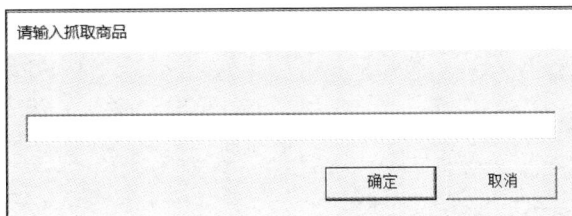

图 7-28　 "请输入抓取商品" 对话框

7.5.2　启动新的浏览器

1. 功能

"启动新的浏览器" 命令的功能是启动一个新的浏览器，使 UiBot 可以对这个浏览器进行操作。启动的浏览器可以是 Internet Explorer（IE）、Chrome、FireFox 或 UiBot 浏览器（UiBot 浏览器仅支持启动一个浏览器窗口）。命令运行成功，会返回绑定的浏览器字符串，失败则会返回 null。

相比于其他 3 种浏览器，UiBot 浏览器具有如下优点：第一，无须安装任何浏览器扩展插件即可选取目标元素；第二，UiBot 浏览器可以选取跨域网页中的目标元素；第三，UiBot 浏览器可以直接调用所访问页面的 JavaScript 方法。

2. 命令位置及语句（见表 7-6）

表 7-6 　　　　　　　　　　　"启动新的浏览器"命令位置及语句

命令位置	语句
▼ 🖥 软件自动化 　▼ 🖼 浏览器 　　　启动新的浏览器	**可视化**　源代码　　　🗒 查看变量 🖼 启动 "Chrome" 浏览器，并将此浏览器作为操控对象，赋值给 hWeb

3. 属性说明（见表 7-7）

表 7-7 　　　　　　　　　　　"启动新的浏览器"命令的属性说明

属性	设置值	说明
输出到	hWeb	将命令运行后的结果赋值给变量 hWeb
浏览器类型	Google Chrome	此处选择的是 Chrome，即谷歌浏览器。共有 4 种浏览器可供选择：Internet Explorer、Chrome、FireFox、UiBot
打开链接	"www.jd.com"	输入需要打开的网页的地址
执行后延时	1000	延时 1000 毫秒（即 1 秒），目的是使浏览器充分打开，尤其是对于运行速度较慢的计算机

4. 运行结果

运行此语句将打开京东商城网站。

7.5.3 　在目标中输入

1. 功能

"在目标中输入"命令属于键盘操作命令，用于在指定的界面元素（即目标）中输入文本。界面元素中能输入信息的通常是文本框。

2. 命令位置及语句（见表 7-8）

表 7-8 　　　　　　　　　　　"在目标中输入"命令位置及语句

命令位置	语句
▼ 🖱 鼠标键盘 　▼ 🖼 键盘 　　　在目标中输入	**可视化**　源代码　　　🗒 查看变量 🖼 在目标元素中输入文本 sRet

3. 属性说明（见表 7-9）

表 7-9 　　　　　　　　　　　"在目标中输入"命令的属性说明

属性	设置值	说明
目标	（树形结构示意图）	以树形结构表示目标的位置信息，由 UiBot 自动抓取。对初学者来说，无须了解其含义（后文中涉及相关命令的"目标"属性值时均略）。对于有一定计算机编程基础的用户来说，应掌握树形结构的含义，更改部分参数，可以实现更准确的目标定位

续表

属性	设置值	说明
写入文本	sRet	将在目标（通常是文本框）中输入的信息放入变量 sRet 中
清空原内容	是	此属性有"是"和"否"两个选项。选择"是"，则在输入前先清空原内容

7.5.4 点击目标

1. 功能

"点击目标"命令属于鼠标操作命令，用于在指定的界面元素（即目标）上点击鼠标，可实现对鼠标的全部操作，如单击、双击等。

2. 命令位置及语句（见表 7-10）

表 7-10 "点击目标"命令位置及语句

命令位置	语句
▼ 鼠标键盘 ▼ 鼠标 点击目标	可视化 源代码 查看变量 鼠标点击目标 Q

3. 属性说明（见表 7-11）

表 7-11 "点击目标"命令的属性说明

属性	设置值	说明
目标	（略）	树形结构表达的目标的位置信息，自动抓取获得
鼠标点击	左键	3 个选项：左键、右键、中键
点击类型	单击	4 个选项：单击、双击、按下、弹起

7.5.5 数据抓取

1. 功能

"数据抓取"命令是 RPA 机器人中简单又实用的命令，可以快速实现网页数据的抓取，可以替代大部分网络爬虫软件。

UiBot 提供的数据抓取功能，可以用一条命令一次性、快速地将网页数据抓取出来，并将其放入一个数组当中。UiBot 目前支持 4 种数据源的数据抓取：桌面程序表格、Java 表格、SAP 表格、网页。

（1）选择目标。层级一样的目标数据必须选择两次，这样才能准确实现同类数据的特征，并完成同类数据的抓取。抓取的数据类型包括文本和链接两种。

（2）抓取更多数据。可实现更多数据的抓取，比如抓取了"商品名称"数据后，再抓取"价格"数据。

（3）抓取翻页。抓取网页中用于翻页的目标元素，通常是"▶"或"下一页"按钮。

2. 命令位置及语句（见表 7-12）

表 7-12   "数据抓取"命令位置及语句

命令位置	语句
数据抓取	可视化　源代码　查看变量 批量抓取数据，赋值给 arrayData

3. 属性说明（见表 7-13）

表 7-13   "数据抓取"命令的属性说明

属性	设置值	说明
输出到	arrayData	将抓取的数据存入 arrayData 数组中
目标	（略）	树形结构表示的目标位置信息
元数据定义	（略）	目标的元数据定义
翻页元素	（略）	翻页元素的位置信息
抓取页数	2	输入需要抓取的页数
返回结果数	-1	限定每一页最多返回的结果数，-1 表示不限定数量

7.6　案例拓展知识点

1. 其他常用的浏览器操作命令

UiBot 中，其他常用的浏览器操作命令如表 7-14 所示。

微课 7-6

表 7-14   其他常用的浏览器操作命令功能说明

具体命令	功能说明
绑定浏览器	绑定一个已经打开的浏览器，使 UiBot 可以对这个浏览器进行操作，绑定的浏览器可以是 IE、Chrome、FireFox。命令运行成功会返回绑定的浏览器的字符串，失败则会返回 null
获取运行状态	获取浏览器的运行状态。浏览器正在运行会返回 true，浏览器已经退出则返回 false
打开网页	控制浏览器加载指定链接（URL）
下载文件	利用浏览器下载指定链接的文件
获取网页标题	获取当前页面的网页标题
获取滚动条位置	获取当前页面滚动条的位置（以像素为单位）
设置滚动条位置	设置当前页面滚动条的位置（以像素为单位）

2. 全部鼠标操作命令

鼠标操作在 RPA 机器人设计中经常使用，全部鼠标操作命令如表 7-15 所示。

表 7-15 全部鼠标操作命令功能说明

具体命令	功能说明
点击目标	单击指定的界面元素
移动到目标上	将鼠标指针移动到指定的界面元素上
模拟点击	模拟鼠标的点击动作
模拟移动	将鼠标指针移动到指定坐标位置
获取鼠标位置	获取鼠标指针的位置
等待光标空闲	等待鼠标从繁忙状态切换到空闲状态
模拟拖动	将鼠标指针从某一位置拖曳到另一位置
模拟滚轮	模拟鼠标的滚轮操作

3. 全部键盘操作命令

键盘操作同鼠标操作一样，使用率较高，全部键盘操作命令如表 7-16 所示。

表 7-16 全部键盘操作命令功能说明

具体命令	功能说明
在目标中输入	在指定的界面元素中输入文本
在目标中按键	在指定的界面元素中输入按键，比如按 Enter 键等
在目标中输入密码	在指定的界面元素中输入密码
输入文本	自由输入文本
模拟按键	模拟在键盘上按键
输入密码	输入密码

4. 界面元素

我们知道，RPA 是配合其他软件一起工作的，但并不需要其他软件提供接口，而是直接针对其他软件的操作界面来模拟人的阅读和操作行为。

一般用户在使用计算机的时候，会和操作系统的图形界面打交道。无论是常用的 Windows 或 macOS X，还是非 IT 人士不太常用的 Linux，都有一套自己的图形界面。随着 Web 浏览器的广泛应用，也有越来越多的图形界面选择在浏览器上展现。这些图形界面各有各的特色，当我们单击的时候，其实鼠标指针下面是一个小的图形部件，我们把这些图形部件称为"界面元素"。

比如，一个普通的 Windows 文件夹窗口，就是典型的图形界面。在这个窗口中，菜单栏中的各个选项，如"文件""主页""共享""查看"等是独立的界面元素；菜单栏中的图标及其下的文字，如"复制""粘贴"等也是独立的界面元素。左边导航栏中的"快速访问""桌面""下载"等仍然是独立的界面元素。当然，窗口主要区域内显示的每个文件也都是独立的界面元素。界面元素之间有时还会有嵌套的组合关系，一个大的界面元素会包含一些小的界面元素。

5. 有目标命令和无目标命令

有目标命令，是指在命令执行前需要先选取一个目标，即指定一个界面元素。RPA 在运行的时候，会先查找这个界面元素是否存在。如果存在，RPA 则会针对这个界面元素进行相应操作。比如，界面元素是一个按钮，那么鼠标操作命令中的"点击目标"就是一个有目标命令，命令执行前先找到这个按钮，再单击按钮。如果按钮不存在，则会反复查找，直到超过指定的时间，然后系统输出出错信息，流程停止运行。

无目标命令，是指在命令执行前不需要选择目标。比如鼠标操作命令中的"模拟点击"命令是没有目标的，在运行的时候，鼠标指针当前在什么位置，就点击什么位置。再如键盘操作命令中的"模拟按键"命令也没有目标，在运行的时候，键盘的输入焦点在什么位置，就在什么位置模拟一个按键操作。

鼠标和键盘操作命令中既有有目标命令，也有无目标命令，具体如图 7-29 所示。

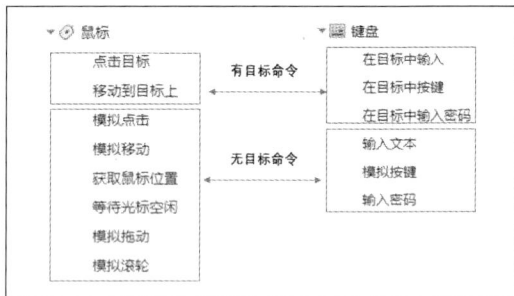

图 7-29　鼠标和键盘操作命令

📖**知识拓展**

界面元素的所有操作命令都属于有目标命令。

关于有目标命令和无目标命令的使用，应注意以下几点。

（1）在 UiBot 中，应该优先使用有目标命令，因为有目标命令指定了操作的对象，比较精准。只有当找不到目标的时候，才退而求其次，使用无目标命令。

（2）在使用 UiBot 的时候，准确选取一个目标非常关键。只要准确地选到了目标，模拟操作相对来说就比较简单了。

（3）UiBot 提供了一种全自动的选取目标的方式，在全自动选取目标完成后，还可以手动修改目标的特征，以便尽量减少错选和漏选。

在选择目标时，屏幕中会出现一个红边蓝底的半透明遮罩，我们称之为"目标选择器"。鼠标指针移动到什么地方，这个目标选择器就出现在什么地方，直到我们单击鼠标左键，目标选择器消失，此时目标选择器所遮住的界面元素，就是我们选择的目标，系统会自动生成一段数据（字典，可以手动修改）。在 UiBot 运行的时候，我们通过这段数据即可找到目标。

在使用目标选择器的时候，会出现如下问题。

（1）无论如何移动鼠标指针，都无法使遮罩恰好遮住要作为目标的界面元素（通常是遮罩太大，遮住了整个窗口）。

（2）遮罩可以恰好遮住界面元素，但根据生成的数据去查找目标时，会发生如下情况。

- 错选：能找到界面元素，但找到的界面元素不是我们当初选取的。
- 漏选：我们当初选取的界面元素明明存在，却找不到了。

当发生以上情况时，可以对目标进行编辑来解决，但这需要具备一定的 RPA 实践经验和计算机编程能力。感兴趣的读者可查阅相关资料了解。

本章习题

一、单选题

1. 有目标命令，是指在命令执行前需要先选取一个目标，即指定一个（　　）。

　　A. 窗口　　　　　　　B. 界面元素　　　　C. 图像　　　　　　D. 文本

2. 目标选择器遮住的界面元素，就是选择的目标。系统会自动生成一段数据，这段数据的类型是（　　）。

　　A. 字典　　　　　　　B. 数组　　　　　　C. 字符型　　　　　D. 布尔型

3. （　　）仅支持启动一个浏览器窗口。

　　A. IE 浏览器　　　　B. Chrome 浏览器　C. FireFox 浏览器　D. UiBot 浏览器

4. 在进行网页数据抓取时，层级一样的目标数据必须选择（　　）。

　　A. 1 次　　　　　　　B. 2 次　　　　　　C. 3 次　　　　　　D. 4 次

5. 下列不属于鼠标操作命令的是（　　）。

　　A. “点击目标”　　　B. “在目标中输入”　C. “模拟点击”　　　D. “获取鼠标位置”

二、多选题

1. “启动新的浏览器”命令，可以选择的浏览器类型包括（　　）。

　　A. IE 浏览器　　　　B. Chrome 浏览器　C. UiBot 浏览器　　D. 360 浏览器

2. “点击目标”命令的“点击类型”属性包括（　　）。

　　A. 单击　　　　　　　B. 双击　　　　　　C. 按下　　　　　　D. 弹起

3. UiBot 目前支持（　　）数据源的数据抓取。

　　A. 桌面程序表格　　　B. SAP 表格　　　　C. Java 表格　　　　D. 删除邮件

4. 本章引导案例中“网页商品抓取”流程块用到的命令有（　　）。

　　A. “启动新的浏览器”　　　　　　　　　B. “点击目标”

　　C. “在目标中输入”　　　　　　　　　　D. “写入区域”

5. UiBot 抓取的数据类型包括（　　）。

　　A. 日期　　　　　　　B. 文本　　　　　　C. 链接　　　　　　D. 数值

6. 下列属于有目标命令的是（　　）。

　　A. “点击目标”　　　B. “在目标中输入”　C. “模拟按键”　　　D. “输入文本”

7. 对于键盘操作命令下的“在目标中输入”命令，可以通过（　　）命令组合实现同样的功能。

　　A. “模拟按键”　　　B. “模拟移动”　　　C. “点击目标”　　　D. “输入文本”

三、判断题

1. “输入对话框”命令用于在 RPA 机器人运行时，实现人和机器人之间的交互。（　　）

2. 在 UiBot 中，应该优先使用有目标命令，只有当找不到目标的时候，才使用无目标命令。（　　）

3. 鼠标和键盘操作命令都是有目标命令。（　　）

4. 界面元素的所有操作命令都属于无目标命令。（　　）

5. 能找到界面元素，但找到的界面元素不是当初选取的，这种情况属于目标的漏选。
（　　）

四、实训题

1. 京东商城每页展示的商品数量为 60 个，但 Uibot 每页只能获取前 30 个商品的信息，原因是京东商城只有通过下拉滚动条或按 PageDnwn 键向下刷新页面，才能显示 60 个商品。请完善本章引导案例中设计的 RPA 机器人运行流程，保证每页能够获取 60 个商品的信息。

2. 设计一个招聘信息下载机器人，可以实现如下功能：在某招聘网站上，输入关键字"会计"，可以查询相关招聘信息；可以从中抓取工作单位、薪资、学历、工作地点等相关数据，并将其保存到 Excel 文件中；能够将此 Excel 文件发送到班级邮箱中。

要求：设计 3 个流程块（招聘数据抓取、写入 Excel 文件、发送邮件）实现。

第 8 章

App 自动化

学习目标

◇ 了解图像操作命令应用场景；

◇ 了解图像操作命令的缺点及使用时的注意事项；

◇ 熟悉图像操作命令、智能识别操作命令的用法；

◇ 掌握界面元素操作命令的用法；

◇ 掌握条件分支命令的用法。

本章导图

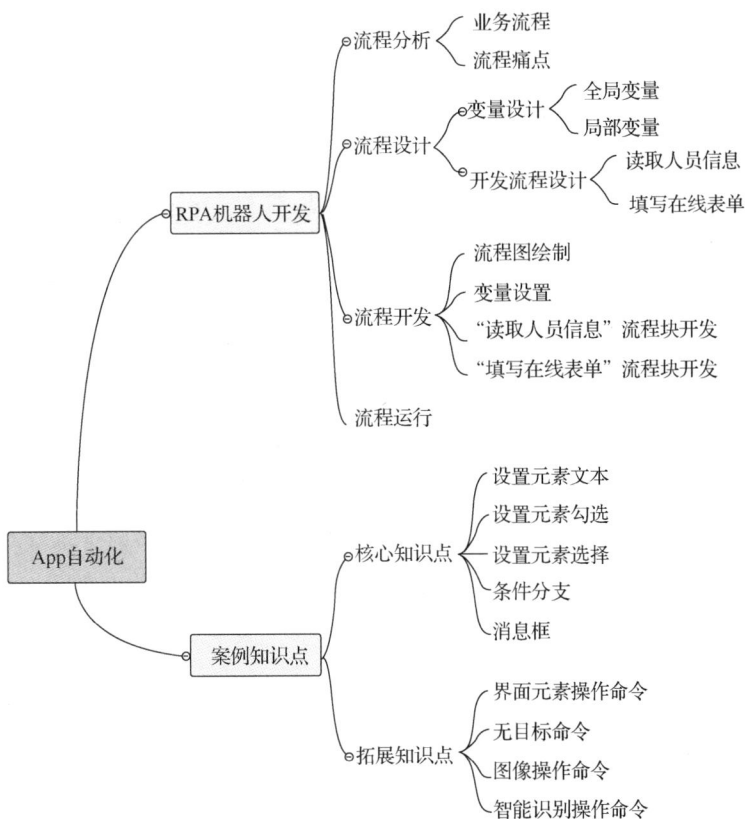

引导案例

某公司人力资源部平时通过邮件收集应聘者的求职信息，将其汇总到一张 Excel 表格中，然后由负责招聘的员工将求职人员的信息填写到招聘信息系统的表单中。请设计一个 RPA 机器人，能够将求职人员信息自动录入招聘信息系统。

（1）汇总的求职信息 Excel 文件，如图 8-1 所示。

	A	B	C	D	E	F	G	H	I
1	用户名	密码	E-mail地址	性别	省份	城市	求职意向	爱好	自我评价
2	张丽丽	123456	zll@uibot.com	女	广东	深圳	销售	音乐	沟通能力强，执行力强
3	赵海涛	654321	zht@163.com	男	北京	通州	客户服务/技术支持	购物	性格开朗，待人诚恳
4	王凯翔	987654	wkx@sina.com	男	辽宁	大连	高级管理	电影	曾任多家上市公司高级主管
5	马雨宁	741258	myn@126.com	女	浙江	杭州	行政/后勤	购物	工作细心，做事周到
6	何家明	951753	hjm@uibot.com	男	四川	成都	通信技术	运动	拥有多项技术认证

图 8-1　汇总的求职信息 Excel 文件

（2）求职人员信息录入界面（模拟），如图 8-2 所示。

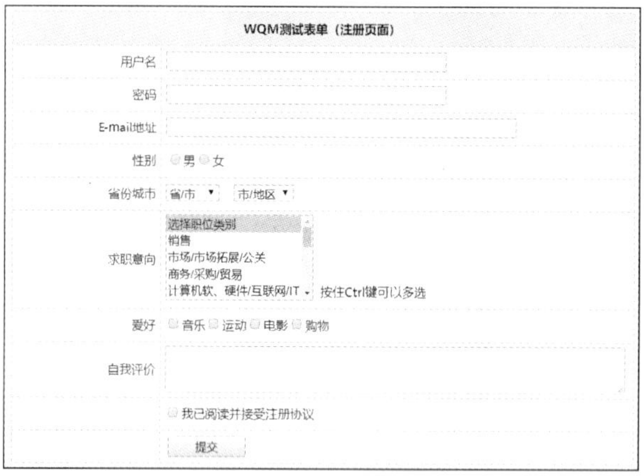

图 8-2　求职人员信息录入界面（模拟）

知识讲解

App（Application 的缩写）的意思是应用程序。狭义的 App 是指智能手机的第三方应用程序，广义的 App 是指所有的应用程序，即除了手机端，还包括计算机上安装运行的及网页上运行的各种应用程序。本章所指的 App 为广义的 App，这些 App 有时也叫信息系统。它们通常会提供各种操作界面，需要用户填写各类表单数据，然后按照一定的逻辑来运行。在操作界面中，常见的界面元素有文本标签、单选按钮、复选框、单行文本框、多行文本框、列表框、下拉列表框等。本章将介绍在 UiBot 中如何实现这些界面元素的自动化应用。

微课 8-1

8.1　流程分析

本章引导案例的手工流程相对简单：首先打开整理好的“求职意向

表.xlsx"文件，然后打开招聘信息系统的求职人员信息录入界面，将求职人员信息逐个录入系统中；全部求职人员信息录入完毕后，关闭 Excel 文件，退出招聘信息系统。

求职人员信息录入招聘信息系统的手工业务流程如图 8-3 所示。

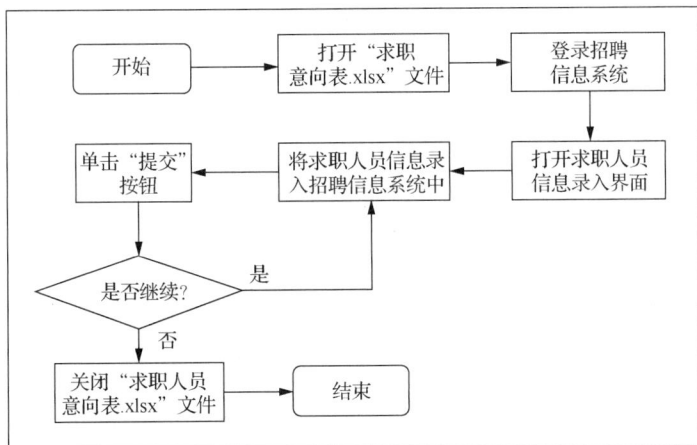

图 8-3　求职人员信息录入招聘信息系统的手工业务流程

该业务流程的痛点有：①复制、粘贴操作工作量非常大，工作价值低；②复制、粘贴过程中，人为操作容易出错；③单击鼠标左键、单击下拉列表框、单选、多选等鼠标操作较多；④若求职人员较多，则重复性工作量较大。

8.2　流程设计

本章引导案例的 RPA 机器人开发流程与手工流程有区别，共设计了两个流程块。"读取人员信息"流程块，可一次性将求职人员信息读取到二维数组变量中。"填写在线表单"流程块通过"遍历数组"命令，可将每个求职人员的信息填写到招聘信息系统的表单中。

微课 8-2

1. 变量设计

本章引导案例 RPA 机器人开发中设计了一个全局变量（流程图变量）"人员信息"（二维数组，这里变量名完全用汉字表达，在 UiBot 中是可以的），用于存放从"求职意向表.xlsx"中读取的求职人员信息，此变量需在多个流程块中使用。

本章引导案例 RPA 机器人开发过程中涉及的变量及其解释如表 8-1 所示。

表 8-1　　　　　　　　　　　　　　　　　变量及其解释

变量范围		变量名	解释
流程图变量		人员信息	自定义变量，二维数组，用于存放读取的求职人员信息
流程块变量	读取人员信息	objExcelWorkBook	表示打开的"求职意向表.xlsx"文件
	填写在线表单	hWeb	表示打开在线表单对应的网址
		value	用来遍历二维数组"人员信息"的变量

2. 开发流程设计

本案例开发流程图及流程块设计如图 8-4 所示。"读取人员信息"流程块从 Excel 文件中读取求职人员信息，这里的语句表达很常见，应熟练掌握。"填写在线表单"流程块中的语句较多。

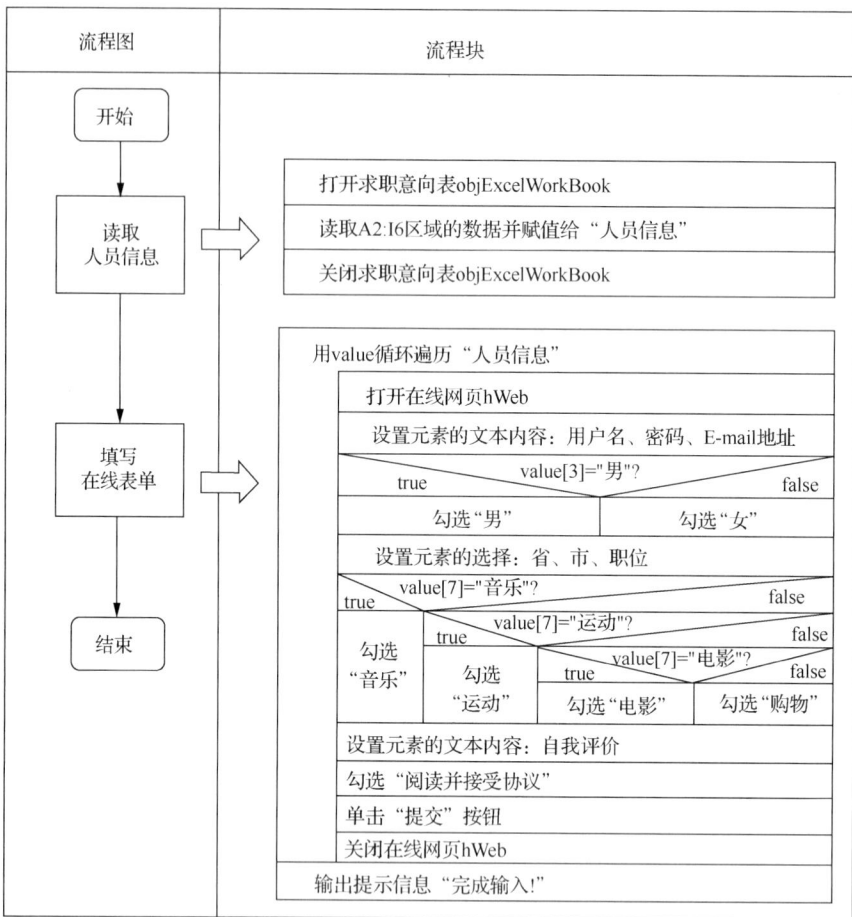

图 8-4　App 自动化开发流程设计

（1）对于二维数组的访问，用遍历数组的方法是最简单、有效的。

（2）本流程块中两次用到了分支语句（条件语句）。第一次用到了简单的分支语句来判断勾选"男"或"女"。第二次用到的分支语句是一个三层嵌套的分支语句，用于勾选求职人员的爱好，这是本流程块设计的难点。

（3）本流程块的最后一条语句，是在屏幕上输出提示信息"完成输入！"，可以体现 RPA 流程运行的友好性。这是一个较好的 RPA 开发习惯。此语句在本流程块中是非必需的语句。

8.3　流程开发

下面具体介绍引导案例 RPA 机器人的流程图绘制及变量设置。

8.3.1 流程图绘制

根据前面对 RPA 机器人流程的分析和设计，我们可以绘制出流程图，如图 8-5 所示。

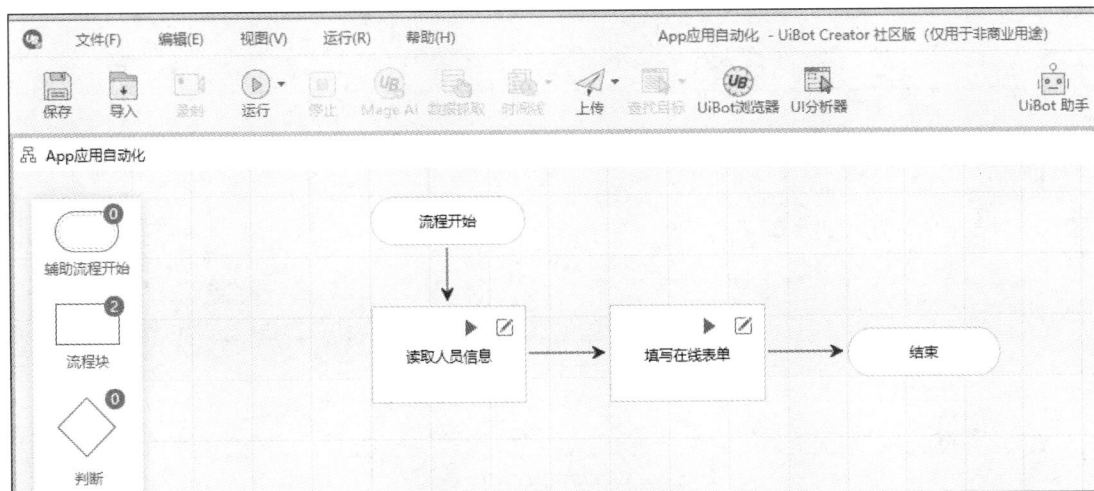

图 8-5 流程图绘制

8.3.2 变量设置

1. 流程图变量设置

设置"人员信息"为流程图变量，其属性设置如图 8-6 所示。

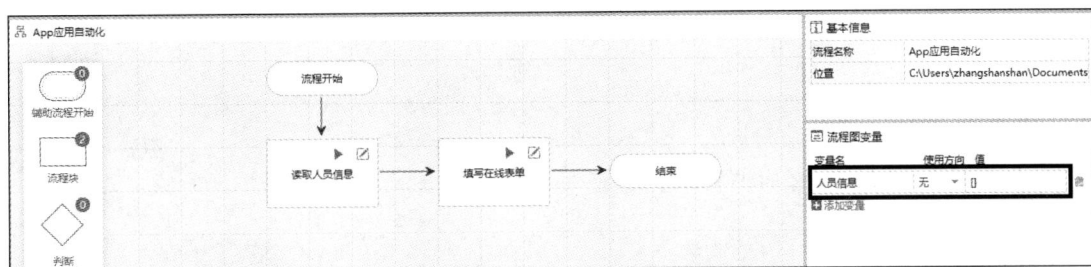

图 8-6 流程图变量设置

2. 流程块变量设置

流程块变量我们使用系统自动生成的变量名。不用的变量可以从流程块变量列表中删除。当然，不用的变量保留在系统中也不会影响流程的运行。

8.3.3 "读取人员信息"流程块开发

"读取人员信息"流程块开发如表 8-2 所示。

微课 8-3-1

表 8-2   "读取人员信息" 流程块开发

流程图	流程块
▶ ✎ 读取人员信息	**可视化** 源代码 查看变量 打开 Excel 工作簿, 路径为 "求职意向表.xlsx", 赋值给 objExcelWorkBook 读取区域 "A2:I6" 的值, 赋值给 人员信息 关闭 Excel 工作簿

【实现步骤】

步骤 01 执行 "软件自动化" — "Excel" — "打开 Excel 工作簿" 命令, 打开 "求职意向表.xlsx" 工作簿, 属性设置如图 8-7 所示。

图 8-7   打开 Excel 工作簿

步骤 02 执行 "软件自动化" — "Excel" — "读取区域" 命令, 读取 A2:I6 区域的值, 并赋给变量 "人员信息", 属性设置如图 8-8 所示。

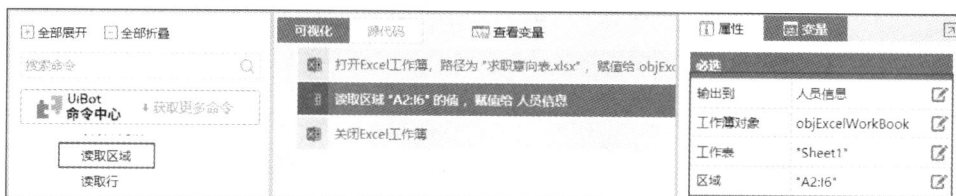

图 8-8   读取区域

步骤 03 执行 "软件自动化" — "Excel" — "关闭 Excel 工作簿" 命令, 关闭 "求职意向表.xlsx" 工作簿, 属性设置如图 8-9 所示。

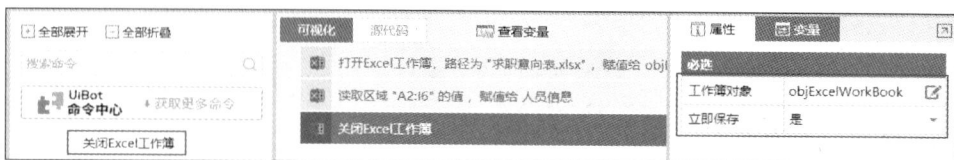

图 8-9   关闭 Excel 工作簿

8.3.4   "填写在线表单" 流程块开发

"填写在线表单" 流程块开发如表 8-3 所示。

微课 8-3-2

表 8-3　　　　　　　　　　　　　"填写在线表单"流程块开发

流程图	流程块
▶ ☑ 填写在线表单	

【实现步骤】

步骤 01 执行"基本命令"—"语法词法"—"遍历数组"命令，用变量 value 遍历二维数组"人员信息"，属性设置如图 8-10 所示。

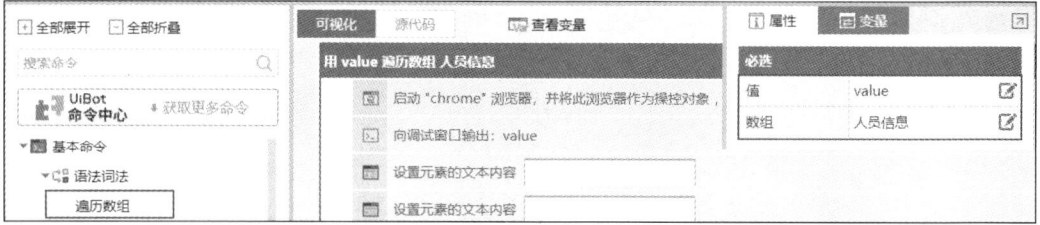

图 8-10 遍历数组

步骤 02 执行"软件自动化"—"浏览器"—"启动新的浏览器"命令，启动 Chrome 浏览器，属性设置如图 8-11 所示，将网址设置为 http://www.vrbrothers.com/cn/wqm/demo/pages/Demo-ComplexForm.aspx。

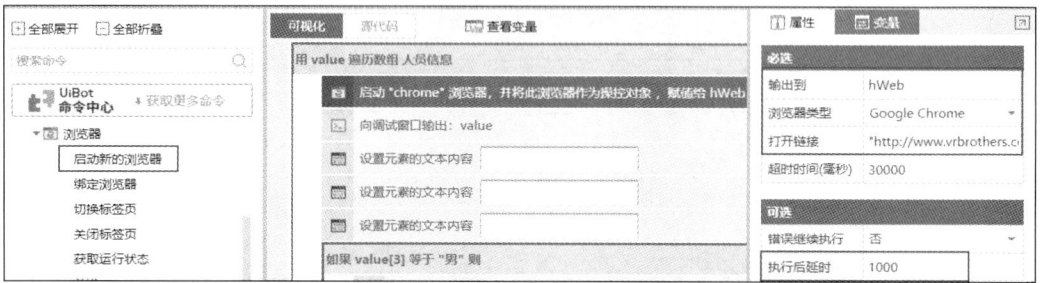

图 8-11 启动浏览器

步骤 03 执行"界面操作"—"界面元素"—"设置元素文本"命令，设置元素的文本内容，用遮罩选中"用户名"文本框，设置后如图 8-12 所示。同理，设置"密码""E-mail 地址"元素文本。

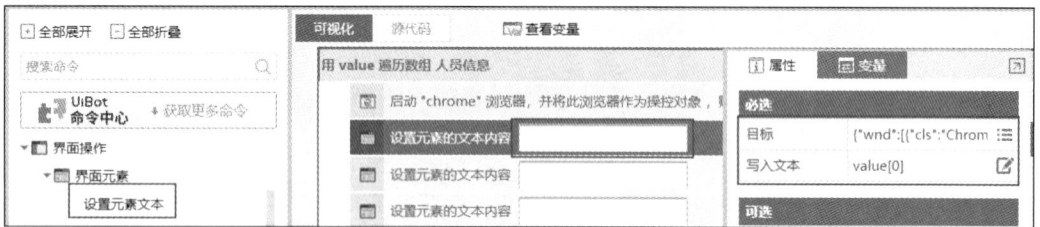

图 8-12 设置元素文本

步骤 04 执行"基本命令"—"语法词法"—"条件分支"命令，设置分支语句，用于"性别"的勾选，属性设置如图 8-13 所示。

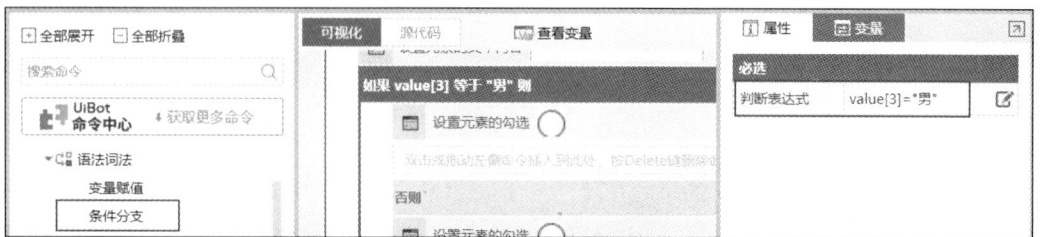

图 8-13 设置分支语句

步骤 05 执行"界面操作"—"界面元素"—"设置元素勾选"命令，用遮罩选中"男"单选按钮，设置后如图 8-14 所示。同理，设置"女"单选按钮的勾选。

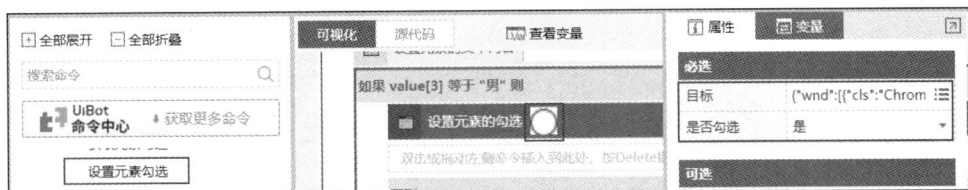

图 8-14　设置元素的勾选

步骤 06 执行"界面操作"—"界面元素"—"设置元素选择"命令，用遮罩选中"省/市"下拉列表框，设置后如图 8-15 所示。同理，设置"市/地区""求职意向"的选择。

图 8-15　设置元素选择

步骤 07 执行"基本命令"—"语法词法"—"条件分支"命令，设置分支语句。此处为三层嵌套的分支语句，用于设置"爱好"元素的勾选，属性设置如图 8-16 所示。

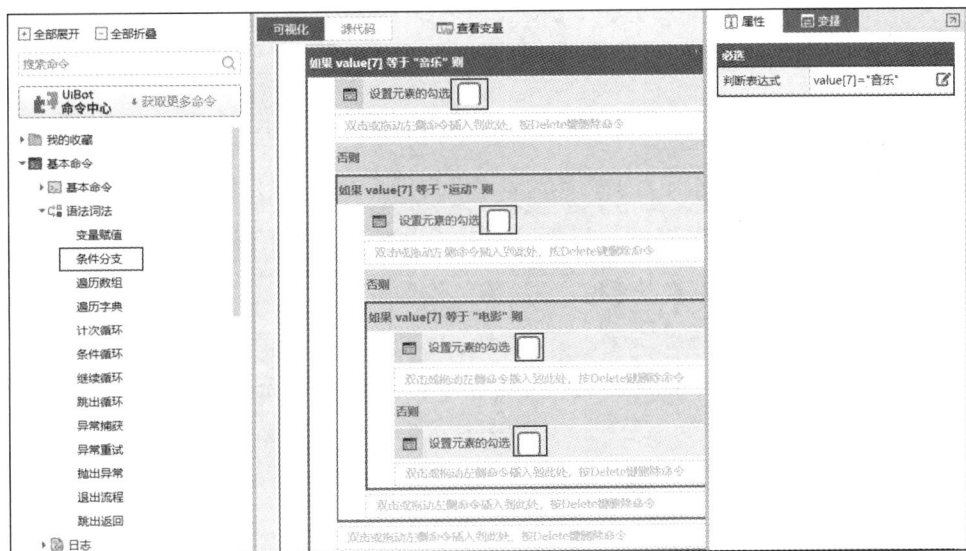

图 8-16　设置两层嵌套的分支语句

步骤 08 执行"界面操作"—"界面元素"—"设置元素文本"命令及"设置元素勾选"命令，设置"自我评价"的元素文本和"阅读并接受协议"元素的勾选。此操作与前面类似，此处不再列图展示。

步骤 09 设置鼠标点击"提交"按钮和关闭目标窗口，此操作与前面类似，此处不再列图展示。

步骤 10 执行"系统操作"—"对话框"—"消息框"命令，设置提示信息，属性设置如图 8-17 所示。

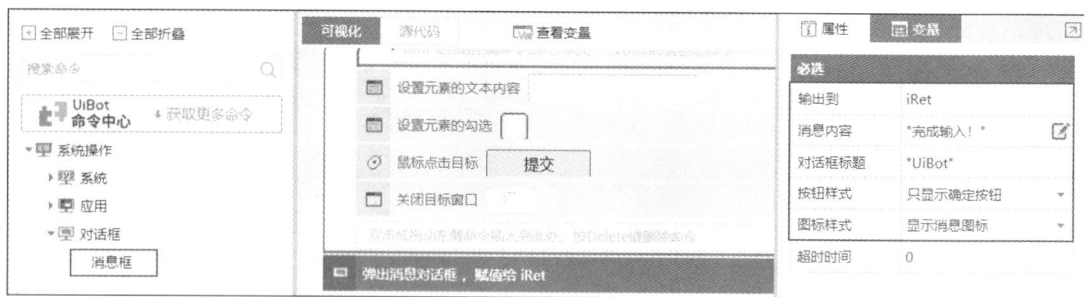

图 8-17　设置提示信息

8.4　流程运行

本章引导案例的 RPA 机器人动态运行流程可扫描右侧二维码观看。

微课 8-4

8.5　案例核心知识点

本章引导案例的 RPA 机器人实现过程中涉及的核心知识点总结如下。

微课 8-5

8.5.1　设置元素文本

1. 功能

"设置元素文本"命令的作用是在各类信息系统应用过程中，填写表单时设置表单中文本框里应当填写的内容。"设置元素文本"命令与键盘操作中"在目标中输入"命令的功能一样。

2. 命令位置及语句（见表 8-4）

表 8-4　　　　　　　　　　"设置元素文本"命令位置及语句

3. 属性说明（见表 8-5）

表 8-5　　　　　　　　　　"设置元素文本"命令的属性说明

属性	设置值	说明
目标	（略）	树形结构表示的目标位置信息
写入文本	value[0]	将 value[0] 的内容写入目标位置

4. 运行结果

"设置元素文本"命令的运行结果是将 value[0]的内容即用户名写入对应的文本框中。本章引导案例中与此类似的操作还有设置"密码""E-mail 地址""自我评价"等元素的内容。

8.5.2 设置元素勾选

1. 功能

"设置元素勾选"命令的功能是勾选元素。如单选按钮、复选框等。在填写信息系统的表单时，若遇到单选按钮、复选框，可通过"设置元素勾选"命令进行勾选

2. 命令位置及语句（见表 8-6）

表 8-6　　　　　　　　　　　　"设置元素勾选"命令位置及语句

命令位置	语句
▼🖳 界面操作 　▼🖳 界面元素 　　　设置元素勾选	可视化　源代码　　查看变量 🖳 设置元素的勾选 ◯

3. 属性说明（见表 8-7）

表 8-7　　　　　　　　　　　　"设置元素勾选"命令的属性说明

属性	设置值	说明
目标	（略）	树形结构表示的目标位置信息
设置值	是	有两个选项："是"或"否"；默认值为"是"

4. 运行结果

执行"设置元素勾选"命令，将对单选按钮进行选择。本案例中对于求职人员爱好的选择，也通过此命令完成。

8.5.3 设置元素选择

1. 功能

"设置元素选择"命令的功能是选择元素，如列表框、下拉列表框等。在填写信息系统的表单时，当遇到列表框、下拉列表框时可通过设置元素选择命令进行相应内容的选择。

2. 命令位置及语句（见表 8-8）

表 8-8　　　　　　　　　　　　"设置元素选择"命令位置及语句

命令位置	语句
▼🖳 界面操作 　▼🖳 界面元素 　　　设置元素选择	可视化　源代码　　查看变量 🖳 设置元素的选择 省/市 ⌄

3. 属性说明（见表 8-9）

表 8-9   "设置元素选择"命令的属性说明

属性	设置值	说明
目标	（略）	树形结构表示的目标位置信息
包含元素	value[4]	value[4]表示要选择的内容，这里表示省/市
选择方式	按文本选择	有 3 种选择方式：按文本选择、按顺序选择、按 value 选择

4. 运行结果

本章引导案例中，执行"设置元素选择"命令可自动完成对省/市的选择。本案例中对市/地区和求职意向的选择也通过此命令完成。

8.5.4 条件分支

1. 功能

"条件分支"命令的功能是：如果条件表达式的值为真（true），则执行其后的相应命令；如果条件表达式的值为假（false），则执行"否则"后的相应命令。条件分支命令在 RPA 流程设计中经常用到，可以实现有选择结构的流程。

2. 命令位置及语句（见表 8-10）

表 8-10   "条件分支"命令位置及语句

命令位置	语句
▼ 基本命令 　▶ 基本命令 　▼ C 语法词法 　　变量赋值 　　条件分支	

3. 属性说明（见表 8-11）

表 8-11   "条件分支"命令的属性说明

属性	设置值	说明
判断表达式	value[3]="男"	如果 value[3]="男"（即性别为男），则勾选"男"单选按钮，否则勾选"女"单选按钮

4. 运行结果

通过分支语句对性别的判断，RPA 机器人可实现对"性别"的勾选。本案例中对"爱好"

的勾选也通过分支语句完成，只不过在相应分支语句中进行了两层嵌套（即在条件满足的部分和条件不满足的部分，分别再使用条件分支命令）。使用分支语句的嵌套结构时，一定要想清楚其逻辑关系，确定好嵌套的位置，才能保证嵌套结构的使用不出错。

8.5.5　消息框

1. 功能

"消息框"命令的功能是弹出消息对话框，返回用户单击的按钮的对应值。"消息框"命令通常在 RPA 流程运行结束或运行过程中使用，给出面向用户的友好提示，告知用户 RPA 流程运行的状态或引导用户进行后续操作。消息框的适当使用可以增加 RPA 流程的友好性。

2. 命令位置及语句（见表 8-12）

表 8-12　　　　　　　　　　　　　"消息框"命令位置及语句

命令位置	语句
▼🖥 系统操作 　▼🖥 对话框 　　消息框	可视化　　源代码　　　　📺查看变量 🔲 弹出消息对话框，赋值给 iRet

3. 属性说明（见表 8-13）

表 8-13　　　　　　　　　　　　　"消息框"命令的属性说明

属性	设置值	说明
输出到	iRet	将命令运行结果赋值给 iRet
消息内容	"完成输入！"	对话框中提示给用户的信息
对话框标题	"UiBot"	设定对话框标题要显示的信息，也可不设置
按钮样式	只显示确定按钮	关闭对话框时可操作的按钮样式。其他样式：是和否；放弃、重试和跳过；是、否和取消；重试和取消

4. 运行结果

本章引导案例中执行"消息框"命令后，屏幕提示"完成输入！"，单击"确定"按钮继续 RPA 流程。

8.6　案例拓展知识点

微课 8-6

1. 界面元素操作命令

在日常办公处理中使用各类信息系统时，填写各种表单是最常见的操作之一。UiBot 中，填写表单的各种命令主要通过"界面元素"下的操作命令实现，如表 8-14 所示。

表 8-14   "界面元素"操作命令功能说明

具体命令	功能说明
获取子元素	获取子元素，以数组形式返回获取到的元素
获取父元素	获取父元素，返回获取到的父元素
判断元素是否存在	判断元素是否存在，如果元素存在，返回 true，如果元素不存在，返回 false
获取元素勾选	获取元素的勾选状态（可以操作单选按钮、复选框等类型的元素）
设置元素勾选	勾选元素（可以操作单选按钮、复选框等类型的元素）
获取元素选择	获取元素的选择状态（可以操作列表框、下拉列表框等类型的元素）
设置元素选择	选择元素（可以操作列表框、下拉列表框等类型的元素）
获取元素属性	获取元素的属性
设置元素属性	设置元素的属性
获取元素文本	获取元素的文本内容
设置元素文本	设置元素的文本内容
获取元素区域	获取元素的区域，返回包含元素所在位置的矩形对象
元素截图	截取指定元素的图像，将其保存到文件系统
等待元素	等待元素显示或消失

2. 无目标命令

在 UiBot 中，有一个"界面元素"命令菜单，其下的各种命令通过已选中的界面元素进行相应的操作。由此可见，"界面元素"操作命令都属于有目标命令。

但是对于有些软件提供的界面，不能查找到其中的元素。这些软件包括：虚拟机和远程桌面、基于 DirectUI 的软件、游戏等。要在这些软件上操作，就不能使用"界面元素"操作命令了，需要使用键盘和鼠标的无目标命令结合图像操作命令。在 UiBot 中，无目标命令的"最佳拍档"，就是图像操作命令。

比如，某游戏软件中的"登录"按钮，无法通过鼠标操作的有目标命令进行单击，因为遮罩无法将"登录"按钮遮住，表示无法准确定位到"登录"按钮。在这种情况下，就可以先使用"查找图像"命令。其作用是，将"登录"按钮作为一个图像文件（图像的文件格式可以是 BMP、PNG、JPG，推荐使用 PNG 格式，因为它是无损压缩的）截取下来，然后在屏幕上的指定区域按照从左到右、从上到下的顺序依次扫描，看这个图像是否出现在指定区域中，如果出现的话，就返回这个图像的中心点坐标。然后我们使用鼠标操作的无目标命令"模拟点击"就可以实现对"登录"按钮的单击操作。这是图像操作命令使用的基本原理。

根据经验，在具体实现一个 RPA 流程时，应该优先选择有目标命令。只要能获得恰当的界面元素作为目标，就应该优先考虑有目标命令。其次选择无目标命令。在使用无目标命令的过程中，通常依赖图像操作命令。这些命令有以下缺点：运行速度远远慢于有目标命令；可能受到遮挡的影响，当图像被遮挡时，即使只遮挡了一部分，也可能受到很大影响；往往需要依赖图像文件，一旦丢失图像文件，就不能正常运行；某些特殊的图像操作命令必须连接互联网才能运行。

在使用图像操作命令时：首先，截图时应尽量截取较小的图像；其次，大部分图像操作命令都支持"相似度"属性，这个属性的初始值是 0.9，如果设置值过小，可能造成错选，如果设置值过大，可能造成漏选；最后，屏幕的分辨率和屏幕的缩放比例对图像操作命令也有很大影响，所以，请尽量保持运行流程的计算机和开发流程的计算机的屏幕分辨率、缩放比例都是一致的。另外，本章所描述的图像操作命令使用技巧，绝大部分也适用于 OCR 命令。

3. 图像操作命令

图像操作命令如表 8-15 所示。

表 8-15　　　　　　　　　　　　图像操作命令功能说明

具体命令	功能说明
点击图像	在指定范围内搜索图像并单击它
鼠标移动到图像上	在指定范围内搜索图像并将鼠标指针移动到图像之上
查找图像	在指定范围内查找图像
判断图像是否存在	在指定范围内查找图像，成功返回 true，失败则返回 false
等待图像	等待图片显示或消失

4. 智能识别操作命令

智能识别是一种基于图像进行界面元素定位的方法，其操作命令如表 8-16 所示。

表 8-16　　　　　　　　　　　　智能识别操作命令功能说明

具体命令	功能说明
智能识别屏幕范围	在窗口或者元素上启用智能识别的块级窗口，并可以执行屏幕范围内的图片抓取
智能识别后点击	智能识别后单击元素
智能识别后获取文本	获取智能识别的文本
智能识别后输入文本	智能识别后输入文本
智能识别后鼠标悬停	鼠标指针悬停在智能识别后的元素上
智能识别后判断元素存在	智能识别后判断元素是否存在

本章习题

一、单选题

1. 设置元素文本命令与（　　　）命令功能一样。

　　A．输入文本　　　　B．在目标中输入　　　C．模拟点击　　　　D．点击目标

2. 在 UiBot 中，无目标命令的"最佳拍档"，就是（　　　）操作命令。

    A. 图像   B. 鼠标   C. 键盘   D. 界面元素

3. 本章引导案例中对性别的判断是通过（　　　）命令实现的。

    A. 遍历字典   B. 遍历数组   C. 计次循环   D. 条件分支

4. 本章引导案例中用到的全局变量是（　　　）。

    A. 人员信息   B. objExcelWorkBook

    C. hWeb   D. value

5. 大部分图像操作命令都支持"相似度"属性，这个属性的初始值是（　　　）。

    A. 1   B. 0.9   C. 0.8   D. 0.7

二、多选题

1. 使用"设置元素勾选"命令可以勾选（　　　）元素。

    A. 单选框   B. 复选框   C. 列表框   D. 下拉列表框

2. 对于有些软件提供的界面，不能查找到里面的元素，这些软件包括（　　　）。

    A. 虚拟机和远程桌面   B. 基于 DirectUI 的软件

    C. 游戏   D. Windows 操作系统

3. 使用"设置元素选择"命令可以选择（　　　）元素。

    A. 单选框   B. 复选框   C. 列表框   D. 下拉列表框

4. 本章引导案例"填写在线表单"流程块用到的命令有（　　　）。

    A. "遍历数组"   B. "启动新的浏览器"

    C. "设置元素文本"   D. "设置元素勾选"

5. "设置元素选择"命令中的"选择方式"属性包括（　　　）方式。

    A. 按条件选择   B. 按文本选择   C. 按顺序选择   D. 按 value 选择

三、判断题

1. 界面元素的所有操作命令都属于有目标命令。（　　　）

2. 在"条件分支"命令中又使用了"条件分支"命令，这种情况叫作分支命令的嵌套。（　　　）

3. 在使用"图像操作"命令截图时，尽量截取较大的图像。（　　　）

4. 屏幕的分辨率和屏幕的缩放比例对"图像操作"命令没有影响。（　　　）

5. 本章引导案例中流程块的最后一条语句在屏幕上输出提示信息"完成输入！"，此语句必须有，否则流程无法正确结束。（　　　）

四、实训题

1. 本章引导案例中，每个求职人员只能勾选一个爱好。若每个求职人员有多个爱好，如何完善 RPA 流程，实现求职人员能够勾选多个爱好？

2. 会计信息系统是财会人员日常办公过程中经常用到的信息系统。在会计信息系统中，有哪些需要频繁、重复录入表单的场景？请展开讨论并尝试设计 RPA 机器人流程。

第 9 章

OCR 智能识别自动化

学习目标

- ◇ 了解 OCR 命令的应用场景；
- ◇ 熟悉本地 OCR、百度 OCR 命令的用法；
- ◇ 掌握抽取字符串中数字命令的用法；
- ◇ 掌握 Mage AI 下通用多票据识别命令的用法；
- ◇ 掌握 Mage AI 下验证码识别命令的用法。

本章导图

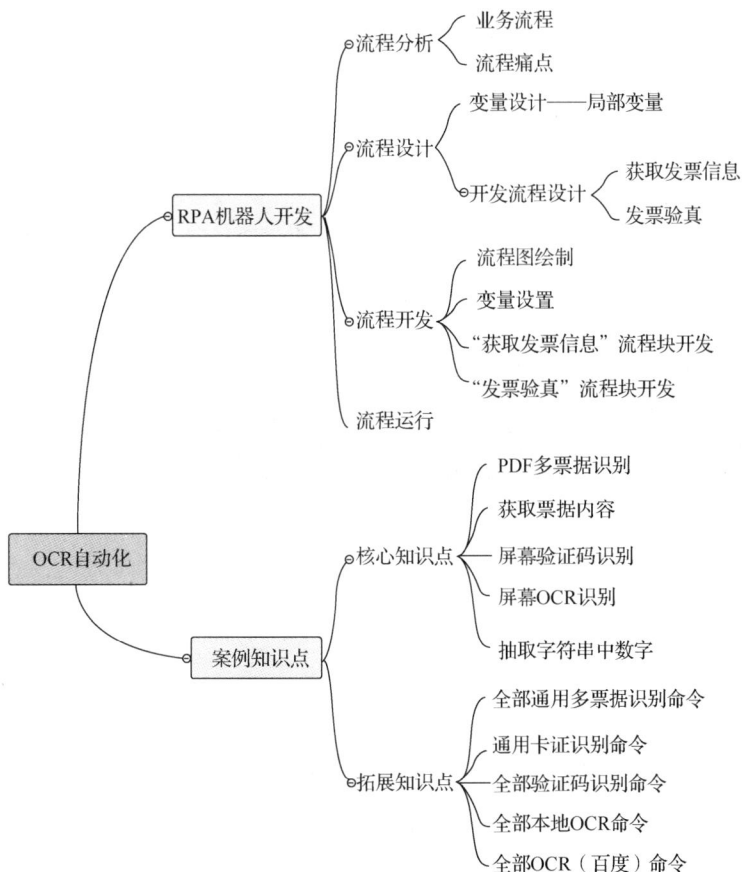

引导案例

某公司财务部需要处理的 PDF 格式电子发票较多，由专人负责登录国家税务总局全国增值税发票查验平台，输入发票代码、发票号码、开票日期和校验码，对发票查验真伪。在电子发票的使用越来越普及的情况下，人工对电子发票查验真伪，工作量大、成本高。请设计一个 RPA 机器人，实现电子发票信息的自动提取和电子发票的自动验真。

（1）电子发票 PDF 文件，如图 9-1 所示。

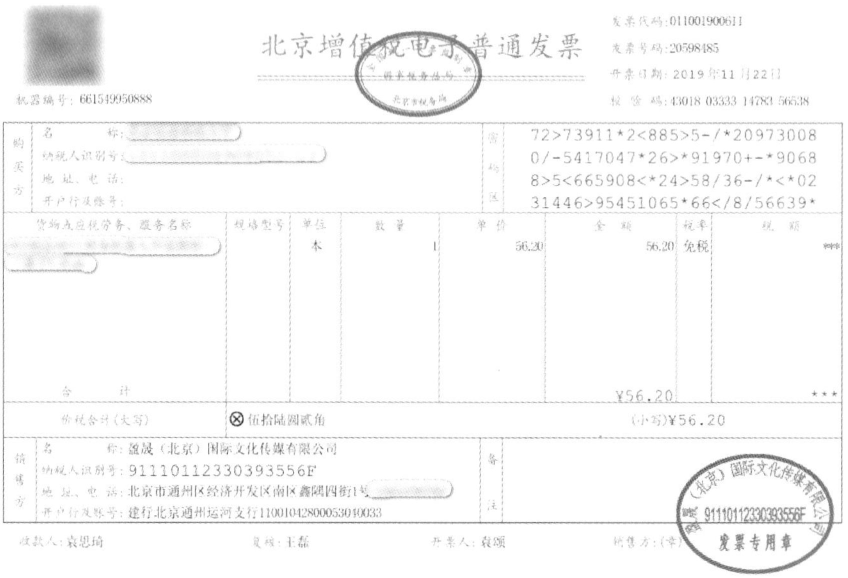

图 9-1　电子发票 PDF 文件

（2）发票查验平台（模拟），如图 9-2 所示。

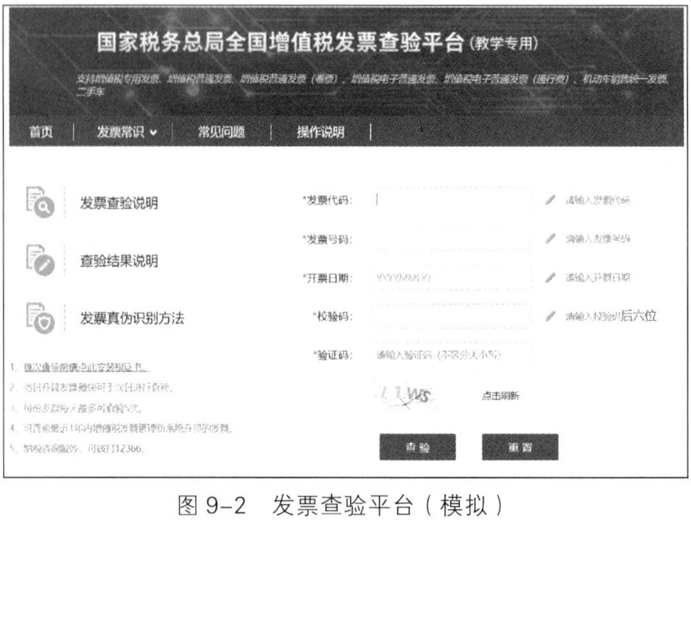

图 9-2　发票查验平台（模拟）

知识讲解

OCR 的作用是将图片或扫描件等非结构化数据中的文字识别成可编辑的文本。财会工作中经常会遇到各种非结构化的数据源，如图片（发票、表格、身份证、合同等），需要业务人员手动将其中重要的数据提取出来才能进行后续的操作。实现 OCR 智能识别的途径分为两种，一种是通过硬件扫描仪识别，另一种是通过软件（服务器端口）识别。通过 RPA 将图片等数据源上传到 OCR 服务器端口，OCR 服务器端口会返回类似 JSON 格式的数据，RPA 自动解析该格式的数据，生成结构化数据进行保存或者后续的填入操作。UiBot 中主要提供了 3 种 OCR 识别功能：本地 OCR、百度 OCR、Mage AI。

9.1　流程分析

本章引导案例的手工流程比较简单。首先登录发票查验平台，打开电子发票的 PDF 文件，在查验平台上手工输入发票代码、发票号码、开票日期和校验码后 6 位；然后输入验证码，单击"查验"按钮，平台开始查验发票；最后返回查验结果。如果输入的发票信息是正确的，就会返回相关的发票信息；如果输入的发票信息是错误的，则查询结果返回"不一致"。

微课 9-1

电子发票验真的手工业务流程如图 9-3 所示。

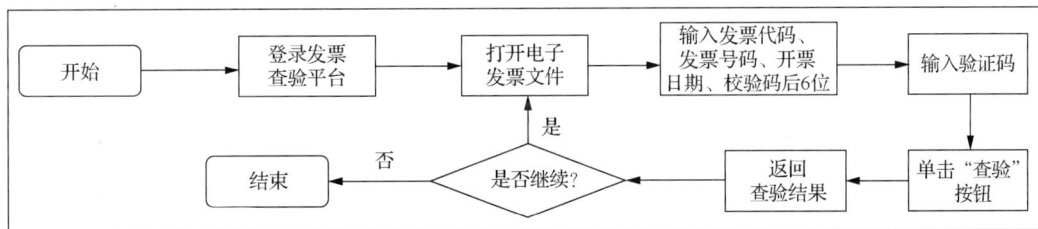

图 9-3　电子发票验真的手工业务流程

该业务流程痛点：①通过键盘输入发票代码、发票号码等数据，工作量大、价值低；②填写过程中人为操作容易出错；③验证码复杂多变，很难一次输入正确；④若需要验真的发票较多，则重复性工作量大。

9.2　流程设计

本引导案例的开发流程与手工流程有区别，共设计了两个流程块。"获取发票信息"流程块，利用 UiBot Mage 的 AI 能力将发票的发票代码、发票号码、开票日期和校验码等信息提取出来，先存放到 Excel 表中，而不是直接填写到发票

微课 9-2

查验平台验证发票真伪，这样便于以后多次调用这些信息。"发票验真"流程块，首先打开发票查验平台，然后将 Execl 表中的发票代码、发票号码、开票日期和校验码后 6 位填写到发票查验平台，输入验证码开始查验，屏幕显示查验结果，最后将查验结果写到 Excel 表中，流程结束。

1. 变量设计

本案例开发过程中，没有使用全局变量，只用到了局部变量，且大部分变量使用系统自动生成的变量名。发票代码、发票号码、开票日期、校验码 4 个信息就采用其各自的中文名称作为自定义变量名，方便识别。从表 9-1 中可以看出，不同流程块中的变量可以同名，可以表示相同的含义，也可以表示不同的含义。

本案例涉及的变量及其解释如表 9-1 所示。

表 9–1　　　　　　　　　　　　　　　变量及其解释

变量范围		变量名	解释
流程块 变量	获取发票信息	objExcelWorkBook	表示"发票信息.xlsx" Excel 文件
		arrayRet	将通过 Mage AI 获取的发票信息存入数组 arrayRet 中
		发票代码、发票号码、 开票日期、校验码	自定义变量，表示从 arrayRet[0]中提取出的发票代码、发票号码、开票日期、校验码后 6 位
	发票验真	objExcelWorkBook	表示"发票信息.xlsx" Excel 文件
		arrayRet	表示从 Excel 表中读取的发票代码、发票号码、开票日期、校验码
		hWeb	表示发票查验平台网页
		sRet	表示验证码
		sText	表示查询结果

2. 开发流程设计

本案例开发流程图及流程块设计如图 9-4 所示。"获取发票信息"流程块用到了 Mage AI 能力，能直接从电子发票中提取出发票代码、发票号码、开票日期和校验码信息，这里需要将提取的开票日期和校验码处理成发票查验平台要求的格式。"发票验真"流程块，首先要打开发票查验平台网页，这里我们使用的是教学用的发票查验平台模拟网页。读者也可以登录国家税务总局全国增值税发票查验平台的真实网页进行发票验证，此网页打开速度慢，还会有一些限制，因此用教学模拟网页更方便。本案例中利用 Mage AI 能力识别验证码非常方便，大部分验证码能够识别出来，个别复杂、模糊的验证码识别有误。真实发票查验平台的验证码比较复杂，可以借助第三方平台来处理复杂验证码，或将验证码部分由人工输入，形成人机协同。最后将查询结果"通过"或"未通过"写入 Excel 文件中。

流程图	流程块
开始	
获取发票信息	Mage AI 识别电子发票
	提取发票代码、发票号码、开票日期、校验码
	提取开票日期中的数字部分
	提取校验码后6位
	打开"发票信息.xlsx"文件
	将发票代码、发票号码、开票日期、校验码等写入Excel文件
	关闭"发票信息.xlsx"文件
发票验真	打开发票查验平台
	打开"发票信息.xlsx"文件
	读取发票代码、发票号码、开票日期和校验码
	将发票代码、发票号码等信息写到网页相应位置
	Mage AI 识别电子发票
	填写验证码
	单击"查验"按钮
	在屏幕上用OCR识别"查无此票"字样
	true　　显示"查无此票"？　　false
	在E2中写入"未通过"　|　在E2中写入"通过"
结束	关闭"发票信息.xlsx"文件

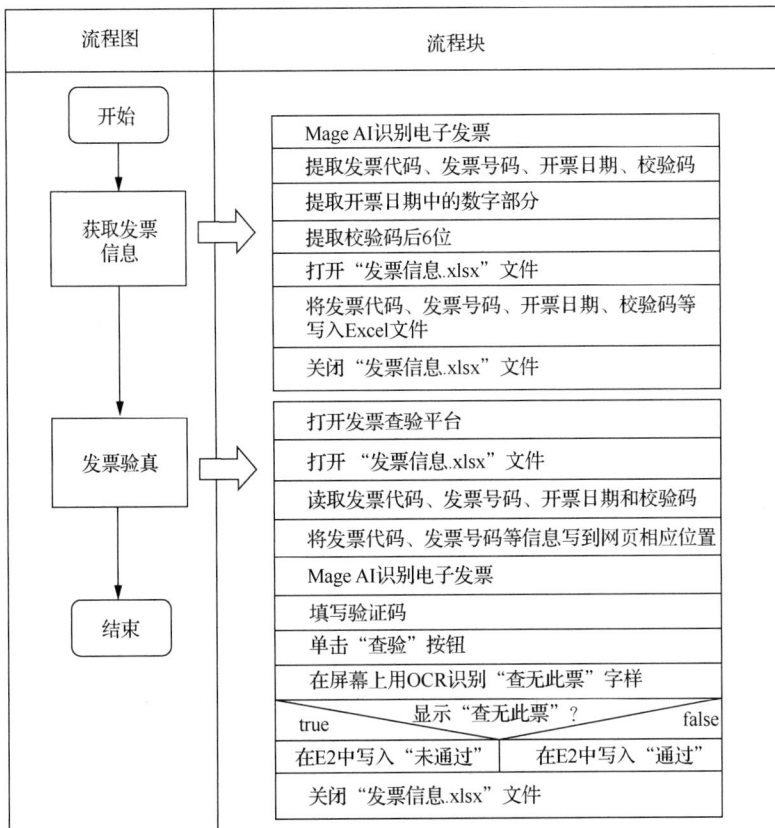

图 9-4　OCR 智能识别自动化开发流程设计

9.3　流程开发

下面具体介绍本章引导案例 RPA 机器人的流程图绘制及变量设置。

9.3.1　流程图绘制

根据前面对 RPA 机器人流程的分析和设计，我们可以绘制出流程图，如图 9-5 所示。

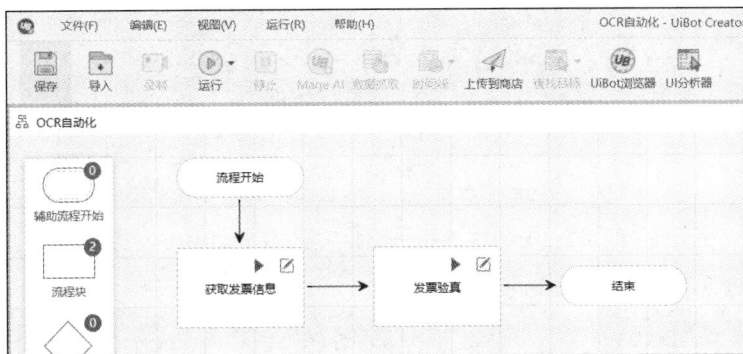

图 9-5　流程图绘制

9.3.2 变量设置

本案例不设置全程使用的流程图变量。各流程块的大部分变量采用默认变量名,"获取发票信息"流程块的 4 个自定义变量直接以汉字表示,分别是"发票代码""发票号码""开票日期"和"校验码"。

9.3.3 "获取发票信息"流程块开发

"获取发票信息"流程块开发如表 9-2 所示。

微课 9-3-1

表 9-2 "获取发票信息"流程块开发

流程图	流程块
▶ ✎ 获取发票信息	**可视化** 源代码 📖查看变量 将PDF文件中 指定页 通过Mage AI通用多票据识别,赋值给 arrayRet 获取 arrayRet[0] 中 增值税电子普通发票 的 发票代码,赋值给 发票代码 获取 arrayRet[0] 中 增值税电子普通发票 的 发票号码,赋值给 发票号码 获取 arrayRet[0] 中 增值税电子普通发票 的 开票日期,赋值给 开票日期 获取 arrayRet[0] 中 增值税电子普通发票 的 校验码,赋值给 校验码 抽取字符串 开票日期 中的所有数字,赋值给 开票日期 获取 校验码 的右边 6 个字符,赋值给 校验码 打开Excel工作簿,路径为 "发票信息.xlsx",赋值给 objExcelWorkBook 从单元格 "A2" 开始写入一行数据 关闭Excel工作簿

【实现步骤】

步骤 01 执行"Mage AI"—"通用多票据识别"—"PDF 多票据识别"命令,利用 Mage AI 识别发票信息,属性设置如图 9-6 所示。

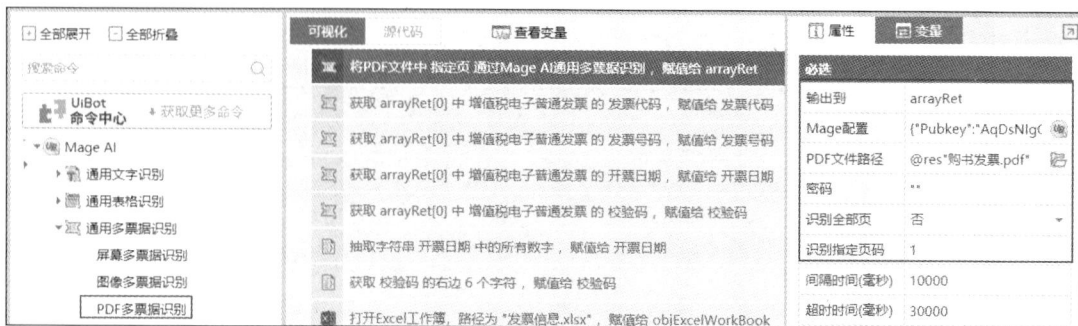

图 9-6 识别发票信息

步骤 02 单击"属性"选项卡中"Mage 配置"右侧的 按钮,进行 Mage 配置,如图 9-7 所示。

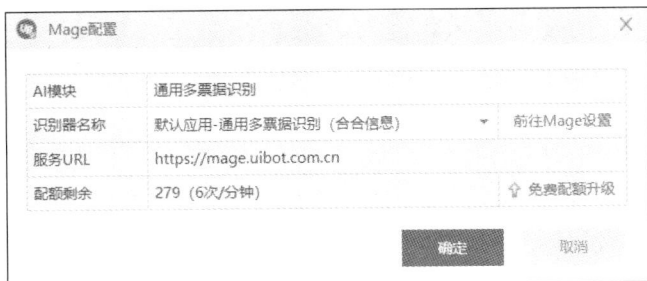

图 9-7　Mage 配置

步骤 03 单击"确定"按钮。执行"Mage AI"—"通用多票据识别"—"获取票据内容"命令，获取发票代码数据并将其输出到"发票代码"变量中，属性设置如图 9-8 所示。同理，获取发票号码、开票日期和校验码数据。

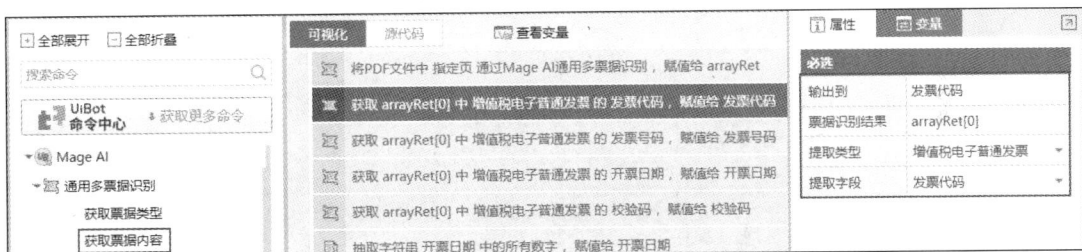

图 9-8　获取发票代码

步骤 04 执行"数据处理"—"字符串"—"抽取字符串中数字"命令，抽取开票日期中的数字，属性设置如图 9-9 所示。

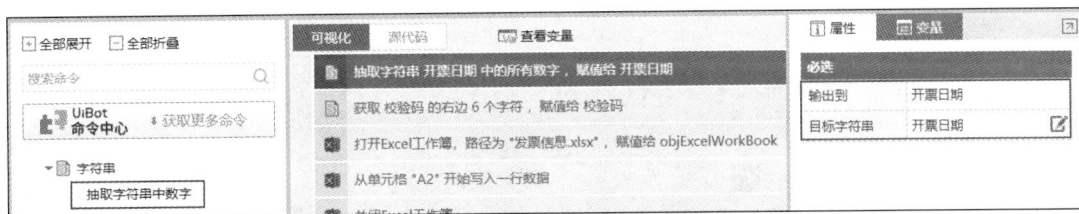

图 9-9　抽取开票日期中的数字

步骤 05 执行"数据处理"—"字符串"—"获取右侧字符串"命令，截取校验码后 6 位数字，属性设置如图 9-10 所示。

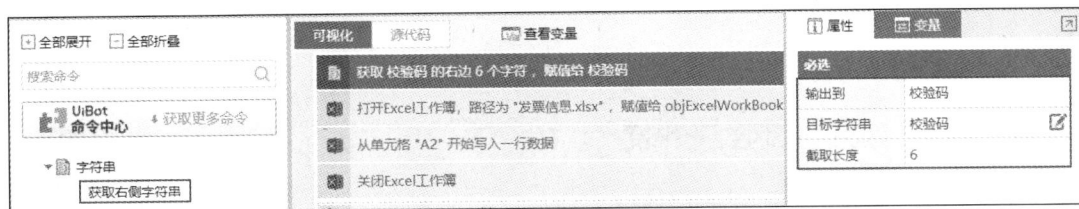

图 9-10　截取校验码后 6 位数字

步骤 06 执行"软件自动化"—"Excel"—"打开 Excel 工作簿"命令,打开"发票信息.xlsx"工作簿,属性设置如图 9-11 所示。

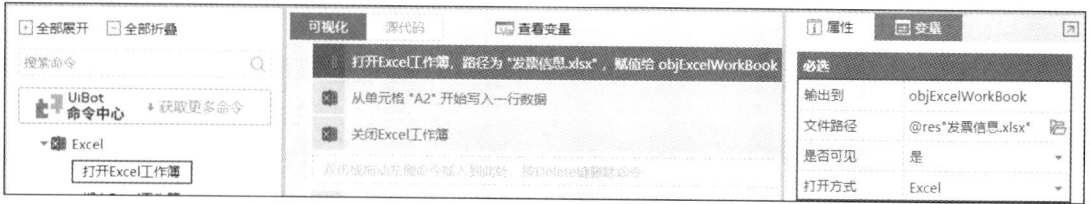

图 9-11 打开 Excel 工作簿

步骤 07 执行"软件自动化"—"Excel"—"导入行"命令,将发票代码、发票号码、开票日期和校验码写入从 A2 开始的行。数据的表示为"[发票代码,发票号码,开票日期,校验码]",如图 9-12 所示。

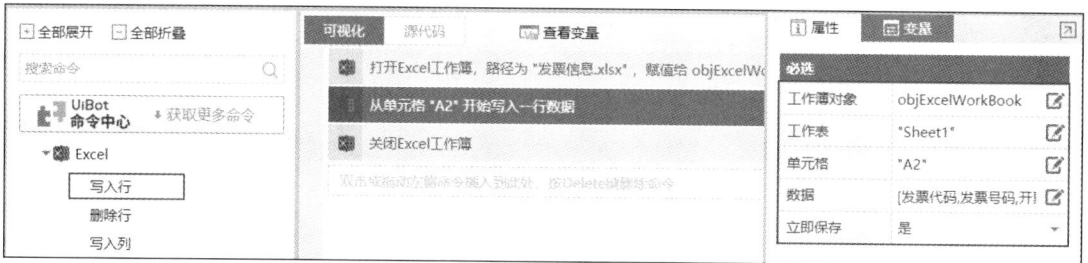

图 9-12 将发票信息写入 Excel 工作簿

步骤 08 执行"软件自动化"—"Excel"—"关闭 Excel 工作簿"命令,关闭"发票信息.xlsx"工作簿,属性设置如图 9-13 所示。

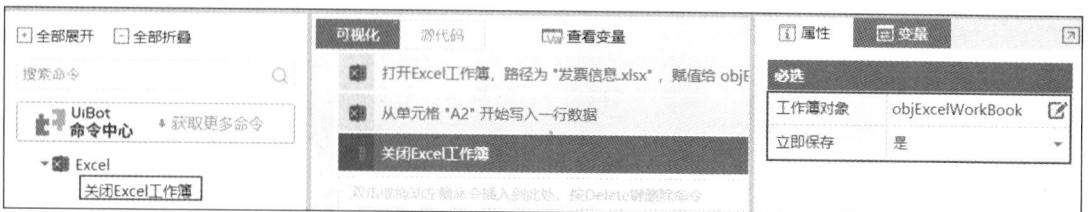

图 9-13 关闭 Excel 工作簿

9.3.4 "发票验真"流程块开发

"发票验真"流程块开发如表 9-3 所示。

微课 9-3-2

表9-3　　　　　　　　　　　　　　　　　"发票验真"流程块开发

流程图	流程块
发票验真	可视化　源代码　　查看变量 启动 "chrome" 浏览器，并将此浏览器作为操控对象，赋值给 hWeb 打开Excel工作簿，路径为 "发票信息.xlsx"，赋值给 objExcelWorkBook 读取单元格"A2"所在行的值，赋值给 arrayRet 在目标元素中输入文本 arrayRet[0] 在目标元素中输入文本 arrayRet[1] 在目标元素中输入文本 arrayRet[2]　YYYYMMDD 在目标元素中输入文本 arrayRet[3] 在指定屏幕上通过Mage AI进行验证码识别，赋值给 sRet 在目标元素中输入文本 sRet　请输入验证码(不区分大小写) 鼠标点击目标　查验 在屏幕上进行本地OCR识别，赋值给 sText　查无此票 如果 sText 等于 "查无此票" 则 　　将 "未通过" 写入单元格 "E2" 　　双击或拖动左侧命令插入到此处，按Delete键删除命令 否则 　　将 "通过" 写入单元格 "E2" 　　双击或拖动左侧命令插入到此处，按Delete键删除命令 关闭Excel工作簿

【实现步骤】

步骤01 执行"软件自动化"—"浏览器"—"启动新的浏览器"命令，打开发票查验平台（模拟），网址为 https://fz.chanapp.chanjet.com/fpcy/index.html，属性设置如图9-14所示。

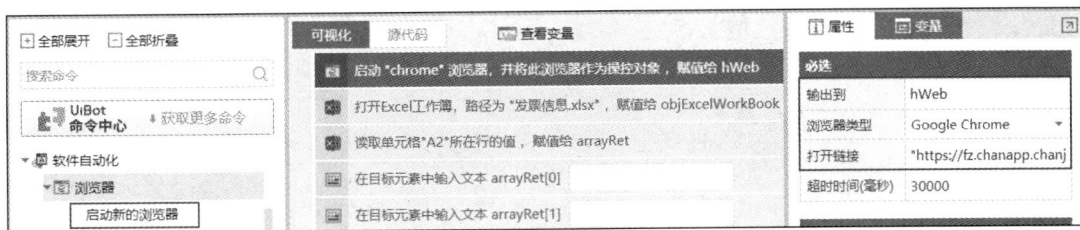

图9-14　打开发票查验平台（模拟）

步骤02 执行"软件自动化"—"Excel"—"打开Excel工作簿"命令，打开"发票信息.xlsx"文件，属性设置如图9-15所示。

步骤03 执行"软件自动化"—"Excel"—"读取行"命令，读取A2单元格所在行的数据，即读取发票代码、发票号码、开票日期和校验码信息，属性设置如图9-16所示。

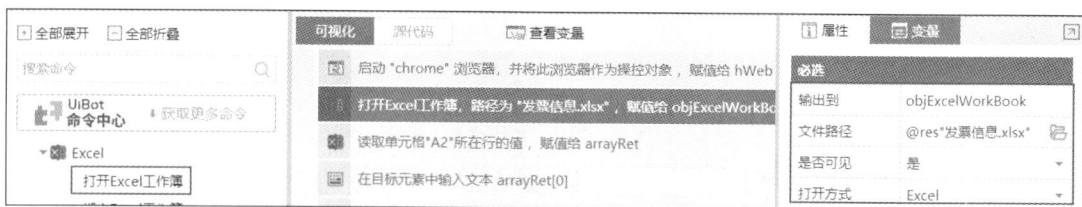

图 9-15　打开 Excel 工作簿

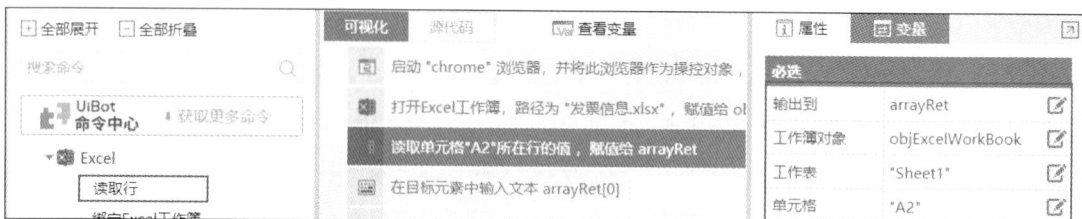

图 9-16　读取行

步骤 04 执行"鼠标键盘"—"键盘"—"在目标中输入"命令，将发票代码填写到页面相应位置，设置属性前需先查找目标（即用遮罩遮住"发票代码"文本框），属性设置如图 9-17 所示。同理，设置填写发票号码、开票日期和校验码的命令。

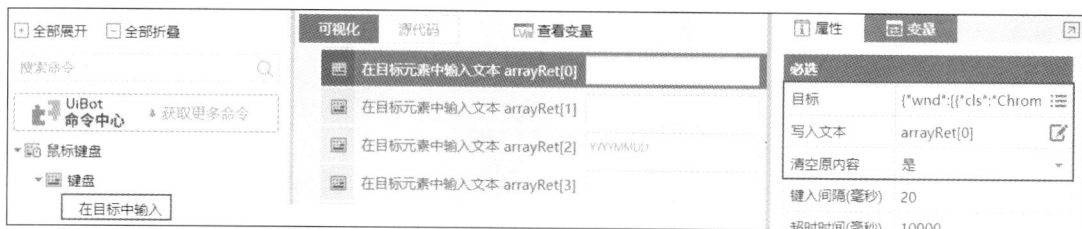

图 9-17　填写发票代码

步骤 05 执行"Mage AI"—"验证码识别"—"屏幕验证码识别"命令，进行屏幕验证码识别。设置属性前需先查找目标（即用遮罩遮住验证码显示区），然后进行 Mage 配置，设置后如图 9-18 所示。

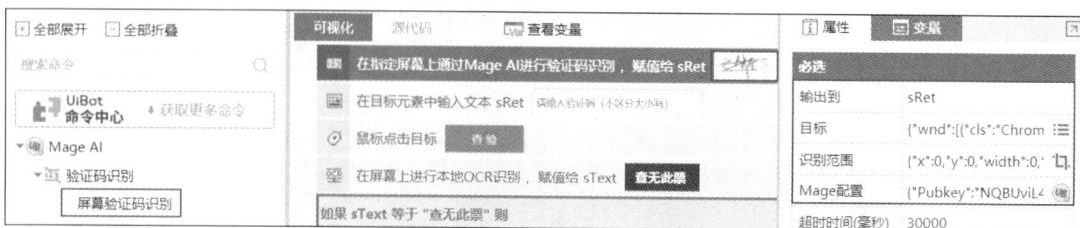

图 9-18　屏幕验证码识别

步骤 06 执行"鼠标键盘"—"键盘"—"在目标中输入"命令，填写验证码。设置属性前需先查找目标（即用遮罩遮住"验证码"文本框），设置后如图 9-19 所示。

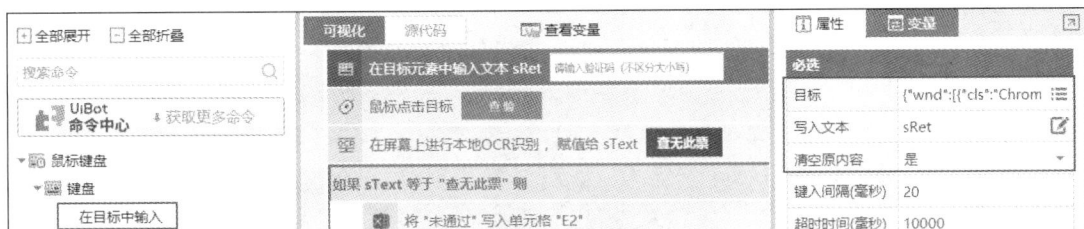

图 9-19　填写验证码

步骤 07　执行"鼠标键盘"—"鼠标"—"点击目标"命令，单击"查验"按钮。设置属性前需先查找目标（即用遮罩遮住按钮），设置后如图 9-20 所示。

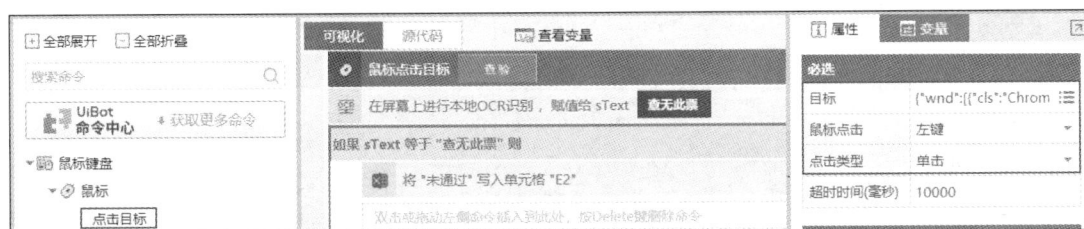

图 9-20　单击"查验"按钮

步骤 08　执行"界面操作"—"本地 OCR（实验功能）"—"屏幕 OCR 识别"命令，在屏幕上识别"查无此票"字样。设置属性前需先选取屏幕上出现"查无此票"字样的区域，设置后如图 9-21 所示。

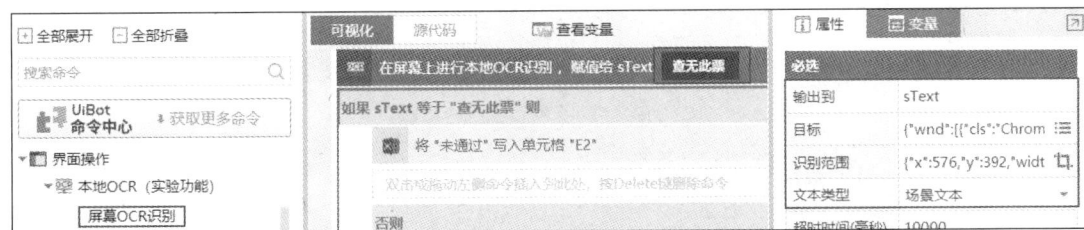

图 9-21　屏幕 OCR 识别

步骤 09　执行"基本命令"—"语法词法"—"条件分支"命令，判断是否从屏幕上识别到"查无此票"字样，属性设置如图 9-22 所示。

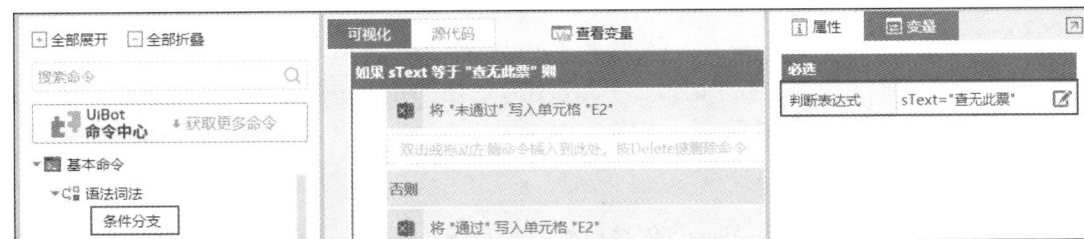

图 9-22　设置条件分支

步骤 10 执行"软件自动化"—"Excel"—"写入单元格"命令,设置条件分支中条件满足时要执行的命令,将"未通过"写入 E2 单元格,属性设置如图 9-23 所示。同理,设置条件分支中条件不满足时要执行的命令,将"通过"写入 E2 单元格。

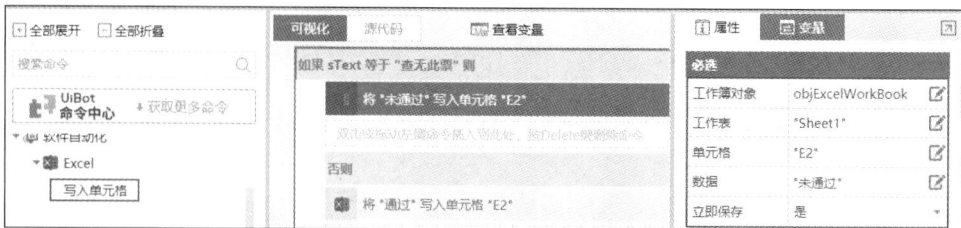

图 9-23 将"未通过"写入 E2 单元格

步骤 11 执行"软件自动化"—"Excel"—"关闭 Excel 工作簿"命令,关闭"发票信息.xlsx"文件,属性设置如图 9-24 所示。

图 9-24 关闭 Excel 工作簿

9.4 流程运行

本章引导案例的 RPA 机器人动态运行流程可扫描右侧二维码观看。

微课 9-4

9.5 案例核心知识点

本章引导案例的 RPA 机器人实现过程中涉及的核心知识点总结如下。

微课 9-5

9.5.1 PDF 多票据识别

1. 功能

使用"PDF 多票据识别"命令,可通过 UiBot Mage 通用多票据识别功能指定页码的 PDF 文件识别,并返回结果数组,数组的第一个元素存放的是 PDF 文件第一页的内容。在识别多页 PDF 文件的过程中,如果其中一页识别失败,则整个识别流程会返回错误,且会消耗配额(社区版免费配额为 300 个)。

"PDF 多票据识别"命令,可实现除增值税电子发票外其他常见票据的识别,在 RPA 财务机器人应用场景中广泛使用。

2. 命令位置及语句（见表 9-4）

表 9-4　　　　　　　"PDF 多票据识别"命令位置及语句

命令位置	语句
▼ Mage AI 　▼ 通用多票据识别 　　　PDF多票据识别	可视化　源代码　　查看变量 将PDF文件中 指定页 通过Mage AI通用多票据识别，赋值给 arrayRet

3. 属性说明（见表 9-5）

表 9-5　　　　　　　"PDF 多票据识别"命令的属性说明

属性	设置值	说明
输出到	arrayRet	将命令运行后的结果赋值给此变量 arrayRet
Mage 配置	（略）	UiBot Mage 的调用配置
PDF 文件路径	@res"购书发票.pdf"	PDF 文件所在路径
识别指定页码	1	识别第 1 页

4. 运行结果

该命令的运行结果是将 PDF 文件的电子发票信息识别结果存入 arrayRet 数组中。

9.5.2　获取票据内容

1. 功能

使用"获取票据内容"命令，可获取通用多票据识别结果中的票据内容。比如，正常情况下要提取电子发票中的发票号码、开票日期、价税合计等信息，每次只能提取一种信息，如果想提取多种信息，需要多次设置获取票据内容命令。此命令通常和"PDF 多票据识别""屏幕多票据识别""图像多票据识别"命令联合使用。

2. 命令位置及语句（见表 9-6）

表 9-6　　　　　　　"获取票据内容"命令位置及语句

命令位置	语句
▼ Mage AI 　▼ 通用多票据识别 　　　获取票据内容	可视化　源代码　　查看变量 获取 arrayRet[0] 中 增值税电子普通发票 的 发票代码，赋值给 发票代码

3. 属性说明（见表 9-7）

表 9-7　　　　　　　"获取票据内容"命令的属性说明

属性	设置值	说明
输出到	发票代码	提取发票中的发票代码存入发票代码变量中
票据识别结果	arrayRet[0]	表示 PDF 多票据识别结果中的第 1 页的数据

续表

属性	设置值	说明
提取类型	增值税电子普通发票	有多种票据类型可供选择，如增值税专用发票、增值税普通发票、增值税电子普通发票、出租车发票、火车票、航空行程单等常见票据
提取字段	发票代码	发票中的全部信息可供选择，如发票代码、开票日期、数量、单价、金额、税率、税额、价税合计等

4. 运行结果

该命令的运行结果是将提取 PDF 多票据识别结果中的发票代码信息。

9.5.3 屏幕验证码识别

1. 功能

"屏幕验证码识别"命令的功能是使用 UiBot Mage 识别指定屏幕范围内的验证码，并返回识别结果。"屏幕验证码识别"命令对大部分验证码的识别结果较准确，个别复杂、模糊的验证码的识别可能有误。

2. 命令位置及语句（见表 9-8）

表 9-8 "屏幕验证码识别"命令位置及语句

命令位置	语句
▼ Mage AI 　▼ 验证码识别 　　屏幕验证码识别	可视化　源代码　查看变量 在指定屏幕上通过 Mage AI 进行验证码识别，赋值给 sRet

3. 属性说明（见表 9-9）

表 9-9 "屏幕验证码识别"命令的属性说明

属性	设置值	说明
输出到	sRet	将命令运行后的结果赋值给变量 sRet
目标	（略）	通过鼠标选取或截取需要识别的目标屏幕范围，通常是窗口
识别范围	（略）	需要查找的范围，程序会在这个范围内进行识别
Mage 配置	（略）	UiBot Mage 的调用配置，一般使用默认配置

4. 运行结果

此命令的运行结果是提取指定窗口、指定区域内的验证码，并将其赋值给 sRet。

9.5.4 屏幕 OCR 识别

1. 功能

"屏幕 OCR 识别"命令的功能是使用本地 OCR 功能识别屏幕指定窗口范围内的文本内容。

执行"屏幕 OCR 识别"命令时不需要访问网络，使用方便，没有调用频次的限制，但需要消耗一定的系统资源。

2. 命令位置及语句（见表 9-10）

表 9-10 "屏幕 OCR 识别"命令位置及语句

命令位置	语句
▼ ▣ 界面操作 　▼ ▨ 本地OCR（实验功能） 　　　屏幕OCR识别	可视化　源代码　 ■ 在屏幕上进行本地OCR识别，赋值给 sText　查无此票

3. 属性说明（见表 9-11）

表 9-11 "屏幕 OCR 识别"命令的属性说明

属性	设置值	说明
输出到	sText	将命令运行后的结果即屏幕识别出的文字赋值给变量 sText
目标范围	（略）	对应需要操作的界面元素（在哪个窗口中识别）
识别范围	（略）	需要进行文字识别的范围，程序会在这个范围内进行文字识别
文本类型	场景文本	待识别的文本类型，包括场景文本和单行文本

4. 运行结果

执行"屏幕 OCR 识别"命令将在指定窗口的指定区域内进行文字识别。

9.5.5 抽取字符串中数字

1. 功能

"抽取字符串中数字"命令的功能是抽取目标字符串中的所有数字。

2. 命令位置及语句（见表 9-12）

表 9-12 "抽取字符串中数字"命令位置及语句

命令位置	语句
▼ ▦ 数据处理 　▼ ▨ 字符串 　　　抽取字符串中数字	可视化　源代码　 ■ 抽取字符串 开票日期 中的所有数字，赋值给 开票日期

3. 属性说明（见表 9-13）

表 9-13 "抽取字符串中数字"命令的属性说明

属性	设置值	说明
输出到	开票日期	将抽取结果放入变量"开票日期"中
目标字符串	开票日期	需要抽取数字的目标字符串变量

4. 运行结果

此命令的运行结果是将变量"开票日期"中的数字部分抽取出来再放入变量"开票日期"中,这样变量"开票日期"最终存放的是数字日期字符串,里面的文字被过滤掉了。

9.6 案例拓展知识点

微课 9-6

1. 全部通用多票据识别命令

在财会工作场景中,可通过 Mage AI 下的通用多票据识别命令提取常见票据(如各种增值税发票、车票等)上的信息。通用多票据识别命令的功能说明如表 9-14 所示。

表 9-14   通用多票据识别命令功能说明

命令菜单	具体命令	功能说明
▼ Mage AI 　▼ 通用多票据识别 　　屏幕多票据识别 　　图像多票据识别 　　PDF多票据识别 　　获取票据类型 　　获取票据内容	屏幕多票据识别	使用 UiBot Mage 识别指定屏幕范围内的多种票据,识别结果为数组
	图像多票据识别	使用 UiBot Mage 识别指定图像中的多种票据,识别结果为数组
	PDF 多票据识别	将 PDF 文件的指定页通过 UiBot Mage 通用多票据识别,返回结果数组。在识别多页过程中如果其中一页识别失败则整个识别流程会返回错误,且会消耗配额
	获取票据类型	获取通用多票据识别结果中的票据类型
	获取票据内容	获取通用多票据识别结果中的票据内容

2. 通用卡证识别命令

使用通用卡证识别命令,可以提取常见卡证(如银行卡、身份证等)上的信息,其操作命令与通用多票据识别命令类似,此处不赘述。

3. 全部验证码识别命令

Mage AI 下的验证码识别命令,如表 9-15 所示。该类命令可以识别出大部分验证码,识别率较高,对于个别复杂、模糊的验证码,识别不够准确。

表 9-15   验证码识别命令功能说明

命令菜单	具体命令	功能说明
▼ Mage AI 　▼ 验证码识别 　　屏幕验证码识别 　　图像验证码识别	屏幕验证码识别	使用 UiBot Mage 识别指定屏幕范围内的验证码,返回识别结果
	图像验证码识别	使用 UiBot Mage 识别指定图像中的验证码,返回识别结果

4. 全部本地 OCR 命令

本地 OCR 命令是 UiBot 提供的 OCR 命令,如表 9-16 所示。其使用不受次数限制、不收费,而且可以离线使用。在同等情况下,应优先使用本地 OCR 命令,其次考虑第三方 OCR 命令。

表 9-16 本地 OCR 命令功能说明

命令菜单	具体命令	功能说明
▼ 🖳 界面操作 　▼ 🖳 本地OCR (实验功能) 　　鼠标点击OCR文本 　　鼠标移动到OCR文本上 　　查找OCR文本位置 　　图像OCR识别 　　屏幕OCR识别	鼠标点击 OCR 文本	对窗口范围内进行指定文字识别，如果识别到指定文字就单击它
	鼠标移动到 OCR 文本上	对窗口范围内进行指定文字识别，如果识别到指定文字就将鼠标指针移动到文本所在的位置
	查找 OCR 文本位置	在窗口范围内查找指定文本的位置，成功则返回字典类型的文本位置，失败则引发异常
	图像 OCR 识别	识别指定图像文件的文本内容
	屏幕 OCR 识别	识别屏幕指定窗口范围内的文本内容

5. 全部 OCR（百度）命令

UiBot 不仅能提供原生的 OCR 服务，还能提供功能强大的第三方 OCR 服务（如百度云 OCR 服务）。百度云 OCR 服务能较为准确地识别界面上的文字、数字，对发票、身份证、火车票等票证也能够较准确地识别其中的信息。UiBot 中的 OCR（百度）命令如表 9-17 所示。

表 9-17 OCR（百度）命令功能说明

命令菜单	具体命令	功能说明
▼ 🖳 界面操作 　▼ 🖳 OCR（百度） 　　鼠标点击OCR文本 　　鼠标移动到OCR文本上 　　查找OCR文本位置 　　图像OCR识别 　　图像特殊OCR识别 　　屏幕OCR识别 　　屏幕特殊OCR识别	鼠标点击 OCR 文本	使用 OCR 对窗口范围内进行指定文字识别，如果识别到指定文字就单击它，调用时需要访问互联网
	鼠标移动到 OCR 文本上	使用 OCR 对界面元素范围内进行指定文字识别，如果识别到指定文字就将鼠标指针移动到文本所在的位置，调用时需要访问互联网
	查找 OCR 文本位置	使用 OCR 查找文本位置，成功则返回字典类型的文本位置，失败则引发异常，调用时需要访问互联网
	图像 OCR 识别	识别指定图像，调用时需要访问互联网
	图像特殊 OCR 识别	对指定图像进行特殊的识别，调用时需要访问互联网
	屏幕 OCR 识别	识别屏幕指定范围的内容，调用时需要访问互联网
	屏幕特殊 OCR 识别	对屏幕指定范围的内容进行特殊的识别，调用时需要访问互联网

百度云 OCR 服务在使用上有一定的限制：①需要接入互联网；②有固定的免费额度，超出部分要收费；③需要申请百度云账号和百度云 OCR 服务账号。

本章习题

一、单选题

1. Mage AI 下的"PDF 多票据识别"命令，返回的结果是（　　　）。

　　A. 字典　　　　　　B. 数组　　　　　　C. 字符型　　　　　　D. 布尔型

2. Mage AI 下对于识别出的 PDF 电子发票，要想得到发票上的信息（如发票代码、开票日期等），需要使用（　　　）命令。

    A.　"获取票据类型"　　　　　　　　　　B.　"获取票据文本"

    C.　"获取票据图片"　　　　　　　　　　D.　"获取票据内容"

3. 本章案例中判断电子发票的查验结果是否真实，是通过（　　　）命令实现的。

    A.　"屏幕验证码识别"　　　　　　　　　B.　"图片验证码识别"

    C.　"屏幕 OCR 识别"　　　　　　　　　　D.　"图片 OCR 识别"

4. 对于识别出的发票日期是以"2022 年 1 月 20 日"此种格式表示的，要想将其变为"20220120"格式，可使用（　　　）命令。

    A.　"获取左侧字符串"　　　　　　　　　B.　"获取右侧字符串"

    C.　"获取中间字符串"　　　　　　　　　D.　"获取字符串中数字"

5. 从电子发票上获取的校验码通常是 20 位数字，进行发票验真时只需要输入后 6 位，可通过（　　　）命令获取校验码后 6 位。

    A.　"获取左侧字符串"　　　　　　　　　B.　"获取右侧字符串"

    C.　"获取中间字符串"　　　　　　　　　D.　"获取字符串长度"

二、多选题

1. Mage AI 下的"PDF 多票据识别"命令可以识别的票据包括（　　　）。

    A.　增值税专用发票　　　　　　　　　　B.　出租车发票

    C.　火车票　　　　　　　　　　　　　　D.　航空行程单

2. 百度云 OCR 服务在使用上有一定的限制，包括（　　　）。

    A.　需要接入互联网　　　　　　　　　　B.　有固定的免费额度，超出部分要收费

    C.　需要申请百度云账号　　　　　　　　D.　需要申请百度云 OCR 服务账号

3. Mage AI 下的命令包括（　　　）。

    A.　"通用多票据识别"　　　　　　　　　B.　"验证码识别"

    C.　"通用卡证识别"　　　　　　　　　　D.　"通用表格识别"

4. 本章案例"发票验真"流程块用到的命令有（　　　）。

    A.　"通用多票据识别"　　　　　　　　　B.　"屏幕验证码识别"

    C.　"获取票据内容"　　　　　　　　　　D.　"屏幕 OCR 识别"

5. Mage AI 下的多票据识别命令包括（　　　）。

    A.　"屏幕多票据识别"　　　　　　　　　B.　"图像多票据识别"

    C.　"PDF 多票据识别"　　　　　　　　　D.　"Word 多票据识别"

三、判断题

1. 在使用 Mage AI 下的"PDF 多票据识别"命令时需要进行 Mage 配置。（　　　）

2. 使用"本地 OCR 命令"识别屏幕指定窗口范围内的文本内容时不需要访问网络，使用方便，没有调用频次的限制。（　　　）

3. OCR 是自然语言识别的英文缩写。（　　　）

4. Mage AI 下的"屏幕验证码识别"命令可以 100% 识别所有验证码。（　　　）

5. UiBot 社区版中的 Mage AI 命令并非完全免费使用。（　　　）

四、实训题

本章引导案例中，若给定多张发票，思考如何完善 RPA 流程，实现多张发票信息的自动提取及自动验真。

综合案例篇

第 10 章

网银付款机器人

学习目标

◆ 巩固 Excel、鼠标、键盘、浏览器等常用操作命令的用法；

◆ 巩固用"条件分支"命令设计选择结构、用"遍历数组"命令设计循环结构的方法；

◆ 熟悉网银付款机器人的财会应用场景；

◆ 掌握网银付款机器人的流程分析、流程设计、流程开发、流程运行等步骤；

◆ 掌握连接邮箱、获取邮件列表、下载附件、获取文件或文件夹列表等命令的用法。

本章导图

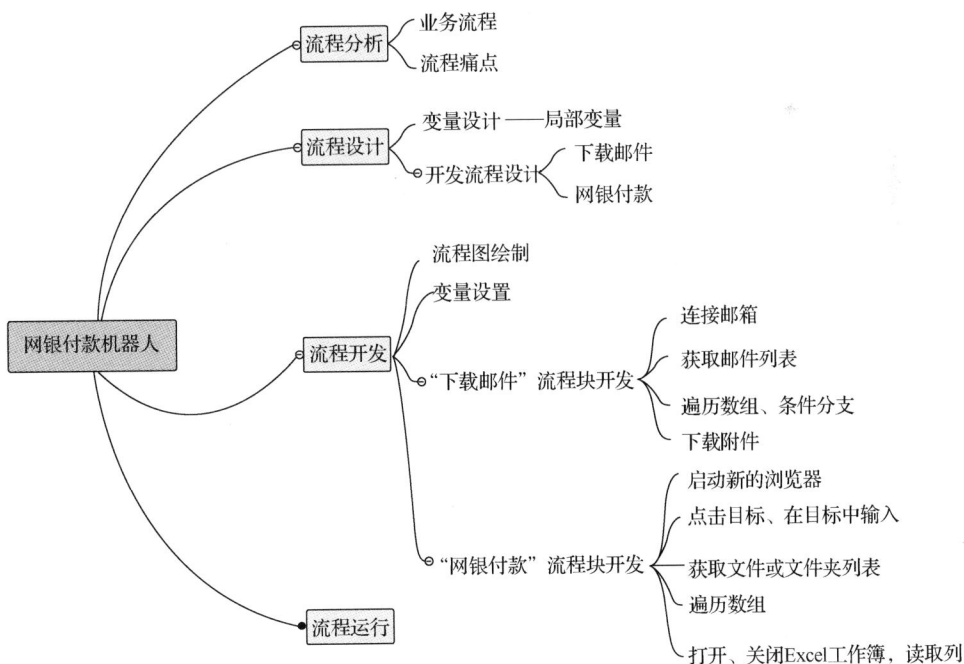

引导案例

某企业通过中国工商银行（以下简称工行）网站手动完成网银付款，该项工作由出纳员小王负责。

小王的工作流程是：每天早上登录邮箱，下载前一天由业务部门发送过来的付款申请单（Excel 格式，统一制定）；然后，小王通过 U 盾进入工行网站，打开每张付款申请单，并将相应信息复制到工行网站的“收款单位”“收款账号”“收款银行/行别”“汇款金额”“汇款用途”等文本框处。

（1）付款申请单样式，如图 10-1 所示。

付款申请单	
申请人	赵光宇
申请部门	采购部
申请日期	2021-07-08
付款公司	北京瑞嘉家电股份有限公司
付款类型	材料费
付款方式	银行转账
收款人名称	北京澄海电子元件有限公司
收款人开户行	建设银行北京通州支行
收款人银行账号	220010104001305862578
付款总额（元）	250000.00
付款说明	支付材料款
支付截止日期	2021-07-30
备注	
审批意见	已审批 張國海

图 10-1　付款申请单样式

（2）网银付款平台（模拟），如图 10-2 所示。

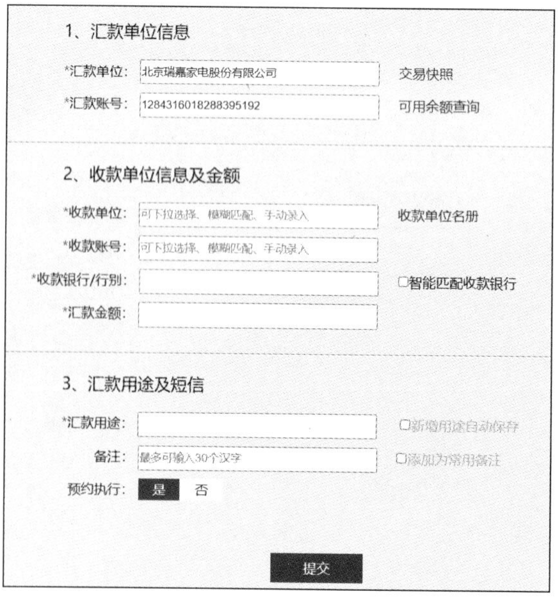

图 10-2　网银付款平台（模拟）

请设计一个 RPA 机器人，实现邮件附件自动接收并自动登录网银付款平台实现自动付款。

10.1　流程分析

本章引导案例的手工流程稍复杂，涉及多个异构系统，包括邮件系统、网银付款系统、Excel 应用程序等，需要处理的数据文件主要是 Excel 文件"付款申请单"。

微课 10-1

网银付款的手工业务流程如图 10-3 所示。

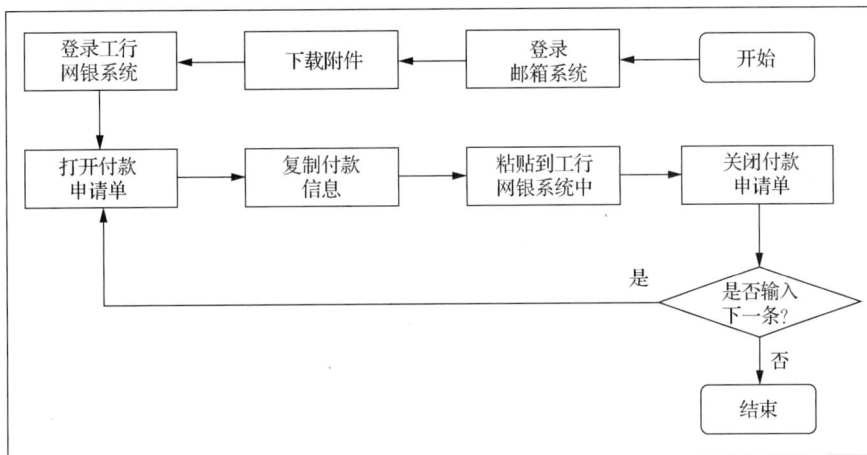

图 10-3　网银付款手工业务流程

该业务流程痛点：①每月的付款申请单有 500 份左右，每份付款申请单通过手动录入要 2 分钟，月共耗时在 17 小时左右；②鼠标、键盘操作工作量大、工作价值低；③重复性工作量大。

10.2　流程设计

本章引导案例共设计了两个流程块，即"下载邮件"流程块和"网银付款"流程块。

微课 10-2

1. 变量设计

本章引导案例 RPA 机器人的开发过程中，只用到局部变量，且由系统自动生成变量名，变量及其解释如表 10-1 所示。

表 10-1　　　　　　　　　　　　　　变量及其解释

变量范围		变量名	解释
流程块变量	下载邮件	objMail	对应连接的邮箱
		arrayRet	代表从邮箱中获取的邮件列表
	网银付款	objExcelWorkBook	表示"付款申请单×.xlsx" Excel 文件

变量范围		变量名	解释
流程块 变量	网银付款	arrayRet	在循环体外，表示获取到的文件名列表； 在循环体内表示读取到的付款信息
		hWeb	表示发票查验平台网页
		iRet	表示消息对话框

2. 开发流程设计

本案例的开发流程图及流程块设计如图 10-4 所示。"下载邮件"流程块用到了连接邮箱、获取邮件列表、下载附件 3 个命令实现自动登录邮箱并下载附件的功能。"网银付款"流程块，用到了获取文件或文件夹列表命令获得指定文件夹下的全部文件名，再结合遍历数组命令打开每一张付款申请单，将其信息填写到网银付款系统中。

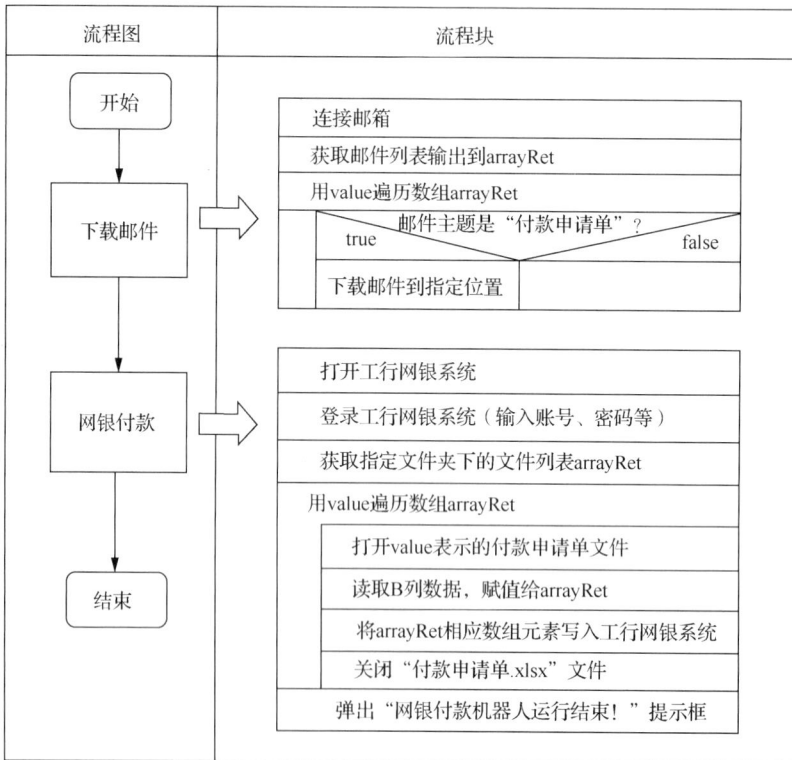

图 10-4　网银付款机器人开发流程设计

10.3　流程开发

下面具体介绍本章引导案例 RPA 机器人的流程图绘制及变量设置。

10.3.1　流程图绘制

根据前面对 RPA 机器人流程的分析和设计，我们可以绘制出流程图，如图 10-5 所示。

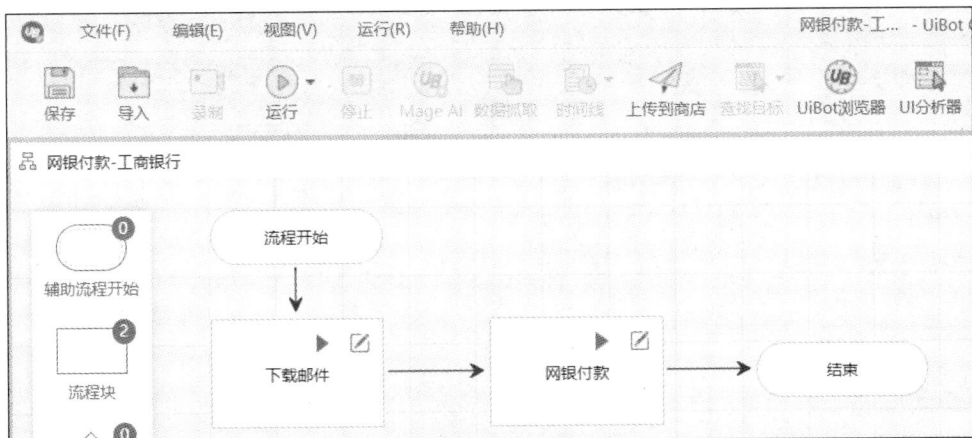

图 10-5　流程图绘制

10.3.2　变量设置

本章引导案例的 RPA 机器人开发不涉及流程图变量，各流程块均使用系统自动生成的流程块变量。

10.3.3　"下载邮件"流程块开发

"下载邮件"流程块开发如表 10-2 所示。

微课 10-3-1

表 10-2　　　　　　　　　　　　　　"下载邮件"流程块开发

流程图	流程块
下载邮件	

【实现步骤】

步骤 01 执行"网络"—"SMTP/POP"—"连接邮箱"命令，根据案例场景对该命令的属性进行必要的设置，连接小王的邮箱，如图 10-6 所示。注意服务器地址、登录账号、登录密码、使用协议的设置要正确。

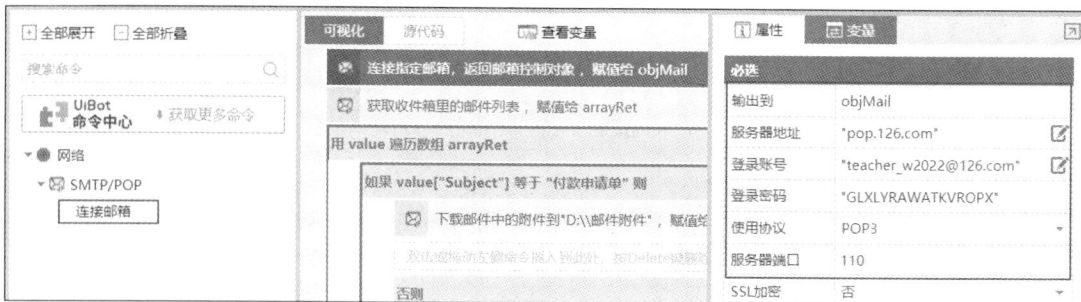

图 10-6　连接邮箱

步骤 02 执行"网络"—"SMTP/POP"—"获取邮件列表"命令，获取邮箱中的全部邮件列表，属性设置如图 10-7 所示。这里的邮件数量为 0，表示获取全部邮件。

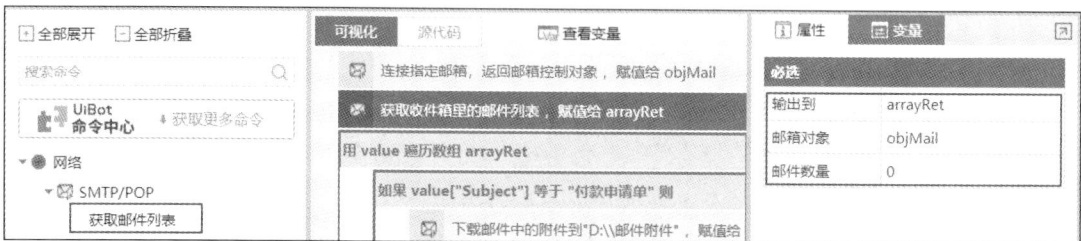

图 10-7　获取邮件列表

步骤 03 执行"基本命令"—"语法词法"—"遍历数组"命令，遍历邮件列表数组，属性设置如图 10-8 所示。

图 10-8　遍历邮件列表

步骤 04 执行"基本命令"—"语法词法"—"条件分支"命令，判断邮件主题是否为"付款申请单"。判断表达式设置为：value["Subject"]="付款申请单"，如图 10-9 所示。

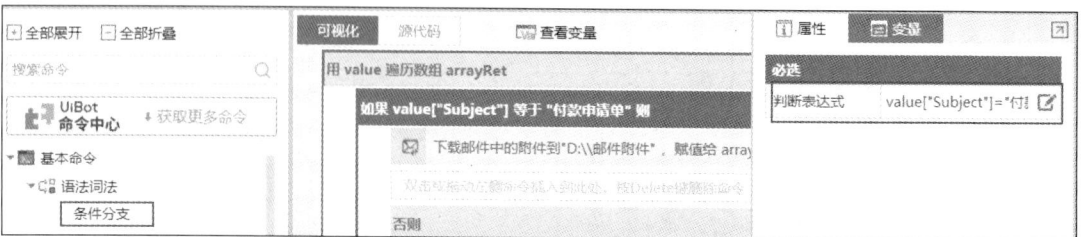

图 10-9　判断邮件主题是否为"付款申请单"

步骤 05　执行"网络"—"SMTP/POP"—"下载附件"命令，下载邮箱中所有主题为"付款申请单"的附件，属性设置如图 10-10 所示。

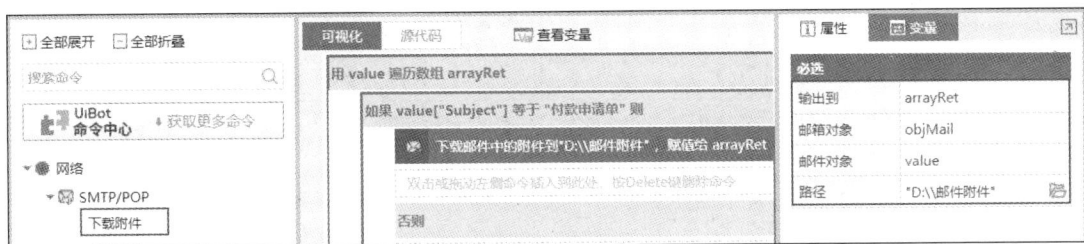

图 10-10　下载附件

10.3.4　"网银付款"流程块开发

"网银付款"流程块开发如表 10-3 所示。

微课 10-3-2

表 10-3　　　　　　　　　　　　　"网银付款"流程块开发

流程图	流程块
网银付款	

【实现步骤】

步骤 01　执行"软件自动化"—"浏览器"—"启动新的浏览器"命令，打开工行网银系统（模拟平台信息可从本书配套教学资源中获取），属性设置如图 10-11 所示。

图 10-11　打开工行网银系统（模拟）

步骤 02 执行"鼠标键盘"—"鼠标"—"点击目标"命令，设置鼠标点击目标为"企业网上银行登录"和"U盾登录"按钮。

步骤 03 执行"鼠标键盘"—"键盘"—"在目标中输入"命令，设置在目标元素中输入文本"666666"。

步骤 04 执行"鼠标键盘"—"鼠标"—"点击目标"命令，设置鼠标点击目标为"确定"按钮和"付款业务"按钮。

步骤 05 执行"文件处理"—"通用文件"—"获取文件或文件夹列表"命令，获取路径"D:\\邮件附件"下的文件列表，属性设置如图 10-12 所示。

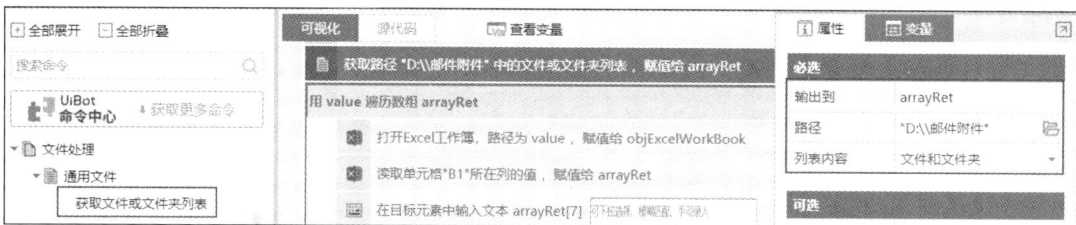

图 10-12　获取文件列表

步骤 06 执行"基本命令"—"语法词法"—"遍历数组"命令，用 value 遍历数组 arrayRet。

> **说明**
>
> 在循环体中设置下述第（7）～（11）步。

步骤 07 执行"软件自动化"—"Excel"—"打开 Excel 工作簿"命令，打开"付款申请单.xlsx"文件，路径为 value。

步骤 08 执行"软件自动化"—"Excel"—"读取列"命令，读取 B1 单元格所在列的值，并将其赋给 arrayRet。

步骤 09 执行"鼠标键盘"—"键盘"—"在目标中输入"命令，在相应的目标元素中输入文本，分别是 arrayRet[7]、arrayRet[9]、arrayRet[8]、arrayRet[10]、arrayRet[11]。

步骤 10 执行"鼠标键盘"—"鼠标"—"点击目标"命令，设置鼠标点击目标为"提交"和"返回"按钮。

步骤 11 执行"软件自动化"—"Excel"—"关闭 Excel 工作簿"命令，关闭"付款申请单.xlsx" 文件。

步骤 12 执行"系统操作"—"对话框"—"消息框"命令,设置消息提示框,标题为"UiBot",消息内容为"网银付款机器人运行结束!"。

10.4 流程运行

本章引导案例的 RPA 机器人动态运行流程可扫描右侧二维码观看。

微课 10-4

本章习题

一、思考题

1. 请思考本章引导案例 RPA 机器人流程开发中用到了哪些命令,并制作思维导图进行说明。

2. 本章引导案例中,在"网银付款"流程块中两次用到了 arrayRet 数组变量,请说明它分别代表的含义是什么?数组中的数组元素具体是什么?

二、实训题

对于下载附件的判断条件,在本章引导案例中是邮件主题为"付款申请单"。请重新设置判断条件:邮件主题为"付款申请单",并且收件日期为某个具体的日期,要求该日期在流程块开始处通过键盘输入。

第11章

客户档案录入机器人

学习目标

◇ 巩固 Excel、鼠标、键盘、本地 OCR 等常用操作命令的用法；

◇ 巩固用"遍历数组"命令设计循环结构的方法；

◇ 熟悉客户档案录入机器人的财会应用场景；

◇ 掌握客户档案录入机器人的流程分析、流程设计、流程开发、流程运行等步骤。

本章导图

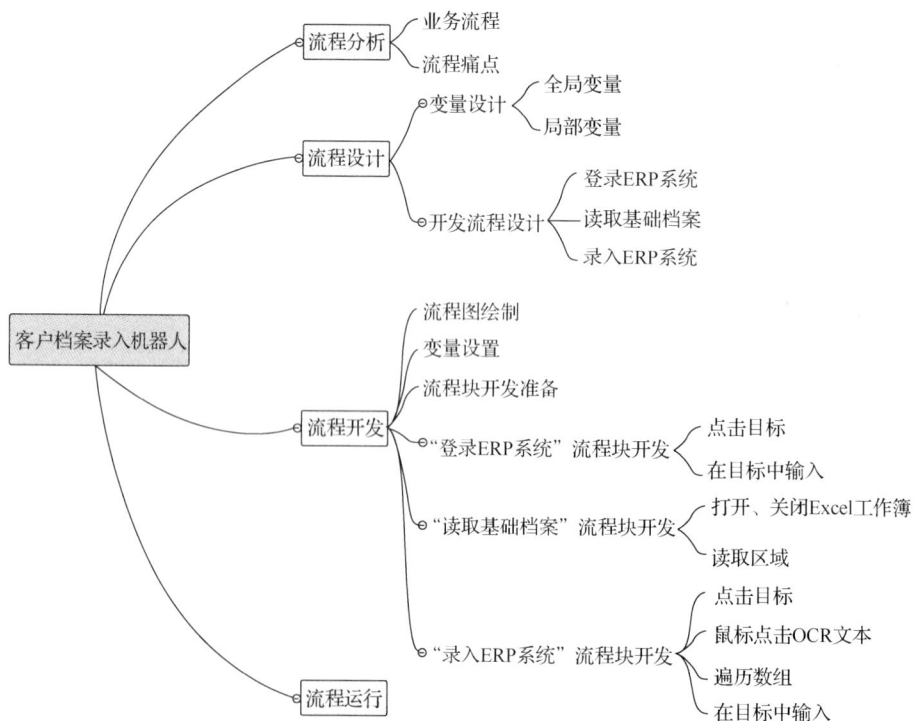

引导案例

某企业正在进行 ERP 系统的实施,在系统初始化阶段,有大量的基础档案需要整理成 Excel 表格,然后由人工录入 ERP 系统中。这些基础档案包括:部门档案、人员档案、客户档案、供应商档案、会计科目、凭证类别、项目档案、存货档案、仓库档案、固定资产原始卡片等。每类档案的数据记录都有很多。

以录入客户档案为例,其包括以下内容。

(1)由客户档案整理的数据表(简化),如图 11-1 所示。

	A	B	C	D	E	F	G
1	客户编号	客户名称	客户简称	所属分类号	税号	开户银行	银行账号
2	003	上海东方公司	上海东方	01	329038721873052571	工行上海静安支行	26901757242424
3	004	大连海辉公司	大连海辉	01	722765311764987302	建行大连滨海支行	83076901712093
4	005	太原盛达公司	太原盛达	01	465312094987302921	农行太原兴华支行	76920017127281
5	006	深圳华大公司	深圳华大	02	509498289073022073	中行深圳梅沙支行	40012027281810
6	007	天津赢动公司	天津赢动	02	498208289020737645	建行天津友谊支行	50123418181087

图 11-1　由客户档案整理的数据表(简化)

(2)EPR 系统客户档案录入界面,如图 11-2 所示。

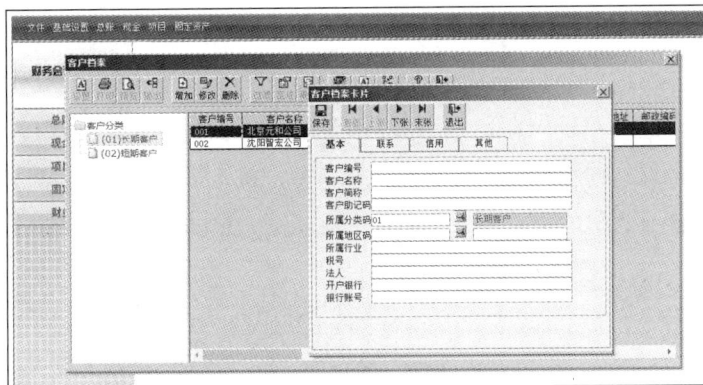

图 11-2　EPR 系统客户档案录入界面

本企业各类基础档案的 Excel 表已经整理完成,工作人员需要将相关数据录入 ERP 系统。经过估算,手工录入这些基础档案需要 2 人花费一个月的时间才能完成。

请设计一个 RPA 机器人,实现登录 ERP 系统并完成客户档案的自动录入。

知识讲解

11.1　流程分析

本章引导案例所述业务的手工流程并不复杂,涉及两个异构系统,即 Excel 应用程序和 ERP 系统,需要处理的数据文件主要是 Excel 文件。

微课 11-1

客户档案存放在"客户档案.xlsx"工作簿中,真实企业的客户档案记录会非常多,如果纯手工输入 ERP 系统,工作量巨大。本案例只模拟设计了 5 条记录的录入。

> 💡 **说明**
>
> 为教学方便，本章引导案例所用 ERP 系统为畅捷通信息技术股份有限公司提供的 ERP 教学云平台。该平台采用云应用模式，用户通过浏览器即可访问，且该平台已经预置好基础账套。实践中，操作人员应使用正式的 ERP 系统。

客户档案录入的手工业务流程如图 11-3 所示。

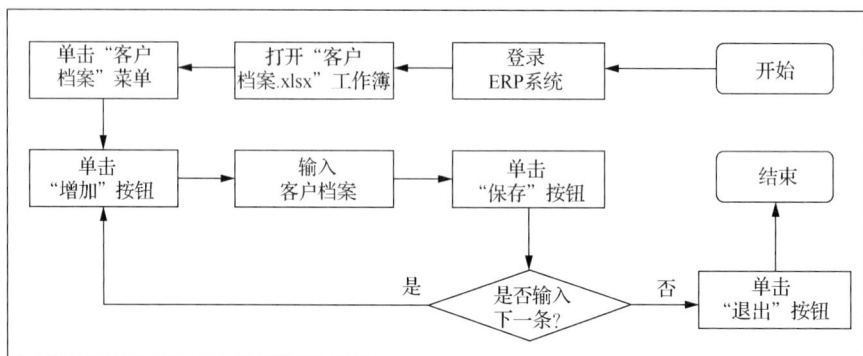

图 11-3　客户档案录入手工业务流程

该手工业务流程痛点：①手工录入工作量巨大，需要耗费大量人力和时间；②大量的鼠标、键盘操作，工作价值低；③重复性工作量大，易疲劳，易出错；④对于客户档案中的税号和银行账号等字段，其中有大量的不规则数字，若不能复制、粘贴，则出错率极高。

11.2　流程设计

本章引导案例共设计了 3 个流程块，分别是"登录 ERP 系统""读取基础档案""录入 ERP 系统"。

微课 11-2

1. 变量设计

本章引导案例 RPA 机器人开发过程中，用到一个全局变量 arrayRet，代表从 Excel 文件中读取的客户档案信息，此变量需要在"读取基础档案"和"录入 ERP 系统"流程块中使用；其他的变量都是系统自动生成的局部变量。变量及其解释如表 11-1 所示。

表 11-1　　　　　　　　　　　　　　变量及其解释

变量范围		变量名	解释
流程图变量		arrayRet	代表从 Excel 文件中读取的客户档案信息
流程块变量	登录 ERP 系统		此流程块无变量
	读取基础档案	objExcelWorkBook	表示"客户档案.xlsx"文件
	录入 ERP 系统	value	用于遍历二维数组 arrayRet 的变量

2. 开发流程设计

本章引导案例 RPA 机器人的开发流程图及流程块设计如图 11-4 所示。登录各种信息系统，主要通过单击和键盘输入等操作实现。因此，"登录 ERP 系统"流程块用到了点击目标和在目标中输入两种鼠标、键盘操作命令。"读取基础档案"流程块主要用到了打开工作簿、读取区域和关闭工作簿等命令，此流程块开发命令在 RPA 流程开发中经常使用，应熟练掌握。"录入 ERP 系统"流程块，对于菜单的选择主要使用点击目标命令，对于无法识别的菜单元素可使用鼠标点击 OCR 文本命令。遍历数组命令是在 RPA 流程开发中较为常用的命令，可以快速访问数据表中的每一条记录，并且使用方便。录入档案主要使用在目标中输入这个常用的键盘操作命令。

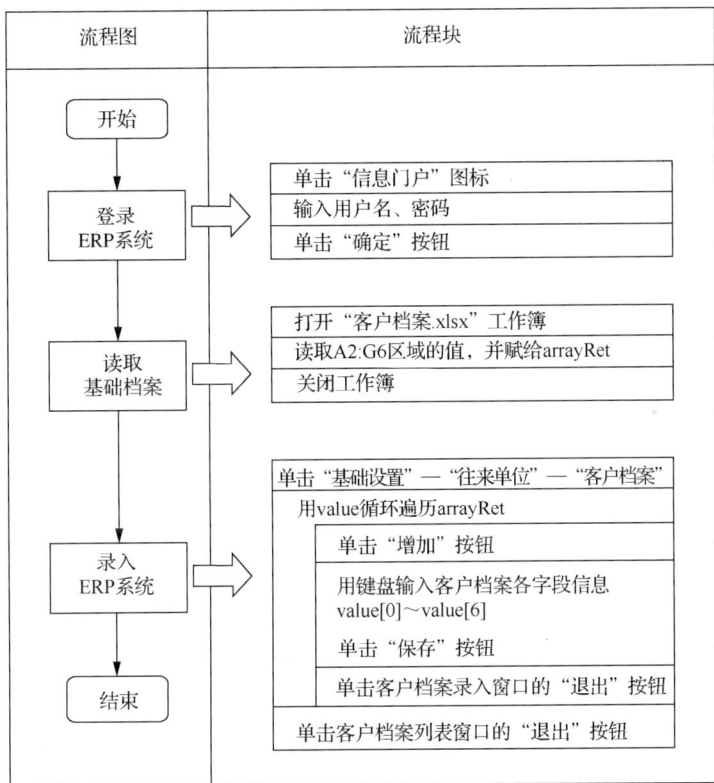

图 11-4 客户档案录入机器人开发流程设计

11.3 流程开发

下面具体介绍本章引导案例 RPA 机器人的流程图绘制及变量设置。

11.3.1 流程图绘制

根据前面对 RPA 机器人流程的分析和设计，我们可以绘制出流程图，如图 11-5 所示。

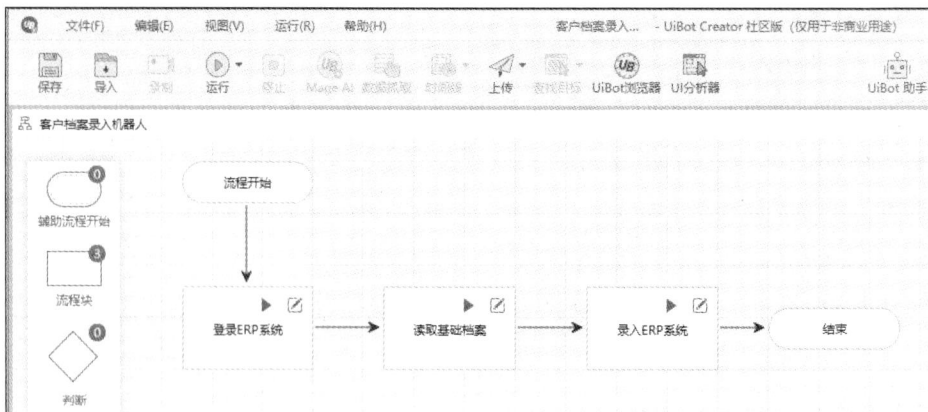

图 11-5　流程图绘制

11.3.2　变量设置

本章引导案例 RPA 机器人流程设计中需设置一个全局变量（流程图变量）arrayRet，如图 11-6 所示。各流程块均使用自动生成的流程块变量。

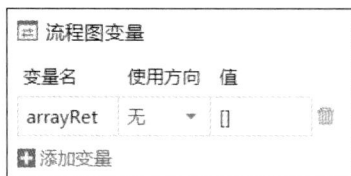

图 11-6　流程图变量

> ✏️ **注意**
>
> "读取基础档案"流程块中自动生成的 arrayRet 变量需要删除。

11.3.3　流程块开发准备

为方便教师和学生都能够完成 RPA 机器人开发，本章引导案例使用的 ERP 环境为畅捷通 ERP 教学云平台。我们需要经过以下步骤来完成 ERP 环境的准备。

微课 11-3-1

1. 加入畅课堂班级，获得 ERP 基础环境

（1）打开畅课堂（本书配套教学资源提供相关信息）首页，用手机号注册畅课堂账号。

（2）输入注册账号名称和密码，登录畅课堂。

（3）选择"我的班级"，单击"加入班级"按钮，并输入邀请码"488882"，即可加入"ERP 基础环境（RPA 财务机器人）演示"班级，如图 11-7 所示。进入此班级，可看到登录 ERP 系统的图标。

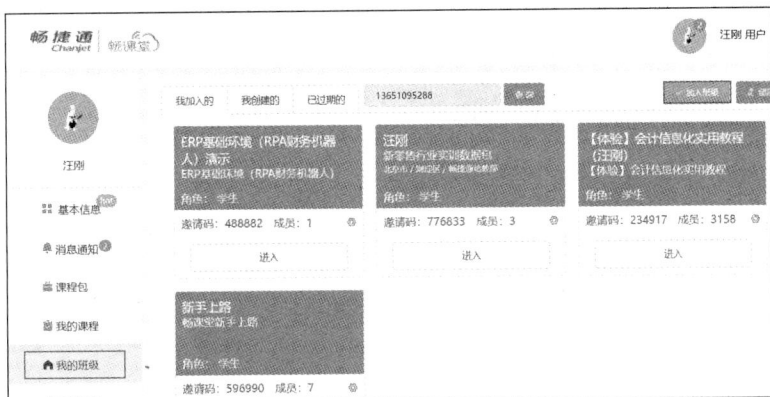

图 11-7　登录畅课堂-加入班级

2. RPA 流程开发前，准备 ERP 基础环境

（1）在浏览器中输入网址 https://c.chanjet.com，打开畅课堂首页，然后输入账号、密码，单击"登录"按钮，登录畅课堂。

（2）选择"我的班级"，在"ERP 基础环境（RPA 财务机器人）演示"下，单击"进入"按钮，如图 11-8 所示，进入班级。然后选择"班级课程"，如图 11-9 所示。

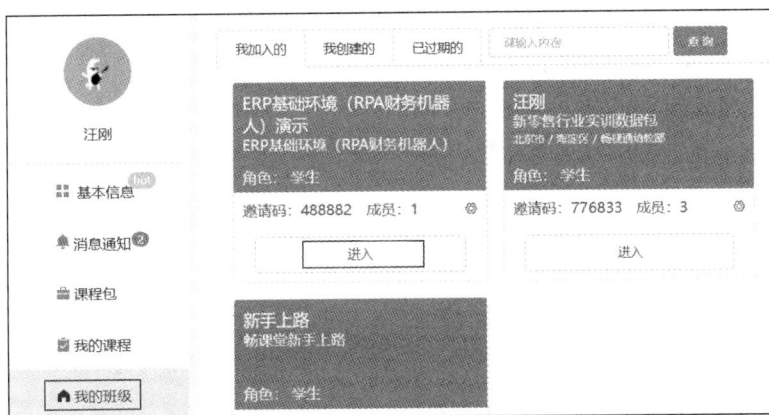

图 11-8　登录畅课堂-进入班级

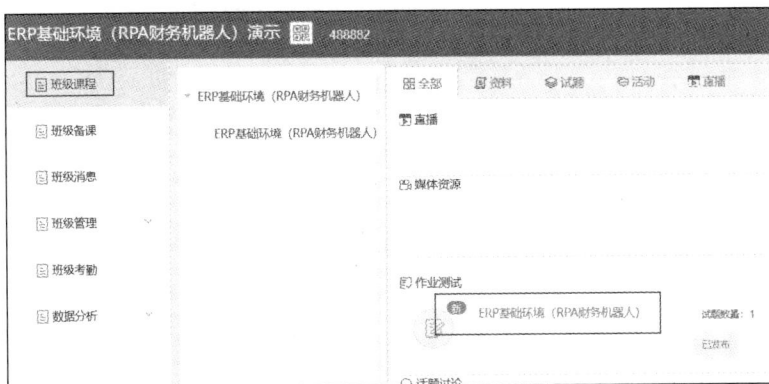

图 11-9　班级课程

（3）单击"ERP 基础环境（RPA 财务机器人）"，进入 ERP 基础环境，如图 11-10 所示。

图 11-10　ERP 基础环境

> **说明**
>
> （1）"系统管理"模块：可以实现建立账套、设置操作员、分配权限等功能。
>
> （2）"信息门户"模块：可以实现设置基础档案、总账管理、编制报表、工资管理、固定资产管理等功能。
>
> （3）此 ERP 基础环境中已经预置了基础账套"666 飞腾公司账套"，账套启用月份为 2021 年 12 月，账套主管的编号为 11，密码为 1。
>
> （4）在调试 RPA 机器人的过程中，机器人会向 ERP 系统中增加客户档案，下次 RPA 机器人再运行时，相同编码的客户档案不能增加。解决办法：一是每次调试 RPA 机器人时，将增加过的档案全部删除；二是单击"重新分配试卷"按钮，系统将账套数据恢复到初始状态。

11.3.4　"登录 ERP 系统"流程块开发

"登录 ERP 系统"流程块开发如表 11-2 所示。

微课 11-3-2

表 11-2　　　　　　　　　　　　　　"登录 ERP 系统"流程块开发

流程图	流程块
▶ ☑ 登录ERP系统	可视化　源代码　　　🔲 查看变量 ⊙ 鼠标点击目标 🐱 🖩 在目标元素中输入文本 "11" 🖩 在目标元素中输入文本 "1" ⊙ 鼠标点击目标　确定(0)

【实现步骤】

请按前面的步骤准备好 ERP 环境。

步骤 01 执行"鼠标键盘"—"鼠标"—"点击目标"命令，设置鼠标点击目标为"信息门户"图标，具体设置如图 11-11 所示。

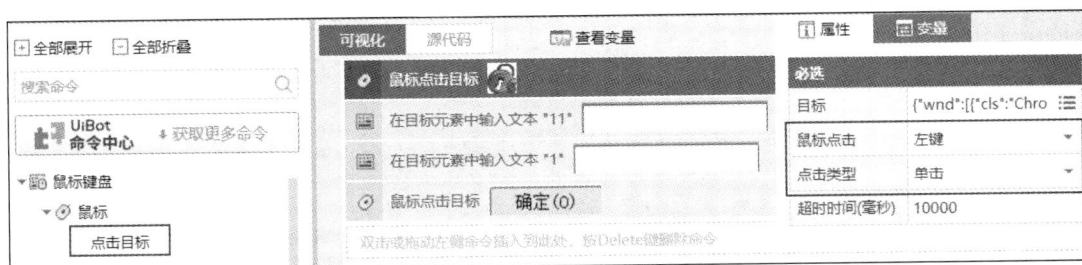

图 11-11　点击目标

步骤 02 执行"鼠标键盘"—"键盘"—"在目标中输入"命令，在目标元素中输入用户名"11"，如图 11-12 所示。注意：设置命令前需查找并确定目标范围。

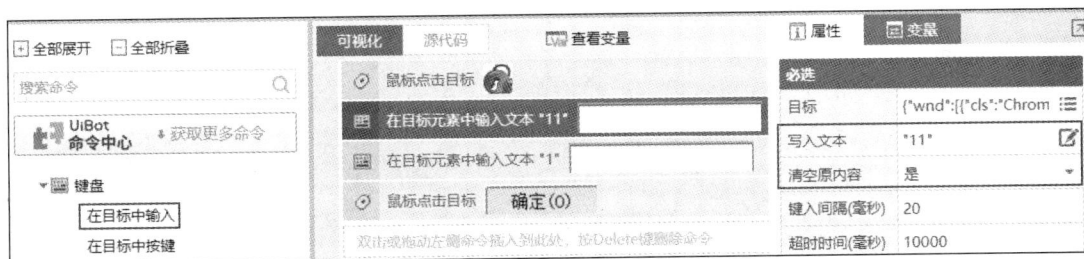

图 11-12　在目标中输入用户名

步骤 03 重复第（2）步的操作在目标元素中输入密码"1"。

步骤 04 执行"鼠标键盘"—"鼠标"—"点击目标"命令，设置鼠标点击目标为"确定"按钮。

11.3.5　"读取基础档案"流程块开发

"读取基础档案"流程块开发如表 11-3 所示。

微课 11-3-3

表 11-3　　　　　　　　　　　　　　　"读取基础档案"流程块开发

流程图	流程块
读取基础档案	打开 Excel 工作簿，路径为"客户档案.xlsx"，赋值给 objExcelWorkBook 读取区域 "A2:G6" 的值，赋值给 arrayRet 关闭 Excel 工作簿

【实现步骤】

步骤 01 执行"软件自动化"—"Excel"—"打开 Excel 工作簿"命令，打开"客户档案.xlsx"文件，属性设置如图 11-13 所示。

图 11-13　打开 Excel 工作簿

步骤 02　执行"软件自动化"—"Excel"—"读取区域"命令，读取 A2:G6 区域的值，并将其赋给 arrayRet 变量，属性设置如图 11-14 所示。

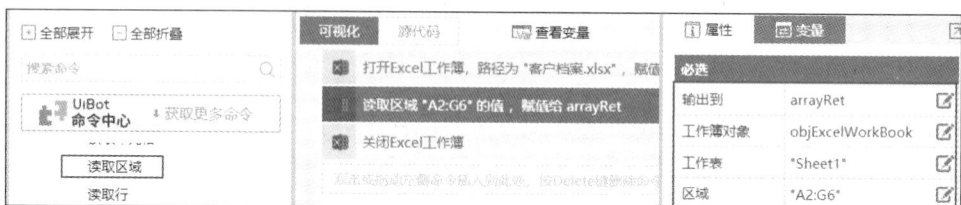

图 11-14　读取区域

步骤 03　执行"软件自动化"—"Excel"—"关闭 Excel 工作簿"命令，关闭"客户档案.xlsx"文件。

11.3.6　"录入 ERP 系统"流程块开发

微课 11-3-4

"录入 ERP 系统"流程块开发如表 11-4 所示。

表 11-4　　　　　　　　　　　"录入 ERP 系统"流程块开发

流程图	流程块
录入ERP系统	

【实现步骤】

步骤01 执行"鼠标键盘"—"鼠标"—"点击目标"命令，设置鼠标点击目标为"基础设置"菜单。查找"基础设置"菜单目标并设置其属性，如图 11-15 所示。

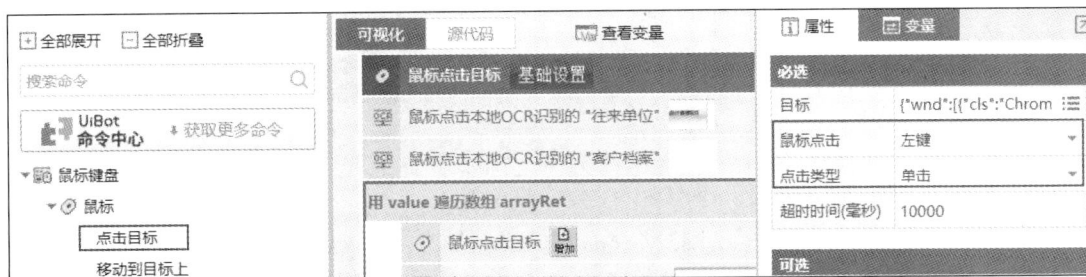

图 11-15　点击目标（1）

步骤02 执行"界面操作"—"本地 OCR（实验功能）"—"鼠标点击 OCR 文本"命令，设置鼠标点击 OCR 文本为"往来单位"菜单，查找目标范围为"基础设置"菜单出现范围，属性设置如图 11-16 所示。

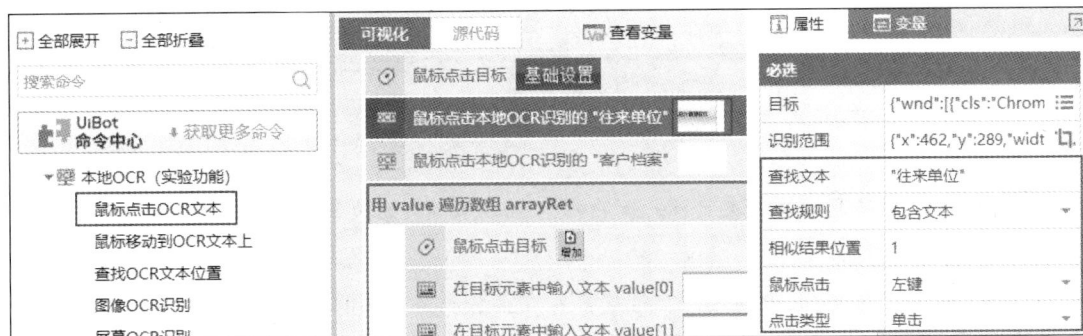

图 11-16　鼠标点击 OCR 文本

步骤03 重复第（2）步的操作，设置鼠标点击 OCR 文本为"客户档案"菜单。

步骤04 执行"基本命令"—"语法词法"—"遍历数组"命令，用变量 value 遍历数组 arrayRet，属性设置如图 11-17 所示。

图 11-17　遍历数组

💡 **说明**

在循环体中设置第（5）～（9）步。

步骤 05 执行"鼠标键盘"—"鼠标"—"点击目标"命令，设置鼠标点击目标为"增加"按钮，选择"增加"按钮并设置其属性，如图 11-18 所示。

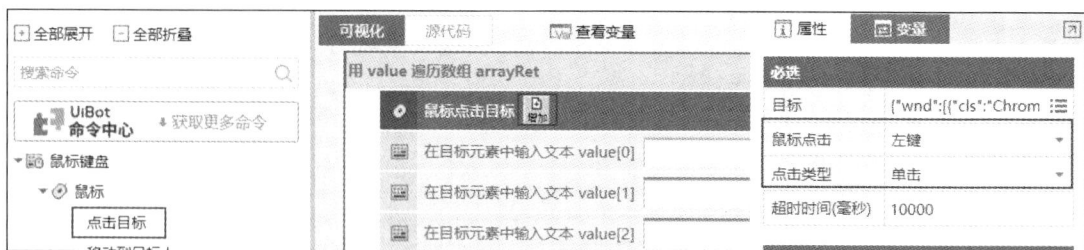

图 11-18 点击目标（2）

步骤 06 执行"鼠标键盘"—"键盘"—"在目标中输入"命令，在目标元素中输入 value[0] 的值，即客户编号。选择"客户编号"文本框并设置其属性，如图 11-19 所示。

图 11-19 在目标中输入

步骤 07 用同样的方法，在目标元素中输入客户名称、客户简称、所属分类码、税号、开户银行、银行账号等信息。

步骤 08 重复第（5）步的操作，设置鼠标点击目标为"保存"按钮。

步骤 09 设置鼠标点击目标为"退出"按钮。

步骤 10 再次设置鼠标点击目标为档案列表的"退出"按钮。

11.4 流程运行

本章引导案例的 RPA 机器人动态运行流程可扫描右侧二维码观看。

微课 11-4

本章习题

一、思考题

1. 本章引导案例 RPA 机器人开发中各流程块用到了哪些命令，请制作思维导图进行说明。

2. 在选择菜单时，本章引导案例用到了两种 RPA 命令：点击目标和鼠标点击 OCR 文本。说说这两个命令的区别，为何会使用两种不同的命令？

二、实训题

在 ERP 系统实施过程中，有些基础档案的录入工作量非常大，比如固定资产原始卡片。一些大型企业的固定资产原始卡片可能会达到上万张，若是纯手工录入，其工作量相当大。请设计一个固定资产原始卡片录入机器人，实现 ERP 系统自动录入固定资产原始卡片的功能。固定资产基础档案如表 11-5 所示。

表 11-5　　　　　　　　　　固定资产基础档案

固定资产名称	类别编号	所在部门	增加方式	可使用年限	开始使用日期	原值/元	累计折旧/元	对应折旧科目名称
轿车	03	行政部	直接购入	10	2021-07-01	440 000	73 000	管理费用/折旧费
笔记本电脑	02	销售部	直接购入	5	2022-01-01	10 000	2 000	销售费用/折旧费
运输车	03	生产部	直接购入	10	2021-07-01	300 000	50 000	制造费用
合计						750 000	125 000	

第 12 章

会计报表编制机器人

学习目标

◇ 巩固鼠标、键盘等常用操作命令的用法;

◇ 熟悉会计报表编制机器人的财会应用场景;

◇ 掌握会计报表编制机器人的流程分析、流程设计、流程开发、流程运行等步骤。

本章导图

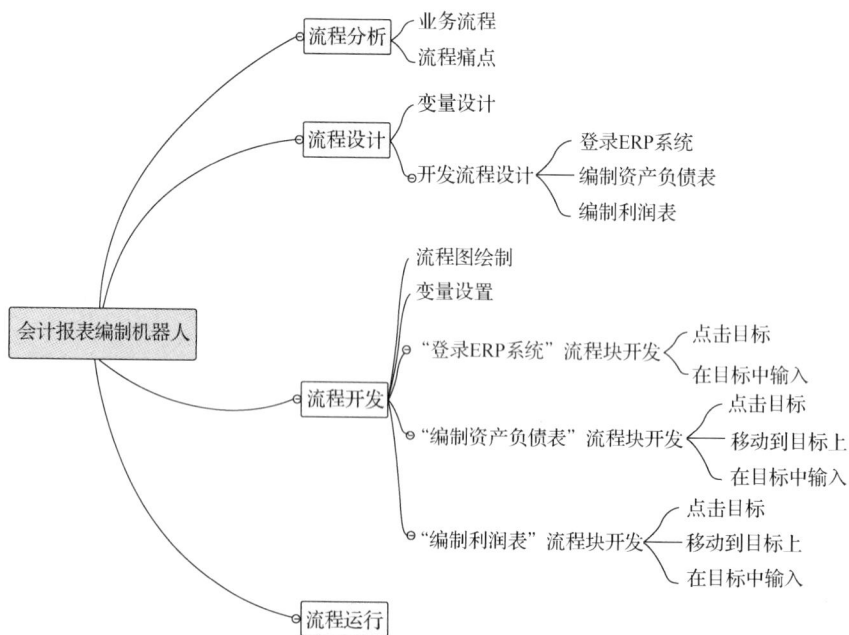

引导案例

某企业的财务部门每月末在 ERP 系统中通过调用报表模板编制资产负债表和利润表,并将生成的数据报表存放到指定文件夹。此操作较简单,但是步骤较多,每张报表的编制需要鼠标单击、键盘输入等操作二十余步,而且每月重复。企业除要编制资产负债表、利润表外,还要编制销售收入明细表、原材料变动明细表等内部报表。

（1）编制的资产负债表，如图 12-1 所示。

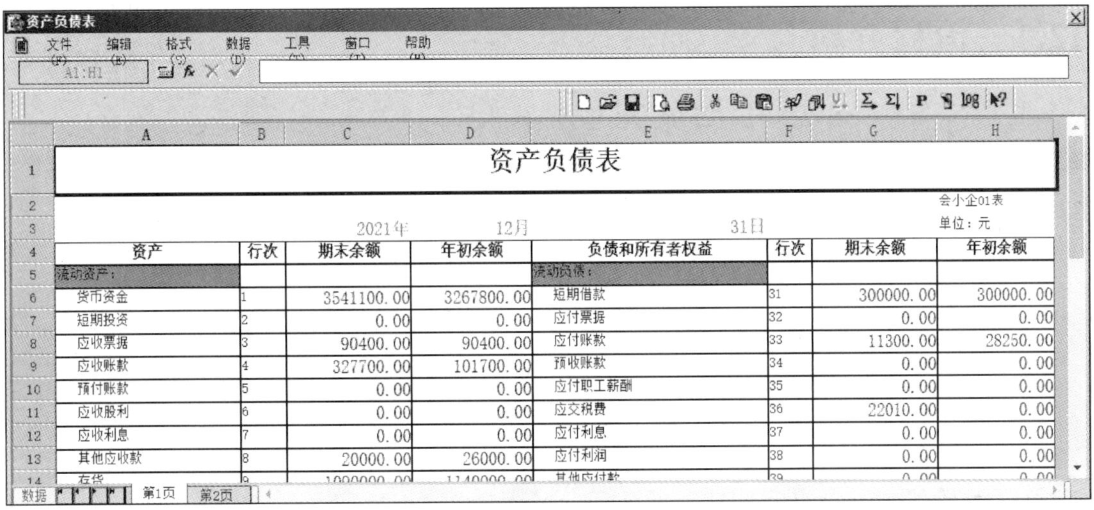

资产负债表

							会小企01表
		2021年	12月	31日			单位：元
资产	行次	期末余额	年初余额	负债和所有者权益	行次	期末余额	年初余额
流动资产：				流动负债：			
货币资金	1	3541100.00	3267800.00	短期借款	31	300000.00	300000.00
短期投资	2	0.00	0.00	应付票据	32	0.00	0.00
应收票据	3	90400.00	90400.00	应付账款	33	11300.00	28250.00
应收账款	4	327700.00	101700.00	预收账款	34	0.00	0.00
预付账款	5	0.00	0.00	应付职工薪酬	35	0.00	0.00
应收股利	6	0.00	0.00	应交税费	36	22010.00	0.00
应收利息	7	0.00	0.00	应付利息	37	0.00	0.00
其他应收款	8	20000.00	26000.00	应付利润	38	0.00	0.00
存货	9	1000000.00	1140000.00	其他应付款	39	0.00	0.00

图 12-1　资产负债表

（2）编制的利润表，如图 12-2 所示。

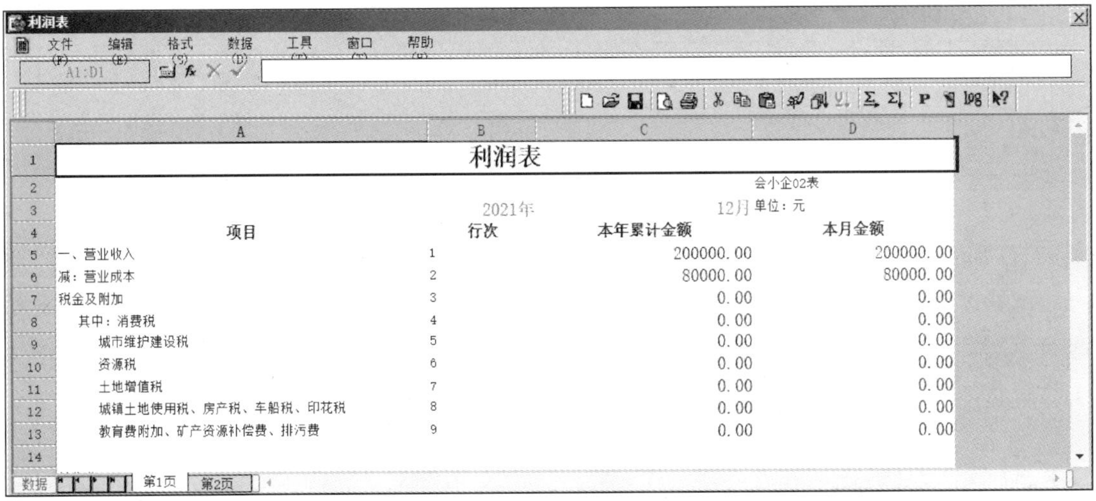

利润表

			会小企02表
	2021年	12月	单位：元
项目	行次	本年累计金额	本月金额
一、营业收入	1	200000.00	200000.00
减：营业成本	2	80000.00	80000.00
税金及附加	3	0.00	0.00
其中：消费税	4	0.00	0.00
城市维护建设税	5	0.00	0.00
资源税	6	0.00	0.00
土地增值税	7	0.00	0.00
城镇土地使用税、房产税、车船税、印花税	8	0.00	0.00
教育费附加、矿产资源补偿费、排污费	9	0.00	0.00

图 12-2　利润表

请设计一个 RPA 机器人，实现自动登录 ERP 系统并完成资产负债表和利润表的自动编制。

知识讲解

会计报表是对日常核算的资料按一定的表格形式进行汇总反映和综合反映的报告文件。编制会计报表是会计核算的一种专门方法，也是会计工作的一项重要内容。根据《企业会计准则》的规定，会计报表至少应当包括资产负债表、利润表、现金流量表及附注。资产负债表是指反映企业在某一特定日期的财务状况的会计报表。利润表是指反映企业在一定会计期间的经营成果的会计报表。对于企业来说，每月都要编制这两张报表。

12.1 流程分析

本章引导案例所述业务的手工流程很简单，只涉及 ERP 系统，不需要基础数据文件。手工操作流程中涉及大量的鼠标、键盘操作。这里使用的 ERP 环境仍是畅捷通 ERP 教学平台，且已经预置好基础账套。

微课 12-1

编制会计报表的手工业务流程如图 12-3 所示。

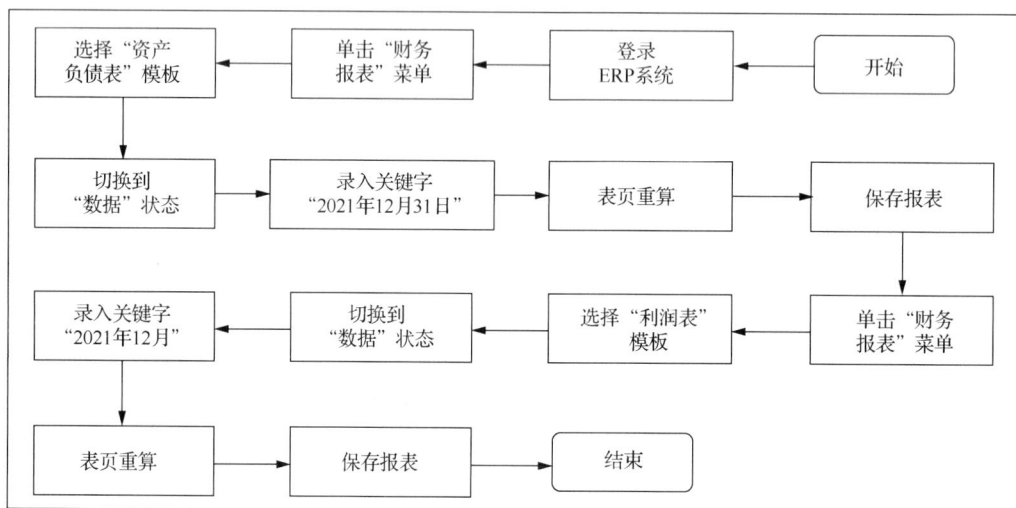

图 12-3 编制会计报表的手工业务流程

该手工业务流程痛点：①编制每张报表要 20 余步，步骤多；②报表编制工作每月重复进行，当需要编制的报表数量较多时，工作量较大；③大量的鼠标单击、键盘输入操作，工作价值低。

12.2 流程设计

微课 12-2

本章引导案例 RPA 机器人开发共设计了 3 个流程块，分别是"登录 ERP 系统""编制资产负债表""编制利润表"。

1. 变量设计

本章引导案例 RPA 机器人流程开发过程中，主要使用"点击目标"和"在目标中输入"两种命令，无须使用变量来表示数据。

2. 开发流程设计

本章引导案例的开发流程图及流程块设计如图 12-4 所示。"登录 ERP 系统"流程块用到了

"点击目标"和"在目标中输入"两种鼠标和键盘操作命令。"编制资产负债表"流程块的主要流程包括单击"财务报表"菜单、选择"资产负债表"模板、切换到"数据"状态、录入关键字、表页重算、保存报表等一系列步骤。开发过程中,该流程块主要使用"点击目标"和"在目标中输入"命令。"编制利润表"流程块的开发流程和使用的命令与"编制资产负债表"流程块类似,不再赘述。从图 12-4 可以看出,RPA 开发流程比较简单,每个流程块都采用顺序结构即可实现所需功能,而且主要使用鼠标、键盘两类操作命令。

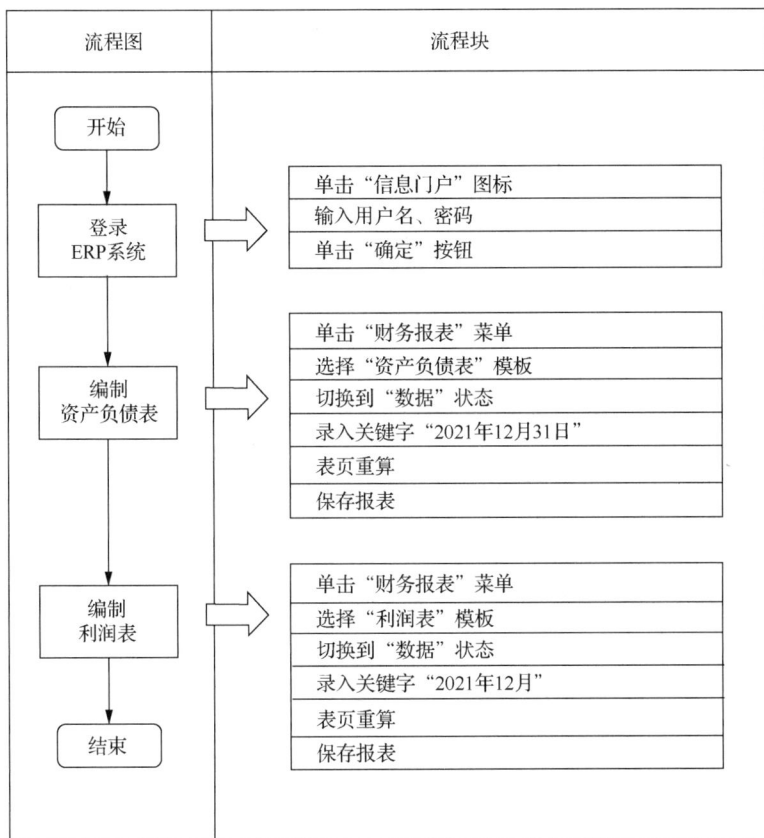

图 12-4 编制会计报表机器人开发流程设计

12.3 流程开发

下面具体介绍本章引导案例 RPA 机器人的流程图绘制及变量设置。

12.3.1 流程图绘制

根据前面对 RPA 机器人流程的分析和设计,我们可以绘制出流程图,如图 12-5 所示。

微课 12-3

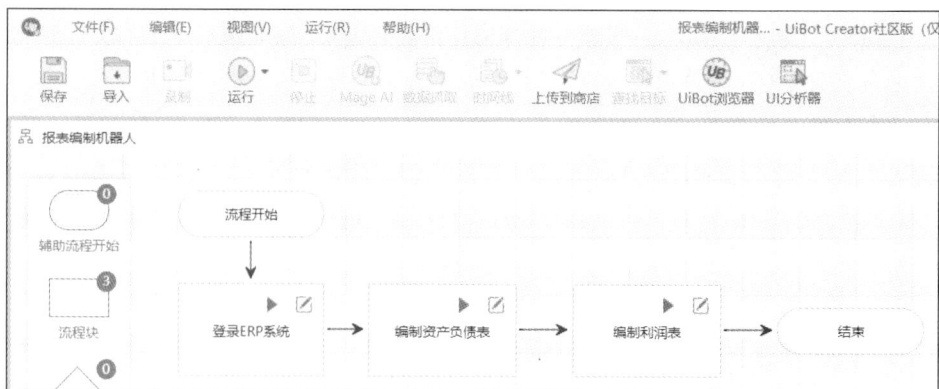

图 12-5　流程图绘制

12.3.2　变量设置

本章引导案例 RPA 机器人流程设计中不涉及全局变量（流程图变量），同时各流程块也没有自动生成的变量。

12.3.3　"登录 ERP 系统"流程块开发

"登录 ERP 系统"流程块开发如表 12-1 所示。

表 12-1　　　　　　　　　　　"登录 ERP 系统"流程块开发

流程图	流程块

【实现步骤】

> **注意**
>
> 请一定事先准备好 ERP 基础环境。

步骤 01　执行"鼠标键盘"—"鼠标"—"点击目标"命令，设置鼠标点击目标为"信息门户"图标。

步骤 02　执行"鼠标键盘"—"键盘"—"在目标中输入"命令，设置在目标元素中输入用户名。在设置命令前需查找并确定目标范围。

步骤 03　重复第（2）步操作，设置在目标元素中输入密码。输入密码后，系统会自动显示账套名称、会计年度、操作日期等信息。

步骤 04 重复第（1）步操作，设置鼠标点击目标为"确定"按钮。

12.3.4 "编制资产负债表"流程块开发

"编制资产负债表"流程块开发如表 12-2 所示。

表 12-2　　　　　　　　　　　　　　"编制资产负债表"流程块开发

流程图	流程块
编制资产负债表	

【实现步骤】

步骤 01 执行"鼠标键盘"—"鼠标"—"点击目标"命令，设置鼠标点击目标为"财务报表"菜单。

步骤 02 重复第（1）步操作，设置鼠标点击目标依次为"小企业会计准则（2013）""资产负债表"和"确定"按钮。

步骤 03 设置鼠标点击目标为"格式"按钮，切换到"数据"状态；设置鼠标点击目标为"取消"按钮。

步骤 04 设置鼠标点击目标为"数据"菜单，将鼠标指针移动到"关键字"菜单；设置鼠标点击目标为"录入"菜单。

> **步骤 05** 执行"鼠标键盘"—"键盘"—"在目标中输入"命令,在目标元素中输入关键字"2021 年 12 月 31 日";并设置鼠标点击目标为"确定"按钮。

> **步骤 06** 设置鼠标点击目标依次为"数据"菜单、"整表重算"菜单、"确定"按钮。

> **步骤 07** 设置鼠标点击目标依次为"文件"菜单、"保存"菜单;在目标元素中输入报表名称"资产负债表";鼠标点击目标依次为"保存"按钮和"确定"按钮。

> **步骤 08** 设置鼠标点击目标为✖按钮,退出"财务报表"窗口。

💡 **说明**

若系统已经生成过资产负债表,再次运行 RPA 在目标元素中输入报表名称时,应在"资产负债表"名称后加上数字等符号以示区别,比如"资产负债表 1",否则系统不允许保存。或者在再次运行 RPA 之前,单击"重新分配试卷"按钮,将账套初始化亦可。

12.3.5 "编制利润表"流程块开发

"编制利润表"流程块开发如表 12-3 所示。

表 12-3 "编制利润表"流程块开发

流程图	流程块
 ▶ ☑ 编制利润表	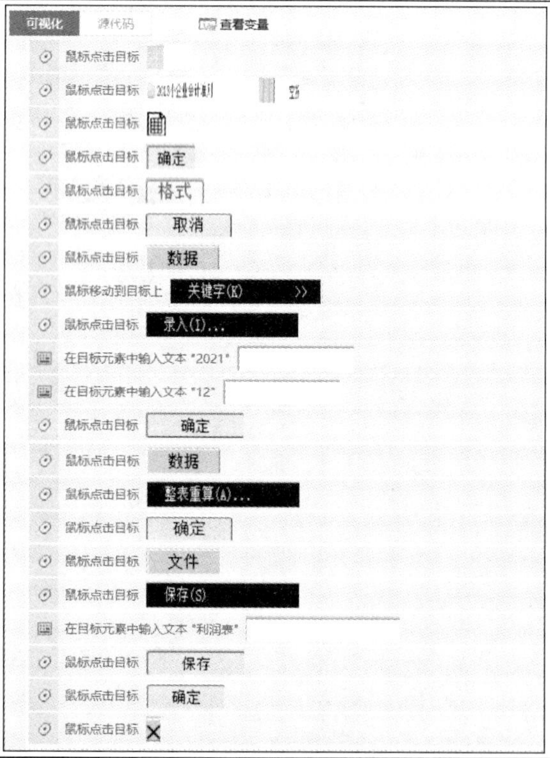

【实现步骤】

步骤 01 执行"鼠标键盘"—"鼠标"—"点击目标"命令，设置鼠标点击目标为"财务报表"菜单。

步骤 02 重复第（1）步的操作，设置鼠标点击目标依次为"小企业会计准则（2013）""利润表"和"确定"按钮。

步骤 03 设置鼠标点击目标为"格式"按钮，切换到"数据"状态；设置鼠标点击目标为"取消"按钮。

步骤 04 设置鼠标点击目标为"数据"菜单。然后执行"鼠标键盘"—"鼠标"—"移动到目标上"命令，将鼠标指针移动到"关键字"菜单；设置鼠标点击目标为"录入"菜单。

步骤 05 执行"鼠标键盘"—"键盘"—"在目标中输入"命令，在目标元素中输入关键字"2021 年 12 月"；设置鼠标点击目标为"确定"按钮。

步骤 06 设置鼠标点击目标为"数据"菜单、"整表重算"菜单和"确定"按钮。

步骤 07 设置鼠标点击目标为"文件"菜单和"保存"菜单；在目标中输入报表名称"利润表"，设置鼠标点击目标为"保存"按钮和"确定"按钮。

步骤 08 设置鼠标点击目标为✕按钮，退出财务报表窗口。

> **说明**
>
> 若系统已经生成过利润表，再次运行 RPA，在目标中输入报表名称时应在"利润表"名称后加上数字等符号以示区别，比如"利润表 1"，否则系统不允许保存。或者在再次运行 RPA 之前，单击"重新分配试卷"按钮，将账套初始化亦可。

12.4　流程运行

本章引导案例的 RPA 机器人动态运行流程可扫描右侧二维码观看。

微课 12-4

本章习题

一、思考题

1. 请思考本章引导案例 RPA 机器人流程开发中各流程块用到了哪些命令？请制作思维导图说明。

2. 在选择菜单时，本章引导案例用到了两个 RPA 命令："点击目标"和"移动到目标上"。说明这两个命令的区别，为何会使用两个不同的命令？

二、实训题

请尝试将本章引导案例优化。

要求：（1）在编制资产负债表和利润表时，可让系统自动提取编制报表当天日期作为关键字。

（2）保存报表时，在报表名称后面自动添加年份和月份。

第 13 章

个人往来催款机器人

学习目标

◇ 巩固 Excel、鼠标、键盘、本地 OCR 等常用操作命令的用法；

◇ 巩固遍历数组、计次循环、条件分支、发送邮件等命令的用法；

◇ 熟悉个人往来催款机器人的应用场景；

◇ 掌握个人往来催款机器人的流程分析、流程设计、流程开发、流程运行等步骤。

本章导图

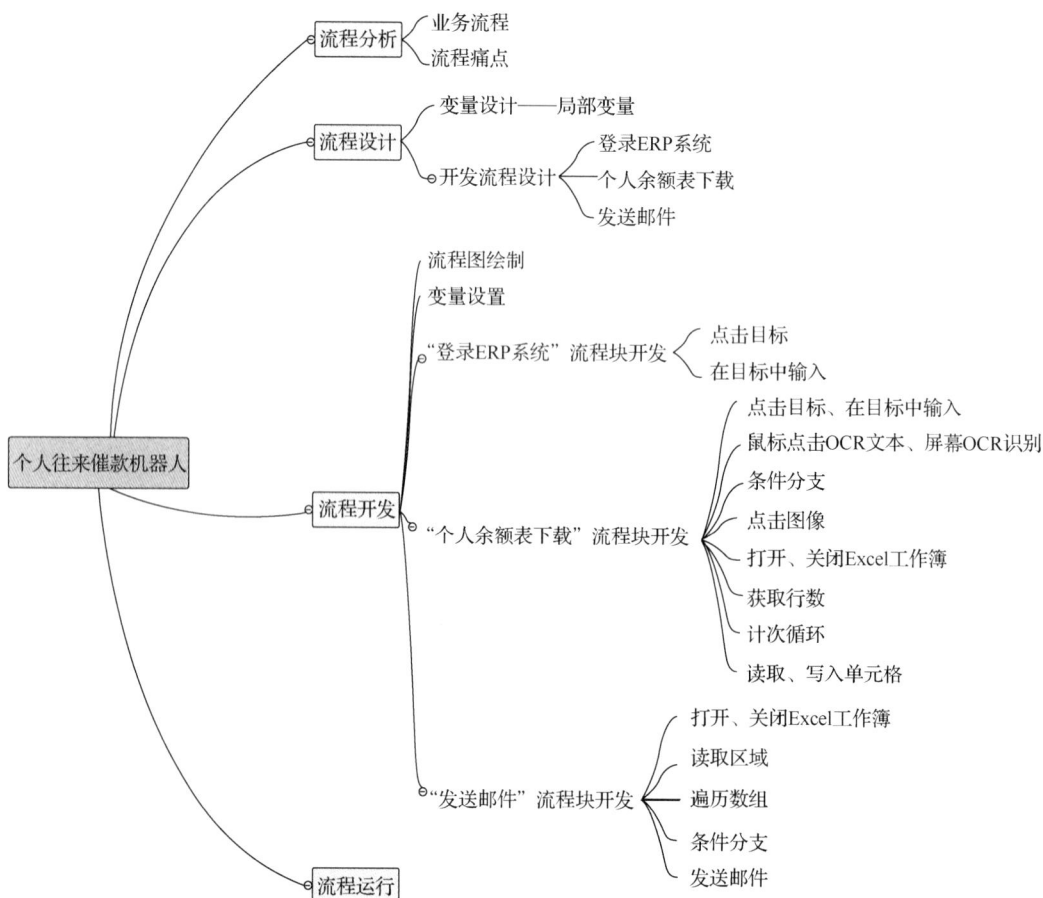

引导案例

某公司年底需要对有借款的业务人员进行催款或报销提醒。财务部门的小王需要登录 ERP 系统，查询所有有余额的借款人员，将其个人余额表导出，然后发邮件通知其抓紧还款或报销。

（1）ERP 系统中的个人余额表（即发生额及余额表），如图 13-1 所示。

科目编码	科目名称	期初余额		本期发生		期末余额	
		借方	贷方	借方	贷方	借方	贷方
1221	其他应收款	8000.00				8000.00	
资产小计		8000.00				8000.00	
合计		8000.00				8000.00	

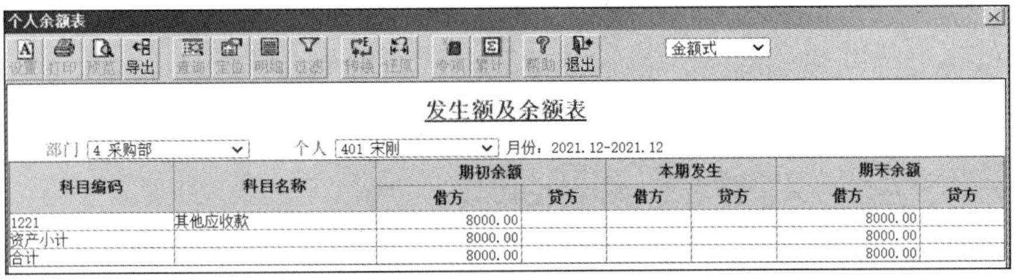

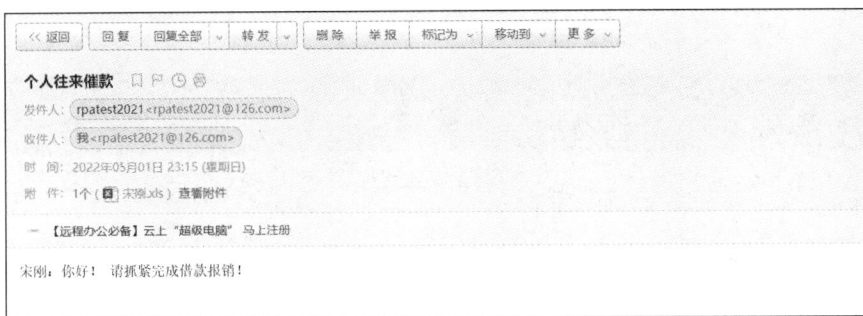

图 13-1　个人余额表

（2）发送的邮件内容，如图 13-2 所示。

图 13-2　发送的邮件内容

请设计一个 RPA 机器人，能够登录 ERP 系统，完成个人余额表下载，并自动发送邮件。

知识讲解

个人往来业务是企业经常发生的业务类型，员工尤其是业务人员在办理相关业务时，经常需要先向企业借款，然后拿相关票据到财务部门报销。报销金额与借款金额相互核销，此笔个人往来业务结束。每当年底时，若有借款的业务人员迟迟不来报账，就会影响企业的年底结账。因此，财务部门要在年底结账前对有往来余额的个人进行催款或催报销。

微课 13-1

13.1　流程分析

本章引导案例 RPA 机器人流程设计过程中涉及的异构系统主要是 ERP 系统和邮件系统。

本章引导案例的手工流程是：登录 ERP 系统（畅捷通 ERP 教学云平台），选择“总账”—“辅助查询”—“个人余额表”，打开“个人余额表”窗口，设置“部门”和“个人”选项，系统可以据此判断其个人余额情况。

此时，系统通常有 3 种显示结果。

（1）无余额，如图 13-3 所示。

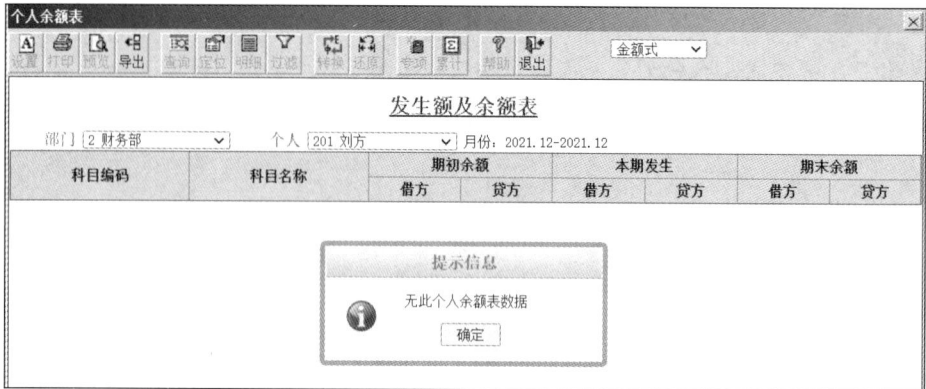

图 13-3　个人余额表–无余额

（2）有发生额但无余额，如图 13-4 所示。

图 13-4　个人余额表–有发生额但无余额

（3）有余额，如图 13-5 所示。

图 13-5　个人余额表–有余额

以上 3 种显示结果，只有第（3）种需要导出个人余额表，其他两种无须导出个人余额表。

导出个人余额表后，财务人员还需要登录邮箱系统，给相应的业务人员发送邮件，提醒该业务人员抓紧归还借款或报销。

个人往来催款业务的手工业务流程如图 13-6 所示。

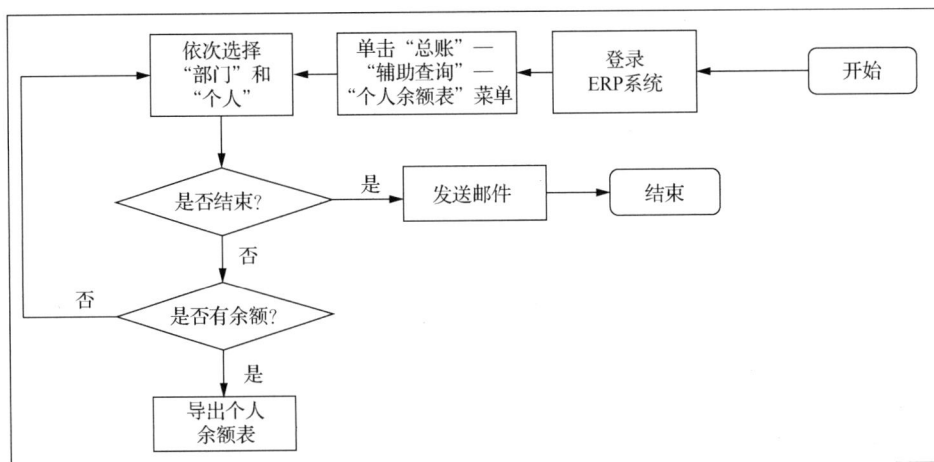

图 13-6　个人往来催款的手工业务流程

该手工业务流程痛点：①若业务人员较多，查询、下载个人余额表工作量较大；②给不同的业务人员发送邮件，操作较烦琐，对每个有余额的业务人员，需要输入邮件地址、邮件主题、邮件正文、邮件附件等内容；③大量的鼠标、键盘操作。

13.2　流程设计

本章引导案例 RPA 机器人流程开发中共设计了 3 个流程块，分别是"登录 ERP 系统""个人余额表下载""发送邮件"。

微课 13-2

1. 变量设计

本章引导案例 RPA 机器人流程开发过程中，未使用全局变量，全部为系统自动生成的局部变量。各变量及其解释如表 13-1 所示。

表 13-1　　　　　　　　　　　　　　　变量及其解释

变量范围		变量名	解释
流程块变量	登录 ERP 系统		此流程块无变量
	个人余额表下载	objExcelWorkBook	表示"个人往来信息表.xlsx" Excel 文件
		iRet	获取 Excel 表中有数据的行数
		sText	屏幕 OCR 识别的文本
		部门	表示 Excel 文件中的部门
		姓名	表示 Excel 文件中的姓名
	发送邮件	value	用于遍历二维数组 arrayRet 的变量
		bRet	连接到指定服务器
		arrayRet	表示从 Excel 文件中读取的区域 A2:D9
		objExcelWorkBook	表示"个人往来信息表.xlsx" Excel 文件

2. 开发流程设计

本章引导案例开发流程图及流程块设计如图 13-7 所示。

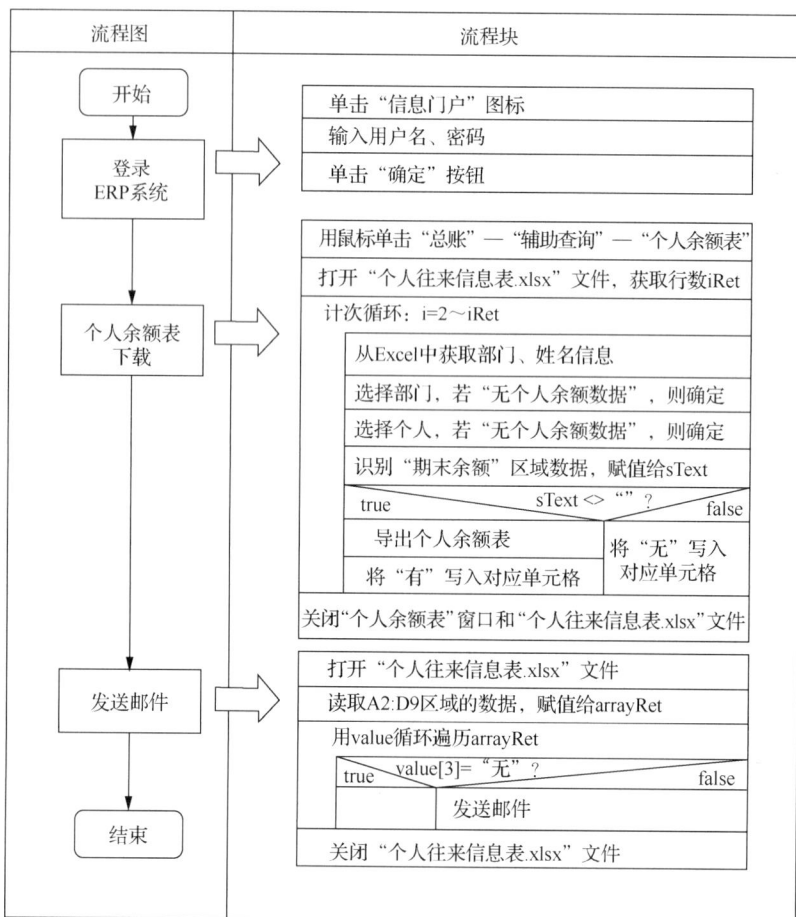

流程图	流程块
开始	
登录 ERP系统	单击"信息门户"图标 输入用户名、密码 单击"确定"按钮
个人余额表 下载	用鼠标单击"总账"—"辅助查询"—"个人余额表" 打开"个人往来信息表.xlsx"文件,获取行数iRet 计次循环:i=2~iRet 　从Excel中获取部门、姓名信息 　选择部门,若"无个人余额数据",则确定 　选择个人,若"无个人余额数据",则确定 　识别"期末余额"区域数据,赋值给sText 　true　　sText <> "" ?　　false 　导出个人余额表　|　将"无"写入 　将"有"写入对应单元格 | 对应单元格 关闭"个人余额表"窗口和"个人往来信息表.xlsx"文件
发送邮件	打开"个人往来信息表.xlsx"文件 读取A2:D9区域的数据,赋值给arrayRet 用value循环遍历arrayRet 　true　value[3]="无" ?　　false 　　　发送邮件 关闭"个人往来信息表.xlsx"文件
结束	

图 13-7　个人往来催款机器人开发流程设计

（1）"登录 ERP 系统"流程块主要用到"点击目标"和"在目标中输入"两个命令。

（2）设置"个人余额表下载"流程块时，需要事先构造一个"个人往来信息表.xlsx"工作簿，设置"部门""姓名""邮箱""是否有余额"字段，并包含所有业务人员信息，如图 13-8 所示。

	A	B	C	D
1	部门	姓名	邮箱	是否有余额
2	行政部	张涛	rpatest2021@126.com	
3	财务部	刘方	rpatest2021@126.com	
4	财务部	李强	rpatest2021@126.com	
5	财务部	王瑞	rpatest2021@126.com	
6	销售部	赵宁	rpatest2021@126.com	
7	采购部	宋刚	rpatest2021@126.com	
8	生产部	孙伟	rpatest2021@126.com	
9	仓储部	陈红	rpatest2021@126.com	

图 13-8　个人往来信息表

具体操作时，首先要执行菜单命令，进入 ERP 系统的个人余额表下载界面，根据"个人往来信息表.xlsx"中的业务人员姓名，逐一搜索，查看相关人员是否有个人往来余额。判断方式是通过"屏幕 OCR 识别"命令读取"期末余额"区域的数值，若不为空，则说明该业务人员有个人往来余额，需要导出个人余额表。

本流程块开发的难点是按人员搜索个人往来余额时，有 3 种情况需要考虑：①显示"无此个人余额表数据"; ②有发生额无余额; ③有发生额和余额或无发生额只有余额。这 3 种情况中,第③种情况需要导出个人余额表,个人余额表以业务人员姓名来命名,并放入指定文件夹中,其他两种情况都不需要导出个人余额表。若有余额,则将"有"写入 Excel 文件中,否则将"无"写入 Excel 文件中。

（3）"发送邮件"流程块。首先要打开 Excel 文件,读取个人姓名及邮箱等信息,并将其赋值给 arrayRet 数组; 然后循环遍历此数组; 若业务人员有往来余额,则发送指定文件夹下的相应附件。

13.3　流程开发

下面具体介绍本章引导案例 RPA 机器人的流程图绘制及变量设置。

13.3.1　流程图绘制

根据前面对 RPA 机器人流程的分析和设计,我们可以绘制出流程图,如图 13-9 所示。

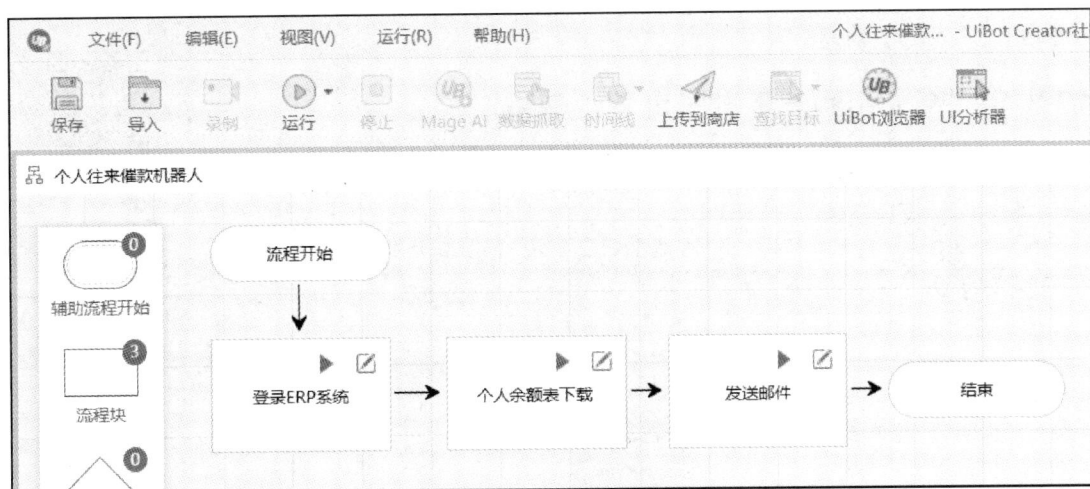

图 13-9　流程图绘制

13.3.2　变量设置

本章引导案例不使用全局变量,各流程块用到的局部变量均是系统自动生成的。

13.3.3　"登录 ERP 系统"流程块开发

"登录 ERP 系统"流程块开发如表 13-2 所示。

微课 13-3-1

表 13-2   "登录 ERP 系统"流程块开发

流程图	流程块
登录ERP系统	

【实现步骤】

请一定事先准备好 ERP 基础环境。

步骤 01 执行"鼠标键盘"—"鼠标"—"点击目标"命令，设置鼠标点击目标为"信息门户"图标。

步骤 02 执行"鼠标键盘"—"键盘"—"在目标中输入"命令，在目标元素中输入用户名"11"，设置命令前需要查找并确定目标范围。

步骤 03 重复第（2）步操作，在目标元素中输入密码"1"。

步骤 04 执行"鼠标键盘"—"鼠标"—"点击目标"命令，设置鼠标点击目标为"确定"按钮。

13.3.4 "个人余额表下载"流程块开发

"个人余额表下载"流程块开发如表 13-3 所示。

微课 13-3-2

表 13-3   "个人余额表下载"流程块开发

流程图	流程块
个人余额表下载	

续表

流程图	流程块
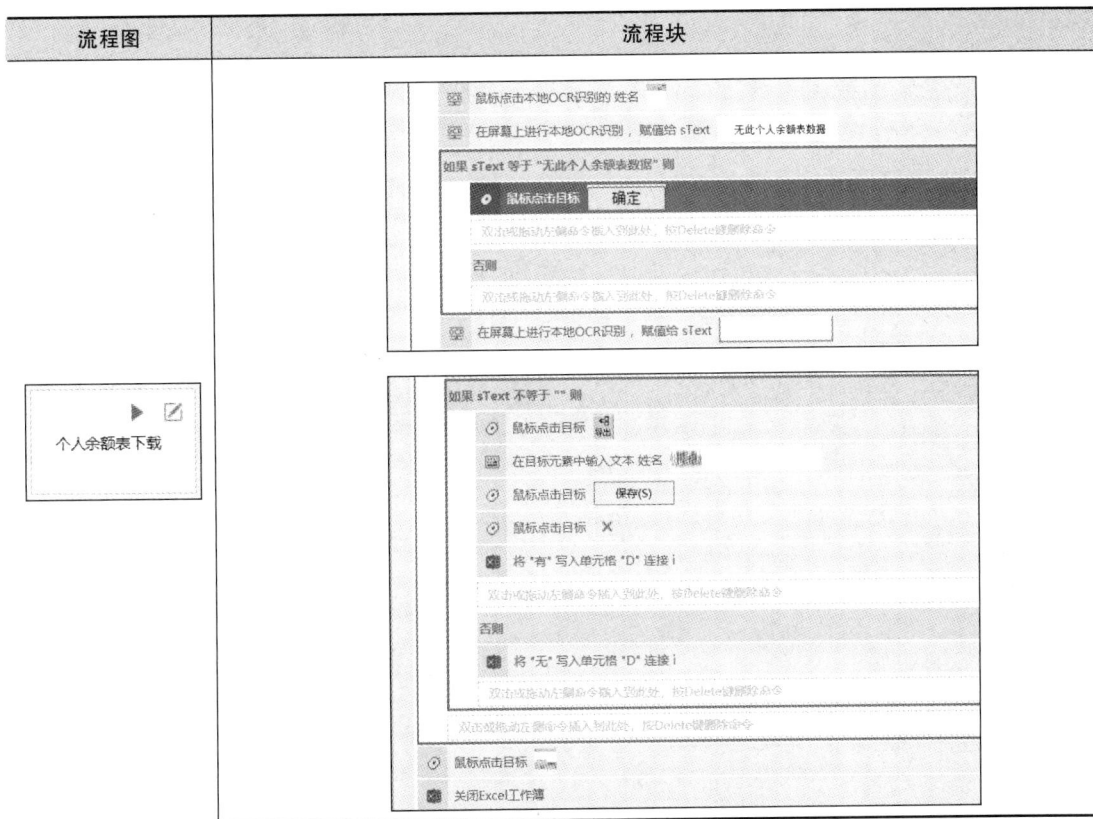 ▶　☑ 个人余额表下载	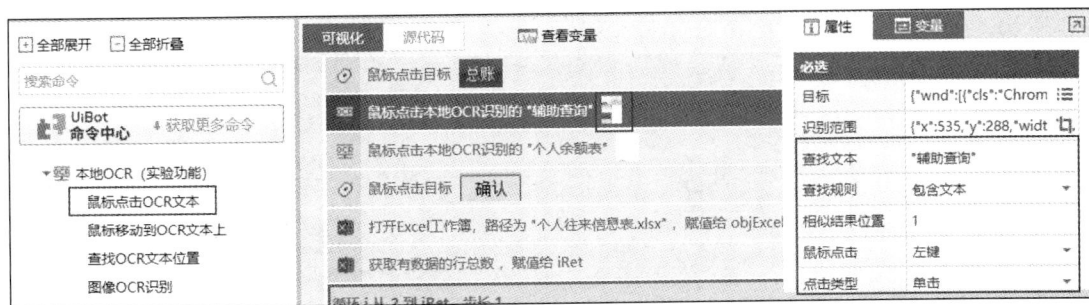

【实现步骤】

步骤01 执行"鼠标键盘"—"鼠标"—"点击目标"命令，设置鼠标点击目标为"总账"菜单。

步骤02 执行"界面操作"—"本地 OCR（实验功能）"—"鼠标点击 OCR 文本"命令，选择菜单"辅助查询"区域，并设置其属性，如图 13-10 所示。

图 13-10　鼠标点击 OCR 文本

步骤03 重复第（2）步操作，设置鼠标点击 OCR 文本，选择菜单"个人余额表"区域，并设置属性的查找文本为"个人余额表"。

步骤 04 执行"鼠标键盘"—"鼠标"—"点击目标"命令,设置鼠标点击目标为"确认"按钮。

步骤 05 执行"软件自动化"—"Excel"—"打开 Excel 工作簿"命令,打开"个人往来信息表.xlsx"文件,设置文件路径为:@res"个人往来信息表.xlsx"。

步骤 06 执行"软件自动化"—"Excel"—"获取行数"命令,获取有数据的行数,并将其赋值给变量 iRet,属性设置如图 13-11 所示。

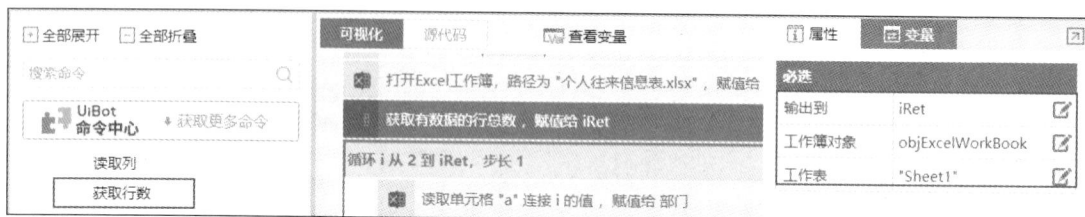

图 13-11 获取行数

步骤 07 执行"基本命令"—"语法词法"—"计次循环"命令,设置计次循环为 i=2~iRet,步长为 1,属性设置如图 13-12 所示。

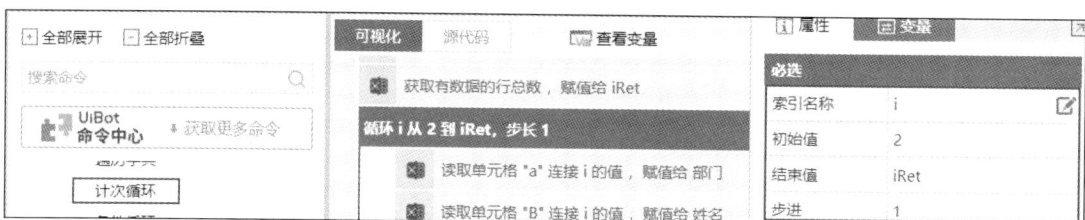

图 13-12 设置计次循环

💡 **说明**

以下第(8)~(24)步在循环体中。

步骤 08 执行"软件自动化"—"Excel"—"读取单元格"命令,读取单元格 Ai 的值,将其赋给"部门"变量,属性设置如图 13-13 所示。

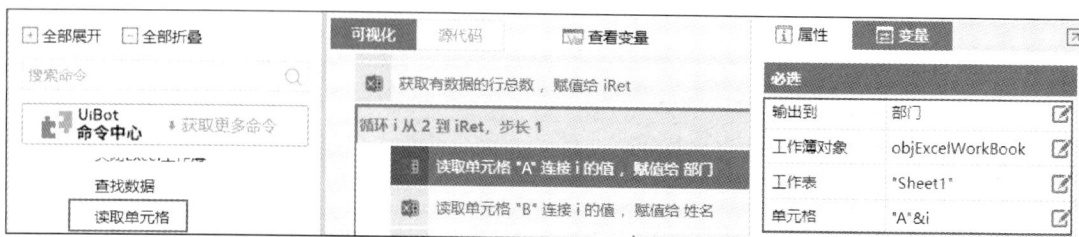

图 13-13 读取单元格

步骤 09　同理，读取单元格 Bi 的值，将其赋给"姓名"变量。

步骤 10　重复第（1）步操作，设置鼠标点击目标为 ERP 系统中"部门"右侧的 ∨ 按钮。

步骤 11　重复第（2）步操作，设置鼠标点击 OCR 文本，按"部门"变量的值进行识别。

步骤 12　执行"界面操作"—"本地 OCR（实验功能）"—"屏幕 OCR 识别"命令，设置屏幕 OCR 识别，并将识别出的文本"无此个人余额表数据"赋值给 sText 变量，属性设置如图 13-14 所示。

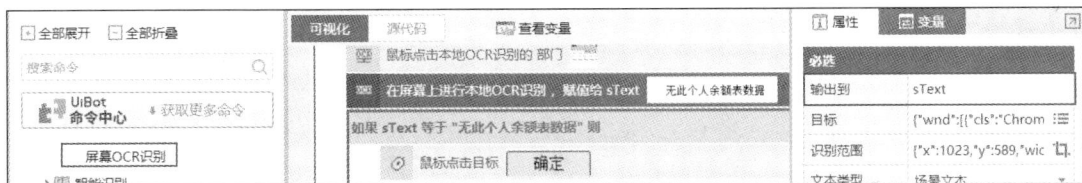

图 13-14　屏幕 OCR 识别

步骤 13　执行"基本命令"—"语法词法"—"条件分支"命令，判断屏幕是否能识别到"无此个人余额表数据"。若 sText="无此个人余额表数据"，则单击"确定"按钮，否则继续执行下一条命令。

步骤 14　继续执行"鼠标键盘"—"鼠标"—"点击目标"命令，用鼠标点击 ERP 系统中"姓名"右侧的 ∨ 按钮。

步骤 15　重复第（2）步操作，设置鼠标点击 OCR 文本，按"姓名"变量的值进行识别。

步骤 16　重复第（12）步操作，设置屏幕 OCR 识别，将识别出的文本"无此个人余额表数据"赋值给 sText 变量。

步骤 17　重复第（13）步操作，设置条件分支，判断屏幕是否识别到"无此个人余额表数据"。若 sText="无此个人余额表数据"，则单击"确定"按钮，否则继续执行下一条命令。

步骤 18　重复第（16）步操作，设置屏幕 OCR 识别，识别"期末余额"区域，将识别结果赋值给 sText。

步骤 19　继续设置条件分支。若 sText<>""，则说明有余额，执行第（20）～（23）步；否则执行第（24）步。

步骤 20　重复第（1）步操作，设置鼠标点击目标为"导出"按钮。

步骤 21　执行"鼠标键盘"—"键盘"—"在目标中输入"命令，在目标文件名文本框中输入"姓名"变量的值。

步骤 22　重复第（20）步操作，设置鼠标点击目标依次为"保存"按钮和 ✕ 按钮。

步骤 23　执行"软件自动化"—"Excel"—"写入单元格"命令，将"有"写入单元格 Di，属性设置如图 13-15 所示。

步骤 24　重复第（23）步操作，将"无"写入单元格 Di。

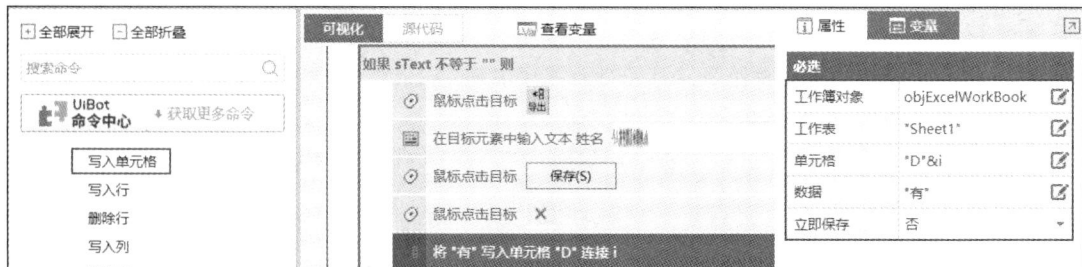

图 13-15　写入单元格

步骤 25 重复第（22）步操作，设置鼠标点击目标为"个人余额表"窗口中的"关闭"按钮。

步骤 26 执行"软件自动化"—"Excel"—"关闭 Excel 工作簿"命令，关闭"个人往来信息表.xlsx"文件。

13.3.5　"发送邮件"流程块开发

"发送邮件"流程块开发如表 13-4 所示。

表 13-4　　　　　　　　　　　"发送邮件"流程块开发

流程图	流程块
发送邮件 ▶ ☑	

【实现步骤】

步骤 01 执行"软件自动化"—"Excel"—"打开 Excel 工作簿"命令，打开"个人往来信息表.xlsx"文件，设置文件路径为@res"个人往来信息表.xlsx"。

步骤 02 执行"软件自动化"—"Excel"—"读取区域"命令，读取 A2:D9 区域的值，将其赋给二维数组 arrayRet。

步骤 03 执行"基本命令"—"语法词法"—"遍历数组"命令，用变量 value 遍历数组 arrayRet。

💡 **说明**

在循环体中执行第（4）～（5）步。

步骤04 执行"基本命令"—"语法词法"—"条件分支"命令，判断是否有余额。如果 value[3]="无"，则继续循环，否则执行第（5）步。

步骤05 执行"网络"—"SMTP/POP"—"发送邮件"命令，连接 SMTP 服务器发送邮件，属性设置如图 13-16 所示。其中，邮件正文为 value[1]&"：你好！ 请抓紧完成借款报销！"；邮件附件为"D:\\个人往来余额\\"&value[1]&".xlsx"。

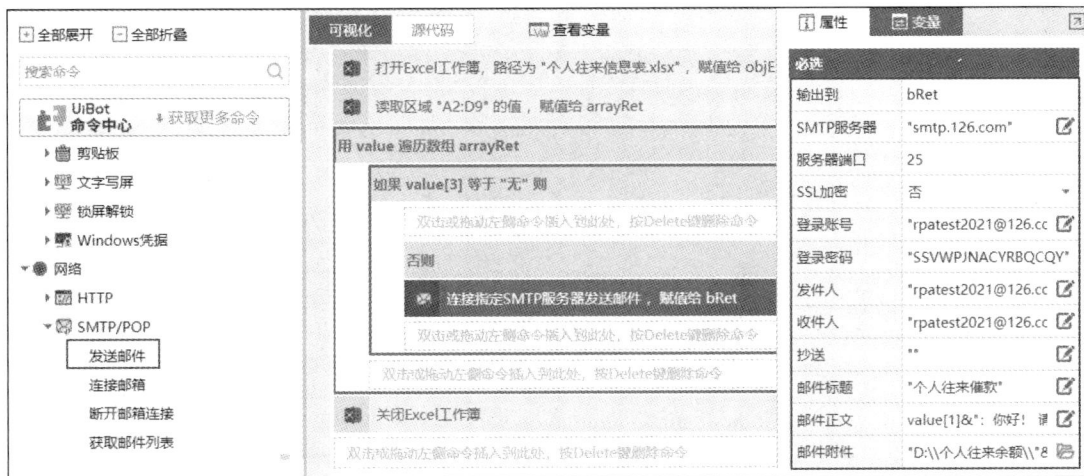

图 13-16　发送邮件

步骤06 执行"软件自动化"—"Excel"—"关闭 Excel 工作簿"命令，关闭"个人往来信息表.xlsx"文件。

13.4　流程运行

本章引导案例的 RPA 机器人动态运行流程可扫描右侧二维码观看。

微课 13-4

本章习题

一、思考题

1. 本章引导案例 RPA 机器人流程开发中各流程块用到了哪些命令？请制作思维导图进行说明。

2. 在 Excel 表中添加一列"邮件是否发送"。对于已发送邮件，在对应单元格中填写"已发送"；对于未发送邮件，在对应单元格中填写"未发送"。请问这该如何实现？

3. 如何将发送邮件提醒改为发送微信消息提醒？

二、实训题

请设计一个根据发票内容自动生成记账凭证的机器人。

要求：（1）利用 OCR（或 Mage AI）功能，获取发票信息，根据发票类型，登录 ERP 系统，调取 EPR 系统中的相应凭证模板，填写金额，保存凭证。

（2）利用 OCR（或 Mage AI）功能，获取发票信息，根据发票类型，调取 Excel 文件中的相应凭证模板，登录 ERP 系统，根据模板和金额信息填制凭证，保存凭证。